国家林业和草原局职业教育"十三五"规划教材

林业经济管理

蔡 敏 主编

中国林业出版社

图书在版编目(CIP)数据

林业经济管理 / 蔡敏主编. —北京：中国林业出版社，2018.8（2024.7 重印）
国家林业和草原局职业教育"十三五"规划教材
ISBN 978-7-5038-9703-0

Ⅰ. ①林… Ⅱ. ①蔡… Ⅲ. ①林业管理 – 高等职业教育 – 教材 Ⅳ. ①F307.2

中国版本图书馆 CIP 数据核字（2018）第 184086 号

国家林业和草原局生态文明教材及林业高校教材建设项目

中国林业出版社·教育出版分社
策划编辑： 吴 卉　肖基浒
责任编辑： 肖基浒　高兴荣
电话/传真： (010)83143611/83143611

出版发行	中国林业出版社（100009　北京市西城区德内大街刘海胡同7号） E-mail: jiaocaipublic@163.com 电话：(010)83143500 http://lycb.forestry.gov.cn
经　　销	新华书店
印　　刷	北京中科印刷有限公司
版　　次	2018 年 8 月第 1 版
印　　次	2024 年 7 月第 5 次印刷
开　　本	787mm × 1092mm　1/16
印　　张	11.5
字　　数	300 千字
定　　价	45.00 元

未经许可，不得以任何方式复制或抄袭本书之部分或全部内容。

版权所有　侵权必究

前　言

目前，林业类高职院校开设的相当部分专业都是非林专业，而开设林业经济管理课程，有助于非林类专业学生了解林业经济管理的理论与方法，更好地服务于林业行业的建设与发展，服务于生态文明建设。

为贯彻《国家中长期教育改革发展规划纲要(2010—2020)》的精神，本教材以"拓宽知识、夯实基础、拓展能力、服务行业"为立足点，依据林业行业与林业高职院校的特殊性，按照行业性、知识性、可读性的特点，从宏观与微观的角度阐述了林业领域的经济问题及其规律表现、正确处理生态、经济与社会三大效益的关系，以及合理组织林业生产力及资源配置等问题，同时，融入了生态文明建设的内容。基于这些要求，设置林业经济管理认知、林业发展认知、森林资源认知、林业产业结构、林业经营与产权、森林生态效益补偿、林业要素市场、林业政策与法规、林业综合效益评价等9个学习单元。着力体现"以学生为主体、以教师为主导，以能力为主线"的课程教学新思路。

本教材由福建林业职业技术学院蔡敏教授任主编，由福建林业职业技术学院林文胜、陈友益、黄雪媛老师任副主编。具体编写分工如下：单元一、二、九由林文胜编写；单元三、四由陈友益编写；单元五、七、八由黄雪媛编写；单元六由蔡敏编写。

林业经济管理的理论与方法及其实践的总结，当前还处在不断发展与探索中，虽然编者为编写本教材付出了艰辛的努力，但由于时间仓促，编者水平有限，书中仍存在不足与疏漏之处，恳请读者批评指正。

编　者
2017年12月

目录

前言

单元一 林业经济管理认知 ··· 001
  1.1 林业与林业经济管理 ··· 002
    1.1.1 林业的概念与特点 ··· 002
    1.1.2 林业经济管理的含义与意义 ·· 006
  1.2 林业经济管理的研究对象和研究方法 ·· 006
    1.2.1 林业经济管理的研究对象 ··· 006
    1.2.2 林业经济管理的研究内容 ··· 007
    1.2.3 林业经济管理研究方法 ·· 008

单元二 林业发展认知 ··· 011
  2.1 林业发展历史及趋势 ··· 012
    2.1.1 世界林业发展历史 ··· 012
    2.1.2 中国林业发展历史 ··· 014
    2.1.3 我国及世界林业发展趋势 ··· 018
  2.2 现代林业功能 ··· 021
    2.2.1 现代林业的概念与主要特征 ·· 021
    2.2.2 现代林业功能 ··· 022
  2.3 林业可持续发展 ·· 024
    2.3.1 林业可持续发展内涵与基本特征 ··· 024
    2.3.2 林业可持续发展指导思想和基本原则 ·· 027
    2.3.3 林业可持续发展措施 ··· 030

单元三 森林资源认知 ··· 035
  3.1 森林资源及其特性 ·· 036
    3.1.1 森林资源概述 ··· 036
    3.1.2 森林资源特性 ··· 041
  3.2 森林资源现状及分布 ··· 043
    3.2.1 世界森林资源现状及分布 ··· 043
    3.2.2 中国森林资源现状及分布 ··· 047
    3.2.3 福建森林资源现状及分布 ··· 051

单元四　林业产业认知 ... 055
4.1　林业产业概述 ... 056
4.1.1　林业产业概念 ... 056
4.1.2　林业产业分类 ... 057
4.2　林业产业化 ... 058
4.2.1　林业产业化概念 ... 058
4.2.2　林业产业化特征 ... 058
4.2.3　林业产业化标志 ... 059
4.2.4　林业产业化发展模式 ... 060
4.2.5　林业产业化的作用 ... 061
4.2.6　林业产业化经营途径 ... 062
4.3　林下经济与管理 ... 066
4.3.1　林下经济概述 ... 066
4.3.2　林下经济管理模式 ... 071
4.4　中国林业产业发展战略 ... 076
4.4.1　林业产业发展必要性 ... 076
4.4.2　中国林业产业发展目标 ... 076

单元五　林业经营与产权 ... 079
5.1　林业经营概述 ... 080
5.1.1　林业经营概念 ... 080
5.1.2　林业经营形式 ... 082
5.2　林业产权 ... 084
5.2.1　林权制度 ... 084
5.2.2　集体林区林权制度的演变 ... 088
5.2.3　集体林权制度配套改革 ... 094

单元六　森林生态效益补偿 ... 105
6.1　森林生态效益补偿概述 ... 106
6.1.1　森林生态效益补偿概念 ... 106
6.1.2　森林生态效益补偿方式 ... 109
6.2　森林生态效益补偿实践 ... 110
6.2.1　国外森林生态效益补偿实践 ... 110
6.2.2　我国森林生态效益补偿实践 ... 113

单元七　林业要素市场 ... 117
7.1　林业要素市场概述 ... 118
7.1.1　林业要素市场概念 ... 118
7.1.2　建立林业要素市场的必要性 ... 118

  7.1.3 林业要素市场运行规则 ……………………………………………… 119
  7.1.4 林业要素市场功能 …………………………………………………… 121
 7.2 中国林业要素市场进展 …………………………………………………………… 122
  7.2.1 林业要素市场发展现状 ……………………………………………… 122
  7.2.2 林业要素市场发展对策 ……………………………………………… 123

单元八　林业政策与法规 …………………………………………………………………… 127
 8.1 市场失灵与林业政策调控 ………………………………………………………… 128
  8.1.1 林业市场失灵 ………………………………………………………… 128
  8.1.2 林业政策调控内容 …………………………………………………… 130
 8.2 林业经营政策 ……………………………………………………………………… 133
  8.2.1 林业产业政策 ………………………………………………………… 133
  8.2.2 林业金融支持政策 …………………………………………………… 136
 8.3 森林保护政策 ……………………………………………………………………… 141
  8.3.1 森林保险政策 ………………………………………………………… 141
  8.3.2 林业补贴政策 ………………………………………………………… 147

单元九　林业综合效益评价 ………………………………………………………………… 151
 9.1 林业综合效益 ……………………………………………………………………… 152
  9.1.1 林业综合效益基本含义 ……………………………………………… 152
  9.1.2 林业综合效益基本特征 ……………………………………………… 154
 9.2 林业经济效益评价指标 …………………………………………………………… 155
  9.2.1 林业经济效益评价指标设置原则 …………………………………… 155
  9.2.2 林业经济效益评价指标体系的构成 ………………………………… 156
 9.3 林业经济效益分析和评价方法 …………………………………………………… 163
  9.3.1 比较分析法 …………………………………………………………… 163
  9.3.2 边际分析法 …………………………………………………………… 164
  9.3.3 综合评分法 …………………………………………………………… 168
  9.3.4 因素分析法 …………………………………………………………… 171

参考文献 …………………………………………………………………………………… 175

单元一　林业经济管理认知

学习目标

【知识目标】

(1) 掌握林业的概念与特点。
(2) 掌握林业经济管理的含义及其研究方法。
(3) 理解林业经济管理的研究对象与内容。
(4) 了解林业在国民经济中的地位与作用。

【技能目标】

(1) 能正确认识林业的作用。
(2) 能明确林业经济管理的研究对象。
(3) 学会运用林业经济管理的研究方法。

1.1 林业与林业经济管理

联合国粮食及农业组织第二十二届林业委员会会议及其主报告表明,世界上有很大一部分人依靠林产品满足对能源、住房和初级卫生保健等方面的基本需求,并且这种依赖程度很高。联合国粮农组织指出,各国应该对一味保护森林的政策加以调整,发挥森林在促进粮食安全等方面的作用。政府间可持续发展目标进程工作组在一份报告中指出:"森林是木材、其他林副产品、水供应、生计、生态系统稳定、碳储存以及其他重要服务的主要来源。森林拥有非常丰富的生物多样性。政府很少在木材采伐和改变林地用途产生的效益,与保护森林产生的多种效益之间进行适当平衡。建议政府采取行动,让保护森林比砍伐产生更大的价值。"

林业是国民经济中一个极其重要而又特殊的部门,是促进社会、经济、资源与环境协调发展的重要保证,各国都高度重视林业发展,但应该意识到林业的根本问题是正确、科学地处理生态、经济、社会三大效益的关系。

1.1.1 林业的概念与特点

1)概念

传统的林业的概念有狭义和广义之分。狭义的林业,是指人们从事的植树、造林和保护森林的活动,即营林业,或进一步指营林业和木材生产业;广义的林业,是指包括木材生产和木材等林产品加工在内的林业产业。现代社会认为林业是人们为了满足社会需要,在同森林生态系统进行物质、能量和信息交换过程中形成和发展起来的,以森林资源为物质基础经营森林生态社会系统的行业。林业肩负着优化环境和促进发展的双重使命,是一项兼有生态、经济和社会效益,集第一、二、三产业为一体的基础产业和社会公益事业。

从林业的定义可知,林业是国民经济中一个极其重要而又特殊的部门,该部门既包括直接的物质性生产和间接的物质性生产,又包括非物质性生产。具体而言,它应包括以下几个方面:

(1)生物性物质生产

如森林的培育(育苗、造林、抚育、间伐等)、森林资源保护,包括野生动植物的保护,经济动植物的人工培育和繁殖等。

(2)采伐、采集性物质生产

如森林的采伐、经济林产品的采集、野生植物的采集和猎取动物等。

(3)工业性物质生产

如木材和林产品加工,包括木材机械加工、化学加工、森林内副特产品(野生动植物产品)的加工等。

(4)间接性物质生产

利用森林的生态功能,为本部门或其他部门提供防护效益的防护林体系,使本部门和被保护部门获得物质效益。

(5) 非物质性的生产

为保护自然遗产和文化遗产而建立的防护林、为人们享受大自然的美和游憩而发展的森林公园、风景林，构成完整的风景区。当然，最后还是反映到社会效益和生态效益上。

(6) 为科研、教育服务

一些生物物种一旦在地球上消失，人类将永远丧失这种对后代可能是最宝贵的生物资源。森林是陆地上最大的生态系统，是陆地上最大的基因库，因而森林也是最大、最好的教育和科研基地。

综上所述，林业涉及国民经济中三大产业的属性，其中：第一产业包括(1)(2)(4)部分的内容，主要为生物性物质生产、采伐、采集性物质生产、间接性物质生产；第二产业为第(3)部分，主要是木材及各种林产品的加工、经济动植物的利用加工；第三产业涉及(5)和(6)部分。这些内容构成了一套独立的、完整的林业生态体系和产业体系，这是任何其他部门所无法比拟的。

2) 特点

为了正确理解林业、更好地研究林业再生产领域中的经济问题，还需要进一步了解林业的特点，以掌握林业发展的客观规律，林业的主要特点如下：

(1) 林业生产周期的长期性和自然性

生产周期的长期性以及与之相伴随的自然力的独立作用乃是林业生产在自然方面的决定性条件。森林植物生长周期的长期性决定于生物(树木等森林植物)自身。自然力可以不消耗任何人的劳动而为我们提供丰富的资源。科学地经营森林，可为人类带来巨大的效益；不科学的经营，自然也会给人类带来灾难性的报复。森林破坏容易，恢复难。这是历史的教训，也是林业生产长期性的必然反映。

(2) 林业生产经营活动的风险性

林业经营活动的主要对象是有生命的生物资源，除自身的生物性特点所决定的季节性、地域性外，在其生长发育过程中，还受到各种自然灾害、社会因素的破坏和干扰，其最终成果是很难预料的，即林业生产经营活动带有较大的风险性。

(3) 林业经营成果成熟期和效用的多样性

林业生产经营活动的基础是森林资源，森林资源中各种不同的生物种类有着不同的生产周期，长则十几年或几十年，短则1~2年；同时，森林不仅以不同的林种满足人类社会各种不同的需要，而且具有涵养水源、保持水土、防风固沙、调节气候、生物产品的基因库等多种生态服务效用，对改善陆地生态环境、维护生物圈的生态平衡起着重要作用。林业的这一特点决定了林业生产经营内容的丰富性、资金运动的复杂性和效益的多样性。

(4) 森林经营的社会性(公益性)

森林的多种生态服务效用，在目前情况下更多地反映出公益性的特点，使得森林经营需要及合理与否在很大程度上要在大范围内、地区或全国性范围内加以考虑。

综上所述，森林是一种可再生的资源，其生长周期的长期性和生长的自然性、效益的多样性、经营的风险性和社会性是林业生产的基本特点。

林业是一个既从事商品生产，又从事非商品生产，为社会提供生态服务的特殊行业，是促进是社会、经济、资源与环境协调发展的重要保证。林业的根本问题是正确、科学地处理生态、经济、社会三大效益的关系。

3) 地位和作用

林业是国民经济和社会的重要组成部分，在国民经济发展和社会文明进步中具有重要地位和作用。不能孤立地看待林业，必须把林业置于国民经济和社会大环境中，融其于社会经济一体中去认识、研究、建设和发展。

（1）作为生态建设的主体，承担着维护生态平衡、保障经济社会可持续发展的重要任务

森林是自然界功能最完整的资源库、生物库、基因库、蓄水库、贮炭库、能源库。森林的生态效益，是指在森林生态系统及影响所及范围内，森林环境对人类社会有益的全部效用。森林生态效益是反映在很多方面的，主要包括：

①贮碳效益　森林是地球最大的贮碳库，在维持地球碳循环中发挥着十分重要的作用。由于工业化带来的大量能源消耗，排放二氧化碳，导致大气中二氧化碳浓度不断上升，形成"温室效应"，全球气温升高，这是当今人类社会所面临的最严峻的挑战。解决这一问题，一方面要求世界各国尤其是发达国家，节能减排；而另一方面则要保护和培育森林，充分发挥森林的固碳作用。据测算，森林每生产1t干物质，可以吸收二氧化碳1.63t。

②释放氧气　森林在吸收二氧化碳的同时释放氧气，森林每生产1t干物质，可以释放氧气1.2t。

③涵养水源　森林可以有效地拦截和储存降水，并通过湿润土壤和补给地下水维持水分的有效循环。形象地说，森林生态系统就像无形水库，水多可以贮蓄，水少可以释放。据测算，有林地比无林地每公顷（hm^2）多蓄水300m^3，3000多hm^2林地就相当于100万m^3的水库。

④防止水土流失　由于我国人口众多以及其他历史原因，毁林开荒、滥垦滥种的现象十分普遍，导致大面积的水土流失，是造成土地荒漠化和水旱灾害频繁发生的重要原因，也对各种水利设施的安全使用造成严重威胁。森林可以有效地减少降水对地面的冲击，减少地表径流，从而有效控制水土流失。因此，治水先治山，治山必兴林，这也是历史的教训与经验。

⑤防风固沙　风沙已成为危及人类生存最严重的自然灾害之一，我国是风沙危害比较严重的国家，目前北方地区的沙尘暴越来越引起全社会的关注。种树种草、保护植被是治理风沙的根本措施。

⑥生物多样性保护　森林为各种陆地野生动植物的繁衍提供了有效的保护；如果缺少森林中生物基因的补充，现在世界上很多农作物（如水稻、棉花等）早已灭绝。今后人类社会的发展包括自身的生存、各种疾病的威胁，仍然需要来自森林的生物基因保护。有专家认为，21世纪是生物基因时代。参与世界范围内的竞争，我国最大的优势在于拥有丰富的物种基因。保护森林和生物多样性，是维系将来参与国际竞争和发展的重要战略措施。除此之外，森林还具有净化空气、游憩保健、降低噪音、能源贮存等生态效能。关于森林

生态效益的经济评价值，日本的研究人员认为占森林总效益的96%，而木材产值仅占4%；美国的研究结果表明，森林生态效益经济评价值和木材产值分别占森林总效益的90%和10%。有理由相信，随着科学技术的发展和生态危机的加剧，森林的其他生态保护功能还将不断被发现出来，人们对森林生态保护效益的理解将更加全面、更为深刻。

(2) 作为社会公益事业，承担着促进人类社会文明进步的神圣使命

当今世界，面对日益严重的环境恶化和生态危机，人们不得不对以牺牲森林资源和破坏环境为代价的经济发展模式进行深刻的反思。回顾人类社会的发展历史，由于砍伐森林，导致生态破坏、环境恶化，以致文明衰退的例子很多。恩格斯在《自然辩证法》中曾经指出："美索不达米亚、希腊、小亚细亚以及其他各地的居民，为了想得到耕地，把森林砍完了，但他们做梦都没有想到，这些地方今天竟因此成为了荒芜之地。"从中华文明的发展历史来看，森林破坏导致生态恶化的教训也极为深刻。黄土高原是中华文明的发源地，三千多年以前，那里是林木蔽天、草木丰盛。秦始皇统一中国之后，大兴土木，修筑宫殿，"蜀山兀、阿房出"，砍伐了大量的树木，以后又历经战乱和各朝各代的破坏，森林资源消耗殆尽，环境随之恶化，由此导致中华文明的重心向东南方向转移，由黄河流域转移到长江流域。从古代文明到农业文明，进而到现在的工业文明，发达的林业已成为社会文明、民族昌盛和国家繁荣的重要标志。随着经济发展和生活水平的不断提高，人们对生存环境的要求也越来越高；不仅要追求丰富的食物、宽敞的居所以及科技发展所带来的种种物质享受，还需要享受到美好的环境，享受自然，享受森林带来的清新空气、蓝天白云。崇尚和回归自然，爱林护绿已经成为新的社会时尚。人类将会更加重视人居环境和生态质量，绿色文明将成为新的时代潮流。

(3) 作为国民经济的基础产业，承担着满足人们物质生活和促进经济发展的重要职责

人类从远古时期就开发利用森林资源以满足人类的多种物质需求。马克思曾深刻地指出，满足人类一切物质需求的各种活动，都与破坏森林资源有关。这充分说明了森林提供的木材及其林副产品在人类日常生活中的重要作用。据有关专家不完全统计，目前森林开发利用产品已达到1100多种，广泛涉及人们生活生产的各个领域。林业过去一直是国民经济的重要组成部分，虽然随着大量新兴产业的不断崛起，林业在国民经济中所占比例呈下降趋势，但林业在国民经济中尤其是农村经济中占有十分重要的位置。

首先，林业是农村经济最有潜力的增长点。我国目前已由过去的短缺经济进入了过剩经济，绝大多数产品都不同程度地出现了市场饱和与生产过剩，产品的市场竞争日趋激烈；与此相反，以木材为主的绝大多数林产品，仍处在短缺状态。随着人们回归自然意识的增强，林业产品的社会需求在不断扩大。

其次，发展林业是实现林农增收最现实的选择。林业属于传统产业，相对于其他新兴产业，具有资金投入较少、技术要求不高的特点。广大农民都具有参与的条件和能力。林业发展惠及千家万户，对农民脱贫致富具有十分普遍的意义。

第三，发展林业是优化农村经济结构的有效途径。目前广大农村的土地利用结构并不合理，从整体来讲，普遍存在着滥垦滥种的现象。过度消耗自然资源，导致自然灾害频繁发生，在此基础上建立的以农为主的单一型经济模式，经济结构很不合理，局部地区甚至出现了愈垦愈穷、愈穷愈垦的恶性循环。因此，必须按照"宜农则农、宜林则林、宜牧则

牧"的原则,科学合理地开发利用土地资源,大力发展林业,充分发挥林业的生态保护作用,建立农林结合,农、林、牧、副、渔多业并举,相互促进、相得益彰的合理农村经济结构,实现农村经济的可持续发展。

第四,发展林业有利于农村经济的协调发展。林业是集第一、二、三产业为一体的特殊产业,大力开展植树造林,培育和发展森林资源,以此为依托,综合开发利用,对于促进农村商品化、工业化生产和城镇化建设都具有十分重要的意义。尤其是在工业化初期,林业的资源优势为工业化发展提供了重要的条件。

1.1.2 林业经济管理的含义与意义

1)林业经济管理的含义

"经济"一词,通常有几种含义:指经济基础,或国民经济,或社会再生产活动及过程,或称节约等。"管理"一词,通常也有多种含义:指领导,或指挥,或决策,或协调,或控制,或俗称保管,料理,照管,管束,管辖等。此外,从系统内容看,管理包括管理体系、管理主体、管理对象、管理职能、管理手段、管理核心等。

经济、管理又分别都有两个层面;实践活动、理论科学;三个层次:宏观、中观和微观。

"经济管理"一词,是"经济"和"管理"的叠加,有两种理解:经济和管理、经济的管理。后者又有两种理解:对经济的管理、有效(益)的管理。我们这里的"经济管理",主要指比较广义的和一般性的密切联系实践活动的经济和管理科学,或者指经济和管理的理论与实践。

林业经济管理,是林业行业或林业领域的经济管理。它是体现林业特点的一项特殊的社会活动,指对林业再生产过程(包括各类有形和无形产品的复合再生产系统的生产、分配、交换、消费等各环节)的特点、规律和问题以及对其执行决策、计划、组织、指挥、调节和控制职能的活动予以研究的科学。

2)林业经济管理的意义

研究林业经济管理这门科学,加强林业经济管理,对林业快速、持续、健康发展具有重要的意义;对林业适应国民经济发展和社会文明进步的需要,综合发挥生态、经济和社会三大效益具有重要意义;对林业实现两个根本性转变、总体发展目标和现代化具有重要意义,对林业和国民经济、社会实现可持续发展具有重要意义;对适应社会主义市场经济要求,合理配置林业资源和其他各种要素,提高林业生产力水平、林业整体素质和综合实力具有重要意义;对实施科教兴林,发挥科技第一生产力的作用,提高林业经济管理者的素质具有重要意义。

1.2 林业经济管理的研究对象和研究方法

1.2.1 林业经济管理的研究对象

经济管理是一个含义广泛的概念,按管理的对象范围,可划分国民经济管理、行业

(部门)经济管理和企业经营管理。国民经济管理是宏观经济管理,是对社会活动所进行的全局性的管理,它在社会主义经济管理中起主导作用;企业经营管理是微观经济管理,它侧重研究企业经营管理的规律性,是社会主义经济管理的基础;行业(部门)经济管理则是研究各特定经济行业(部门)、各类企业的经济管理个性问题的科学。

林业经济管理属于行业(部门)经济管理。它是研究林业再生产过程中,林业经济活动的合理组织及其规律性的科学。具体而言,林业经济管理是指对林业经济活动进行计划、组织、指挥协调和控制等一系列管理活动的总称。随着林业生产经营活动的扩大,人们共同劳动的规模也必然向纵深发展,林业内部的劳动分工与协调更加细致复杂,生产社会化程度也就越高,管理工作也就越显重要。

本教材所讲述的林业经济管理,既包括从宏观经济角度研究林业部门的经济管理问题,也包括从微观角度研究林业企业的经营管理问题。

1.2.2 林业经济管理的研究内容

如前所述,林业经济管理涉及面很宽,内容相当丰富,在此仅简要地重点讨论以下9个方面内容。

1)林业经济管理认知

包括林业的概念、特点,对社会环境中林业的认识,林业经济管理的含义、意义和内容,林业经济管理的研究对象与研究内容,林业经济管理研究的方法等。

2)林业发展认知

包括中国和世界林业发展的历史与趋势,现代林业的概念、主要特征和功能,林业可持续发展的含义、意义,林业可持续发展的指导思想和基本原则,林业可持续发展的措施等。

3)森林资源认知

包括森林资源的基本概念及其特性,世界、中国、福建森林资源分布及其现状等。

4)林业产业结构

包括林业产业的概念、分类,中华人民共和国成立以来我国林业产业结构的演变规律,当前我国林业产业结构的基本特征,林下经济的基本概念及其管理模式;我国发展林业产业的必要性及其基本战略等。

5)林业经营与产权

包括林业经营的基本概念与林业经营的主要形式,林业产权制度的基本理论,中华人民共和国成立以来林业产权制度演变的历史沿革,林业产权制度改革的配套政策等。

6)森林生态补偿

包括森林生态补偿的概念以及补偿模式,国内外森林生态补偿的具体实践等。

7)林业要素市场

包括林业要素市场的概念,林业要素市场产生的背景,林业要素市场的构成与功能,中国林业要素市场发展现状以及发展对策等。

8）林业政策与法规

包括林业市场失灵的具体表现及林业政策调控的必要性，林业政策调控内容，我国林业产业政策和林业投融资政策，我国森林保险政策和林业补贴政策等。

9）林业综合效益评价

包括林业综合效益的概念，提高林业综合效益的途径，林业经济效益评价指标设置原则，林业经济效益评价指标体系的构成，林业经济效益分析和评价方法等。

1.2.3　林业经济管理研究方法

为了使林业经济管理的研究和应用做到全面地按客观规律办事，需要采用一系列的科学方法。

1）总体研究方法

为了使林业经济管理的研究符合实际，必须对影响客观经济过程的各种经济因素、自然因素、上层建筑因素及其纵横交错的关系，进行总体的、系统的分析考察，即运用事物发展相互联系、相互制约的观点进行研究和分析，方能产生可行的经济管理的理论模式和决策方案。缺乏总体研究的模式或方案，其可行性是欠佳的。所以，总体研究的方法是林业经济管理的重要方法。

2）比较研究方法

林业经济管理研究的目的，在于探索出比较符合客观规律的最佳的经济管理模式或方案，谋求最佳的经济效益、生态效益和社会效益。"最佳"是一个相对的概念。人们的主观认识只能相对地符合客观实际和客观规律，绝对符合是不可能的。因此，"最佳"只能比较而言，只能在比较研究中才能判定。要同时提出几种可供选择的模式或方案，通过不同意见的争论和答辩，通过充分的典型试验，对各种模式或方案的优劣利弊进行比较鉴别，然后，再做取长补短，择善而从的审慎决策，力争决策达到"最佳"程度。这种方法，不论在宏观或微观经济管理中，都被广泛采用。

3）动态研究方法

客观经济现象是不断发展变化的。人们的认识要近似地反映客观实际，也要经历一个过程。因此，林业经济管理的研究，需要把静态研究和动态研究结合起来，尤其要注重动态研究，从经济发展的形态中把握可行性。任何林业决策方案的设计、试验和实施，都需要经过反馈式调节的过程，这样才能逐步地接近实际，趋于完善。实践证明，凡是要解决较为复杂的经济问题，不经过多次反馈式调节，是不能成功的。反馈式调节过程，也就是静态研究与动态研究相结合的过程。

4）定性定量研究方法

在林业经济管理工作中，定性与定量研究是必不可少的方法。任何经济问题，都有其质和量的两种规定性。质和量的统一是"度"，超过了一定的"度"，问题的性质就起变化，就会走向反面。因此，在林业经济管理研究过程中，必须对每个林业经济问题进行细致的定性和定量分析，把它的质和量两个方面都弄清楚、搞准确，把握住它的"度"定性研究和定量分析的关系，是对立统一的关系，定量分析是在定性指导下进行的。如果定性错了，定量计算再正确也没有用；反之，定量计算不准确，经济数据不可靠，也不可能产生正确的定性结论。要做好定性定量研究工作，需要借助多种学科的知识。最主要的是两方面的知识：一是经济理论和林学理论知识；二是必要的数学知识。只有在正确理论指导下，才能做好定性研究和定量分析。

【单元小结】

传统的林业的概念有狭义和广义之分。狭义的林业是指人们从事的植树、造林和保护森林的活动，即营林业，或进一步指营林业和木材生产业；广义的林业则是指包括木材生产和木材等林产品加工在内的林业产业。

林业的主要特点是：林业生产周期的长期性和自然性，林业生产经营活动的风险性，林业经营成果成熟期和效用的多样性，森林经营的社会性(公益性)。

林业是国民经济和社会的重要组成部分，在国民经济发展和社会文明进步中占有重要地位和具有重要作用。不能孤立地看待林业，必须把林业置于国民经济和社会大环境中，融其于社会经济一体中去认识、研究、建设和发展它。

林业经济管理属于行业(部门)经济管理。它是研究林业再生产过程中，林业经济活动的合理组织及其规律性的科学。具体而言，林业经济管理是指对林业经济活动进行计划、组织、指挥协调和控制等一系列管理活动的总称。

林业经济管理的研究内容主要有：林业经济管理认知，林业发展认知，森林资源认知，林业产业结构，林业经营与产权，森林生态补偿，林业要素市场，林业政策与法规，林业综合效益评价等。

林业经济管理研究的方法主要有：总体研究的方法、比较研究的方法、动态研究的方法、定性定量研究的方法。

【综合实训】

一、名词解释

林业　林业经济管理

二、单项选择题

1. 林业是林业是集第(　　)产业为一体的特殊产业。
   A. 一、二　　　B. 一、三　　　C. 二、三　　　D. 一、二、三

2. 林业的(　　)特点决定了林业生产经营内容的丰富性、资金运动的复杂性和效益的多样性。
   A. 林业生产周期的长期性和自然性　　B. 林业经营成果成熟期和效用的多样性
   C. 森林经营的社会性　　　　　　　　D. 林业生产经营活动的风险性

3. 林业的采伐、采集性物质生产是属于国名经济中的（　　）产业。
A. 第一　　B. 第二　　C. 第三

4. 经济管理有三个层次：宏观、中观和微观。林业经济管理是属于（　　）。
A. 宏观　　B. 中观　　C. 微观　　D. 都涉及

5. 林业经济管理的研究，需要把静态研究和动态研究结合起来，尤其要注重（　　），从经济发展的形态中把握可行性。
A. 动态研究　　B. 静态研究　　C. 定量研究　　D. 定性研究

三、思考题
1. 林业的特点有哪些？
2. 为什么说林业具有多重产业属性？
3. 林业在国民经济中有哪些作用？
4. 试分析林业经济管理的研究对象和内容。
5. 林业经济管理的研究方法有哪些？

单元二　林业发展认知

学习目标

【知识目标】

(1) 了解林业我国和世界林业发展的历史和趋势。
(2) 理解林业可持续发展的意义,理解林业可持续发展的指导思想和基本原则。
(3) 掌握现代林业的概念、主要特点以及功能。
(4) 掌握林业可持续发展的措施。

【技能目标】

(1) 能明确现代林业与传统林业的差异。
(2) 能遵循林业可持续发展的基本原则,采取林业可持续发展的措施。

2.1 林业发展历史及趋势

1998年，长江发生了自1954年以来的又一次全流域性大洪水。从6月中旬起，因洞庭湖、鄱阳湖连降暴雨、大暴雨使长江流量迅速增加。持续的暴雨或大暴雨，造成山洪暴发，江河洪水泛滥，堤防、围垸漫溃、外洪内涝及局部地区山体滑坡、泥石流，给长江流域造成了严重的损失。据当时湖北、江西、湖南、安徽、浙江、江苏、河南、广西、广东、四川、云南等省（自治区）的不完全统计，受灾人口超过一亿人，受灾农作物超过1000万 hm^2，死亡1800多人，倒塌房屋430多万间，经济损失超过1500亿元。据调查，长江洪水泛滥是长江流域森林乱砍滥伐造成的水土流失，中下游围湖造田、乱占河道带来的直接后果。长江两岸有4亿人口居住，20世纪50年代中期，长江上游森林覆盖率为22%，由于不断进行的农地开垦、建厂和城市化，使两岸80%的森林被砍伐殆尽。四川省183个县级行政区划单位中，森林覆盖面积超过30%以上的仅有12个县，一些县的森林覆盖面积还不到3%。据当时统计数据，长江流域180万 km^2 土地中，有20%发生水土流失，每年丧失表土24亿t，每年从上游携带下来5亿t以上的土沙顺着长江流入了东海。由于年复一年的土沙淤积，长江的河床从多年前开始就已高出了地面，成为继黄河之后的又一条"悬河"。长江的"碧水"早已荡然无存，其"浑黄"程度可以和黄河"媲美"。另一方面，长江中下游有蓄洪功能的湖泊则在迅速地萎缩着，洞庭湖水域面积从1949年的 $4350km^2$ 缩减到 $2145km^2$，鄱阳湖在40年间缩小了1/5，还有数百个中小湖泊已经永远地从地图上消失了。这一切都是长江洪水泛滥的原因。

1998年的长江洪水无疑在向人们示警：长江流域的生态环境已危机四伏，其随时可能给人们带来新的巨大灾难。

【案例分析】 森林资源是林业可持续发展的核心问题，也是国民经济持续发展的重要组成部分。我国生态与环境问题十分突出，推进现代林业建设，恢复和重建森林生态体系，发挥林业巨大的生态功能，是治理生态和环境问题的根本措施。

2.1.1 世界林业发展历史

森林是人类诞生的摇篮，是地球上最大的生态系统，也是人类赖以生存和发展的最具丰度和多样性的综合自然资源体。经营森林资源的林业是一个永恒的神圣事业，它的健康发展是国民经济兴旺发达和人类社会文明进步的一个重要标志。世界林业发展阶段的划分通常与社会历史时期的划分相对应，但同时也有从不同角度，将其划分为不同的阶段。

林业的发展阶段，由于研究的目的不同，从不同的角度，按不同的标志，可以有多种划分。常用的基本划分主要有4种。

1) 按社会发展历史时期划分

可划分为古代林业、近代林业和现代林业3个阶段。它体现了人类社会发展（主要是生产关系、经济体制的变革）的脉搏，各发展阶段年代的始末，因国家不同而异。

(1) 古代林业阶段

日本是1868年以前幕府体制封建社会的林业；俄罗斯是1845年以前封建社会的林业；而美国、澳大利亚、新西兰等国是18世纪欧洲移民前的林业。由于封建社会以前还有很长一段社会历史，为了系统研究林业发展史，也需要研究这一大段历史的林业活动，也有人主张将奴隶社会及其以前的林业单独划出一个远古林业阶段。

(2) 近代林业阶段

这一阶段的年代始末，各国差异更大，如日本是从1868年明治维新到1945年第二次世界大战结束的资本主义林业；俄罗斯是从1845年到1917年十月革命前的资本主义林业；而美国、澳大利亚、新西兰等国是从18世纪初欧洲移民到第二次世界大战结束前的资本主义林业。

(3) 现代林业阶段

俄罗斯是从1917年十月革命以来的社会主义林业；而美国、日本等多数发达国家是从1945年第二次世界大战后的资本主义林业。

2) 按生产力发展水平划分

可划分为原始林业、传统林业和发达林业3个阶段。它与第一种划分有些类似之处，但又不同。它主要体现了生产力发展(主要是生产力、经济增长方式变革)的脉搏，虽与社会历史发展密切相联系，但体现的标志不同。

(1) 原始林业阶段

前工业化时期生产力水平低下的林业。特点：薪材利用为主，粗放经营。

(2) 传统林业阶段

工业化时期的生产力水平提高的林业。特点：工业原木利用为主，向集约经营过渡。

(3) 发达林业阶段：

后工业化时期发达的高生产力水平的林业。特点：林产品多种利用和森林多效益利用，集约经营。

3) 按林业经营模式划分

可划分为木材经营、林产品经营、多效益经营3个阶段。它体现林业经营方式发展(主要是林业经营思想变革)的脉搏。

(1) 木材经营阶段

单一开发、利用木材；培育经营林木也是从取材目的出发；单纯追求满足社会对木材及其产品的需要和来自木材的经济效益。

(2) 多种林产品经营阶段

除开发、利用木材外，还包括开发、利用森林其他多种物质资源(植物、动物、微生物等)及其产品；追求各种林产品需求的满足和依其获取经济效益。

(3) 多效益经营阶段

全面综合经营森林资源；全面综合开发、利用林业各种有形物质产品和无形效益产品;追求生态、经济、社会三大效益的综合发挥。

4)按森林资源消长变化划分

可分为破坏森林、恢复森林和发展森林3个阶段。它体现了开发、经营、利用和培育引起森林资源状态变动的脉搏,从物质基础上反映林业的发展过程。

(1)破坏森林阶段

指盲目破坏和消费森林资源阶段。主要包括原始盲目破坏、毁林开垦放牧的农业破坏、大规模开发单纯取材的工业破坏,以及不能实施有效防治和控制的战争和自然灾害的破坏。

(2)恢复森林阶段

指长期毁林痛定思痛之后,人们逐渐认识保护、合理节约利用和恢复森林资源的重要性,并付之以一定的自觉实施阶段。

(3)发展森林阶段

指全面保护、合理经营,大规模营造林,实行集约经营和科教兴林,综合发挥森林多效益阶段。

2.1.2 中国林业发展历史

1)中华人民共和国成立以前的林业发展概况

我国曾经是一个森林茂盛的国家,孕育了璀璨的华夏文明,从先秦,经秦汉时代至鸦片战争的漫长封建社会时期,由于社会发展、人口增加、朝代更替、战争爆发,我国的森林资源历经数千年的反复摧残和破坏,逐渐由一个多林的国家变成少林国家。

1840年鸦片战争以后,由于外国列强的侵略,中国逐渐变成一个半封建半殖民地的社会。国内封建地主、官僚资本主义和帝国主义相互勾结,加剧了对我国森林资源的破坏和掠夺。

1912年(民国元年),农林部公布了《东三省国有林发放规则》(十八条),其中规定发放林场有效期20年为限,一次承领面积200km^2为限,从而大部分森林资源落入地主官僚之手。抗日战争前,四川省峨边县发现近1000km^2的森林,宋氏豪门的中国木业公司,立即巧取豪夺,据为己有,垄断开发。结果因运输困难半途而废,给整个林区造成严重损害。在抗日战争期间,由于日本侵略者对我国大部分领土实行野蛮的军事占领,疯狂烧杀与大规模掠夺,使我国林业方面的损失约相当于当时我国森林面积的10%(约6亿m^3)。

总之,我国的森林随着大自然的变迁而演化、随着人类的干预而减少,到1949年,我国森林覆盖率只有8.6%。

2)社会主义的林业发展历程

中华人民共和国成立60多年来,林业为国民经济建设和人民生活做出了重大贡献,取得了巨大成绩,同样也存在某些失误。回顾研究新中国林业的发展状况,有利于分析目前的形式,总结经验,寻找发展之路。

(1) 国民经济恢复时期的林业(1949—1952年)

1949年9月,中国人民政治协商会议第一届全体会议通过的《中国人民政治协商会议共同纲领》中规定:"矿藏、水流,由法律规定为国有的森林和其他资源,都属于国家所有。"

1950年6月,毛泽东签署发布《中华人民共和国土地改革法》中规定:"大森林、大水利工程、大荒地、大荒山、大盐田和矿山及湖、沼、河、港等均收归国有,由人民政府管理经营之。其原由私人投资经营者,仍有原经营者按照人民政府颁布之法令继续经营之。"

由于上述法令的执行和实施,林业建设主要完成了两项基本工作:一是没收了封建地主、官僚买办和帝国主义的企业、木材公司等,使其变为全民所有制企业;二是在地主改革中,将没收和征收的山林、竹林等按一定的比例折合成农田,统一分配给无林或少林的农民。从此,我国的林业确立了全民所有制的国有林和农民个体所有林,以及全民所有制林业经济和个体林业经济两类不同的所有制。

为了有计划地发展林业,中央和各大行政区、省(自治区、直辖市)市、县等都分别成立了农林部和农林厅,农林科研机构等,在基层建立了造林站、抚育站、林场苗圃等生产单位。在大片的国有林区开始建立国有森林工局。这些组织的建立,推进了我国的林业发展。从1951年开始,我国实行了木材的统一调配和管理制度,对木商的非法活动起到了限制作用,同时,走上国家有计划管理木材生产的轨道。

该时期,共生产木材3329万 m^3;全国共造林170.8万 hm^2。由于全国人民的政治热情和中央的努力,林业发展状况有了巨大的变化,为第一个五年计划奠定了物质基础和精神准备。

对于木材商品流通的管理,没有运用经济、法律的手段和方法,而是简单地行政处理,给今后林业经济的正常发展造成了较大的影响。

这一时期,过分重视林业的行政管理,机构重叠,忽视了林业经济规律的特点,特别是没有把营林业放在林业发展的首位。

(2) 社会主义改造和建设时期的林业(1953—1957年)

国民经济迅速恢复,给有计划的发展国民经济提供了可能,1953—1957年,我国进入了有计划发展国民经济的第一个五年计划时期。

"一五"期间,国家提出了:"普遍护林,护山,大力造林、育林,合理采伐利用木材的建设林业的方针。"

个体林业经济被互助组、初级生产合作社乃至高级生产合作社相继取代,个人的林木作价入社,至此,个体林业生产解体。到1956年,全国基本完成农村林业合作化过程。

国有林业发挥较快。国家对东北、内蒙古、西南和西北等地区进行了森林资源清查工作,编制了森林经营方案,有计划地建立了一批国有森工局、木材加工厂、林场等,并建立了森林调查、勘测、设计和筑路队伍。对原有的森工局进行了社会主义改造、

到了1957年。全国木材产量由中华人民共和国成立初期的764万 m^2 发展到2787万 m^2(其中国有林区木材产量为1500万 m^2)。林业职工36万人。森林铁路发展到4700km。运材公路达1400km,木材生产的机械化水平达42%,国有林场发展到了400个。

在这一时期，林业建设已走上了一个新的发展时期，即全民所有制林业和集体所有制林业构成了我国社会主义林业体系的基础和主导部分。林业生产发展迅速，但营林业、采运业、林产品加工业、多种经营业的比例已开始失调，集体林区的木材商品生产受到较大破坏。

（3）严重挫折时期的林业（1958—1976年）

中国林业发展在刚刚起步、亟待调整的时刻，就开始走向低谷，并经历了漫长的时期，这一时候大体上分为三个阶段：

①"大跃进"和三年自然灾害阶段（1958—1962年）　从1958年开始，我国进入了第二个五年计划阶段（1958—1962年）。由于"一五"计划顺利完成，中央提出"大跃进"，在这种形势下，林业建设速度加快。到1960年，国有林场发到4000多个，经营面积达6700hm^2，扩大了国有林造林面积，集体社队林场发展到4.6万多个，林业专业队5.9万个。初步总结出"以林为主，多种经营，综合利用，长短结合。以短养长"的林业经营方针。对天然林区的开发步伐加快，1958—1965年共修建森林铁路5587km，加快了大兴安岭和金沙江林区的开发建设。1958年以前是重点发展锯材生产，从1958年开始以大力发展纤维板为主，由于以人造板为中心的木材综合利用的发展，促进了林区采伐、造林和加工剩余物的利用，提高了木材的综合利用率。

在这一阶段，由于忽视了生产关系适应生产力发展水平的规律，盲目冒进，致使林业生产完全失去正产比例和平衡。集体林区木材商品生产被停止，严重挫伤了林农的生产积极性，使集体林区林业生产举步不前。致使林业生产出现严重的损失和浪费，特别是森林资源遭到很大的破坏，由于山、林权不清，森林资源得不到有效的保护，几年来培育的林木也遭到破坏。

②国民经济"调整、巩固、充实、提高"阶段（1963—1965年）　1961年，国家发布了《关于确定林权、保护山林和发展林业若干政策规定（试行草案）》，重申"谁造谁有"的政策，"社员在村前村后、屋前屋后、路旁水旁、自留地上和坟地上种植的树木，都归社员个人所有""任何单位和个人都不得侵犯"等规定。以后，国务院又颁布了《森林保护条例》等行政规定，1963年和1964年，党和国家又分别提出了"调整、巩固、充实、提高"和以"营林业基础，采育结合，造管并举、综合利用，多种经营"的方针政策，同时，建立了育林基金制度，对集体林区农民交售木材、竹林等实行奖励政策。

在这一阶段所颁发的一系列政策、条例，对于缓和"大跃进""三年自然灾害"带来的林业生产的严重问题有一定作用，国有林业生产开始实事求是地调整；集体林区的林业起死回生，但整个国家经济管理体系和管理国民经济的思想依然没有充分得到改变和产生新的意识。

③停滞不前的阶段（1966—1976年）　林业生产由于一定的调整和稳定，有了一定的升级。1966年开始，森林资源又一次遭到破坏，林业组织机构、林业方针政策和各项规章制度都被废除，林业教育科研事业遭到严重摧残。从1971—1973年和1976年，全国"四旁"绿化、农田防护林网建设、用材林基地建设等方面有一定起色，但总的情况是林业生产停滞不前。

在这一阶段，以党代政、以政代企，党、政、企不分和指导思想的问题，林业生产状况基本上处于崩溃的边缘。

(4) 恢复、振兴时期的林业(1977年以来)

1977年以来，特别是党的十一届三中全会提出把工作重心转移到经济建设上来的重大决策之后，我国林业改革和发展进入了一个新的历史时期。这一阶段对方为4个时期。

①恢复发展时期(1978—1983年)　十一届三中全会以后，随着国家工作重点转移，林业建设步入正常轨道。但由于历史欠账太多，没能遏制住我国生态失衡的局面。1981年7、8月，我国四川、陕西等地先后发生了历史上罕见的特大洪水灾害，给人民群众生命财产和国家经济建设造成巨大损失。严峻的生态形势，促使对森林生态效益重要性的认识不断提升。1981年12月，出台了《关于开展全民义务植树的决议》，植树造林成为我国公民应尽的义务，全国掀起植树造林运动高潮。为了改变我国西北、华北、东北地区风沙危害和水土流失，减缓日益加速的荒漠化进程，实施了"三北"防护林体系建设工程。1986年后又陆续开展了绿化太行山、沿海防护林、长江中上游防护林、平原绿化、黄河中游防护林等生态工程。全民义务植树和大型生态工程的开展，体现出我国对生态建设的重视程度日益加强。

②加强森林保护的时期(1984—1991年)　随着经济体制改革的深入，木材市场逐步放开，在经济利益的驱动下，出现了对森林资源的乱砍滥伐、偷盗等现象，导致集体林区蓄积在300万m^3的林业重点市，由20世纪50年代的158个减少到不足100个，能提供商品材的县由297个减少到172个。长期超量采伐、计划外采伐，使森林资源消耗巨大，远远超出了森林的承载能力。与人祸对应的是天灾，1986年春，我国多个省份连续发生森林火灾1200多起，烧林52万多亩，造成严重的经济损失。1987年，北方大兴安岭林区发生特大森林火灾，大火持续了近一个月。据统计数据，过火林地面积114万hm^2，其中受害森林面积87万hm^2，烧毁贮木场存材85万m^3，死亡193人，受伤226人。这是新中国成立以来最严重的一次森林大火，损失非常惨重。面对森林资源出现的危机，我国先后颁布了《国务院关于坚决制止乱砍滥伐森林的紧急通知》(1980)、《中共中央 国务院关于制止乱砍滥伐森林的紧急指示》(1987)、《中华人民共和国森林法》(1987)、《中华人民共和国森林法实施细则》(1986)等一系列林业保护政策。我国林业建设改变"木材生产为中心"的理念，实行以营林为基础，实现普遍护林、大力造林、采育结合、永续利用。

③向可持续发展转变时期(1992—1997年)　1992年6月，巴西里约热内卢联合国环境与发展大会对人类环境与发展问题进行了全球性规划，会议通过的《21世纪议程》，使可持续发展模式成为世界各国的共识。会后，我国编制了《中国21世纪议程——中国21世纪人口、环境与发展白皮书》，成为中国可持续发展的总体战略。作为可持续发展战略的重要组成部分，我国把生物多样性资源保护、森林资源保护、维护生态平衡等放到了突出位置。

④生态建设为主的新时期(1998年—至今)　这一时期我国的林业建设初步实现了以木材生产为主，向以生态建设为主的历史性转变。

1998年，我国"三江"(长江、嫩江、松花江)流域发生了特大洪灾，此次灾害持续时间长、影响范围广，灾情特别严重，可谓百年洪灾。洪灾与生态环境的破坏有着直接的关系。长期以来，长江流域上游无节制的森林采伐，致使植被减少，森林覆盖率急剧降低，导致流域内水土大量流失，泥沙淤积，河流蓄水能力降低。北方嫩江、松花江流域的洪灾成因也是如此。洪灾引发了对林业发展战略的深入思考。我国出台了《关于保护森林资源制止毁林开荒和乱占林地的通知》《国务院办公厅关于进一步加强自然保护区管理工作的通知》(1998)等，强调保护和发展森林资源的重要性、迫切性。实施天然林保护工程、退耕还林还草工程、三北和长江中下游地区等重点防护林体系建设、京津风沙源治理、野生动植物保护及自然保护区建设、重点地区速生丰产用材林建设等工程。林业六大工程的实施，标志着我国林业以生产为主向以生态建设为主转变。

2003年6月，《中共中央、国务院关于加快林业发展的决定》，指出我国生态整体恶化的趋势没能根本扭转，土地沙化、湿地减少、生物多样性遭破坏等仍呈加剧趋势。乱砍滥伐林木、乱垦滥占林地等现象屡禁不止。气候异常、风沙、洪涝、干旱等自然灾害频发，严重制约了经济、社会等各项事业的发展。随后，出台的《中共中央、国务院关于促进农民增加收入若干政策的意见》(2003)、《中国应对气候变化国家方案》(2007)等，确立了"三生态"林业发展战略思想，即确立以生态建设为主的林业可持续发展道路，建立以森林植被为主体的国土生态安全体系，建设山川秀美的生态文明社会。2009年6月，中华人民共和国成立60年来首次召开的林业工作会议，强调建设生态文明必须把发展林业作为首要任务，应对气候变化必须把发展林业作为战略选择，解决"三农"问题必须把发展林业作为重要途径，生态林业建设重要性的认识，达到了前所未有的高度，我国林业建设进入以生态建设为主的新阶段。"

2.1.3 我国及世界林业发展趋势

1)我国林业发展态势

随着国家六大林业重点工程的全面实施，标志着我国林业正经历着由以木材生产为主向以生态建设为主、由以采伐天然林为主向以采伐人工林为主、由毁林开荒向退耕还林、由无偿使用森林生态效益向有偿使用森林生态效益、由部门办林业向全社会办林业的历史性转变(统称为林业的"五大转变")。林业的"五大转变"，预示着新时期我国林业发展的整体态势。

(1)由以木材生产为主向以生态建设为主转变

以木材生产为主，是20世纪50至70年代社会经济发展对林业的主导需求，是政治、经济和社会发展阶段所决定的。随着经济的飞速发展，资源枯竭和生态日趋恶化，生态问题成为影响国民经济和社会发展最紧迫、最重要的问题之一。治理、保护和改善生态正在取代"木材生产"成为国民经济和社会发展对林业的第一需求。推进以木材生产为主向以生态建设为主的转变是对林业定性定位和指导思想的一次重大调整，是对林业认识的飞跃，也是林业五大转变的核心。

(2)由以采伐天然林为主向以采伐人工林为主转变

天然林在调节气候、涵养水源、保持水土、保护生物多样性、维持生态平衡等方面，具有人工林所无法比拟的重要作用，是无可替代的自然资源。我国现有的1.22亿hm^2天然林，大部分处于大江大河源头，在维护国土生态安全方面发挥着巨大作用，生态价值无可估量，保护这些宝贵的天然林资源刻不容缓。同时，我国经济社会发展对木材的需求也在日益增长，据预测，到 2020 年我国木材供需缺口将达到 2 亿 m^3，供需矛盾相当尖锐，必须大力发展人工用材林。随着天然林资源保护工程的实施，木材生产已从采伐天然林为主转向采伐人工林为主，人工林木材产占木材总产量的比重已从 1997 年前的约 20% 上升到目前的 60%。大力推进这转变，有利于林业分类经营改革的深入推进；有利于促进人工林的快速发展，并形成一套与之相适应的政策机制；有利于促进重点国有林区休养生息，加速经济结构调整，尽快摆脱"两危"境地，早日步入良性循环。推进由以采伐天然林为主向以采伐人工林为主的转变，是在首先保证满足社会对森林生态需求的前提下，最大限度地发挥森林综合效益的战略选择。

(3) 由毁林开荒向退耕还林转变

造成我国水土流失和土地沙化的重要原因，主要是长期以来人们盲目毁林毁草开荒。毁林毁草开荒，虽然暂时增加了些耕地面积和粮食产量，但在生态环境方面却付出了巨大代价。长江、黄河上中游地区因为毁林毁草开荒，已成为水土流失最严重的地区之一，每年流入长江黄河的泥沙量超过 20 亿 t，其中 2/3 来自坡耕地。不断加剧的水土流失，导致江河湖库不断淤积，使两大流域中下游地区水患加剧，水资源短缺的矛盾日益突出，给国民经济和人民生产生活造成巨大危害，国家不得不每年花费大量人力、物力和财力，投入防汛、抗旱和救灾济民。退耕还林是控制水土流失、治理江河水患的根本措施，是实现林业发展的重要途径。同时，退耕还林可以改变农民传统的种植习惯，调整农村土地利用结构和农村产业结构，培育和发展具有区域比较优势和市场前景的、能替代传统产业的生态经济型产业，为农民增收和地方经济发展开辟新的途径，促进农村经济和社会的全面发展。

(4) 由无偿使用森林生态效益向有偿使用森林生态效益转变

森林生态效益是林业公益性的重要体现。1999 年，北京市运用替代法对全市森林的生态效益进行了测算，按当年价格计算达 2110 多亿元，是林木自身价值的 13.3 倍。美国、日本等国的研究也表明，森林的生态效益 10 倍于其自身的经济价值。2001 年以来，国家财政每年投入 10 亿元，进行生态效益补助试点，标志着我国无偿使用森林生态效益的历史即将结束，是林业发展史上的一个重大理论和实践突破。首先，它使森林的生态价值得到社会承认，使森林生态效益进入市场成为可能。其次，它为我国公益林的管护提供了稳定的资金渠道，注入了新的活力，有利于公益林的可持续经营。最后，它还有利于提高公民的生态意识，调动全社会造林护林的积极性，这是林业发展的一项重大机制创新。

(5) 由部门办林业向全社会办林业转变

林业的性质和特点决定了林业建设必须依靠全社会的力量。六大林业重点工程启动后，更使林业上升为一项全社会关注、民众参与程度高、需要各方面大力配合和支持的社会性事业。推进这转变，有利于凝聚社会共识，更加充分地吸引社会生产要素，壮大林业建设力量；有利于完善林业建设机制，使林业成为一个有义务、有责任、有利益、有活力的事业；有利于促进林业部门的职能转变，使之向提供公共服务和执法监管过渡。这也是完成新时期林业建设任务的重要保证。

2）世界未来林业发展特点

21世纪的林业将进入高速化和多元化发展的时期，林业的地位、作用和影响都将进一步增大。为了适应新世纪社会经济发展的需要，林业的存在形式、目标和运作过程都将有较大的改变。所以说，21世纪是对旧林业进行彻底改革和新林业形成和发展的时期。根据联合国粮食及农业组织《国家未来林业计划》等文件及对近年来有关世界林业发展的研究报告，可以将21世纪林业的主要发展特征归纳为以下几个方面：

（1）林业产业形态发生变化

林业产业是构成林业的主体，是林业得以存在和发展的经济基础。这里所说的产业形态的改变，既不是指林业产业结构的调整，也不是指林业产业科技水平的提高，而主要是指在林业生产经营过程中林业将从单纯被动式的资源利用型产业，转变成以资源定向培育为基础的主动型资源生产、开发和利用型产业。林业产业形态的这一改变，势必给林业的经营目标、组织形式及价值实现途径带来重大变革。

（2）林业功能将转换

通常我们将林业的功能分成两大类，即为社会生产林产品的功能和提供以生态及环境效益为主的服务功能。在传统林业时期，即使是在生态和环境保护呼声日益高涨的今天，林业的功能也还主要表现在生产林产品上。但在21世纪，随着社会对森林资源的物质依存的减弱及对生态环境认识和需求的增加，林业所提供的生态环境等服务功能将变得更加重要。林业功能的转变，将使传统林业经济管理学科从产业经济这个核心逐步向森林的资源、生态和环境经济及森林与社会经济持续发展关系方面转移。

（3）林业政策性加强

现代林业的发展要求有三大保障：一是经济保障；二是社会保障；三是政策和法律保障。在林业发展的三大保障中，政策和法律保障将变得越来越重要，经济和社会保障也主要是通过政策和法律途径实现。近些年来世界上林业发达国家经验也充分证明，林业作为一个兼有服务功能的产业行业，由于林业内部效益与外部效益的矛盾，如果没有强有力的政策及法律保护和支持，在以直接经济效益为主要价值评判标准的商品经济环境中林业将处于十分被动的地位。一些国际上知名的林业经济学家预测，在21世纪林业政策及法律将发展为一个具有特色的政策法律体系，它将覆盖从资源保护、资源的开发利用、林业产业政策、流通与国际贸易、国家对林业的扶持和社会对林业参与等众多方面。

（4）林业国际化趋势增强

根据《21世纪议程》，林业将变得越来越国际化以实现可持续的森林保护及林业经济的发展。强调协作是21世纪林业的一大特点，没有协作就没有林业的整体利益和局部利益的协调，也就没有林业的综合及平衡。林业的国际化发展主要体现在生态与环境领域的国际协作增加，国际组织对发展中国家的林业投入增加，各国政府对资源、生态及环境领域的一致性承诺，促使国家间的林业合作增加，国际学术和技术协作加强。

（5）强调林业的国家行为

强调林业的国家行为，并不简单地意味着增加国家对林业的行政干预或管理上的统一,它主要是指国家在政策法律保障、制度建设等方面对林业进行特殊考虑,以及在财政预算、科技教育投入、国家生产和开发性投入、生态及环境投入等方面对林业的倾斜。国家林业行为的增强,主要体现在处理林业作为一个国民经济产业部门与林业作为唯一的社会生态环境保护部门之间的关系上,表现在国家对林业与生态、环境、经济和社会发展等方面特殊关系的处理上。

(6)林业日益社会化

社会广泛对林业的参与是林业发展的一个新的特点,它是随着社会对森林、生态环境认识的发展而发展起来的,是人类自然价值观的改变。社会对林业参与增加了社会对林业认识,提高了林业的社会影响,但也为林业提出了一个新的课题,这就是如何正确引导社会对林业的参与、如何规范社会对林业的参与行为和如何对社会参与进行科学管理。近些年来,社会对林业的参与在一些国家已成为一个热点话题,以社会参与为主要特征的社会林业在一些发展中国家正成为一种重要的林业发展形式,各种国际组织将参与性林业作为主要的研究和资助对象,同时薪材型林业也引起了各国政府的重视。可以预言,在 21 世纪合理处理参与林业的利益分配、参与形式及管理等方面将是林业经济管理学科一个全新的领域。

2.2 现代林业功能

2.2.1 现代林业的概念与主要特征

现代林业是历史发展到今天的产物,是现代科学和经济社会发展的必然结果。

1)现代林业概念

所谓现代林业,是在现代科学认识和广泛应用现代科技成果的基础上,用现代技术装备武装和用现代工艺方法生产,以及用现代科学管理方法经营管理的,并是可持续发展的林业。

2)现代林业主要特征

(1)现代林业是高效林业

高效林业,是指林地资源得到充分利用,林地利用率、林地生产力明显提高,森林结构和质量得到充分改善,功能和效益得到最大限度发挥的林业。未来几年,要努力实现建设高效型林业的目标,必须提高森林质量和效益,增强森林的功能;必须大力推进林业管理体制改革,盘活林业资产,为林业增添生机与活力;必须统筹科技、管理、机制等因素,提高投入产出比,提高林业发展效益。

(2)现代林业是节约林业

节约林业,是指充分体现节约优先原则,开发与节约并重,林地和木材等林业资源的综合利用率大幅度提高,林业产业链条充分延长,循环经济充分发展,行政成本有效降低的林业。由于人口众多,人均资源不足始终是我国经济发展的制约因素。特别是森林资源，人均森林面积和蓄积量分别仅占世界平均水平的1/5和1/8，短缺状况更为突出。发展节约林业，必须坚持开发节约并重，节约优先；必须完善资源节约管理体系，创新资源节约机制，努力节约资源能源；必须强化节约意识，鼓励节约消费模式，加快发展林业信息化与电子政务建设步伐，推进无纸化办公、网络化办公，努力降低行政成本。

(3) 现代林业是法治林业

法治林业，是指依法治国方略在林业上得到全面贯彻，具有完备的林业法律法规体系、规范的林业行政执法体系、高效的林业行政执法监督体系和健全的林业普法教育体系，把林业各项工作纳入法制化、制度化、规范化轨道，为实现林业又好又快发展提供强有力的法律保障的林业。建设法治林业，必须坚持良性准则，做到预防为主；必须树立民本观念，为民执法，执法为民，始终坚持以维护人民群众的切身利益为中心开展工作；必须弘扬依法治林，制定和发展高产、优质、高效林业，快速实现森林资源增加；必须完善法律法规和规章制度，提高执法水平，做到有法可依，紧紧抓住森林经营这个关键，加强低产林的改选和管理。

3) 现代林业发展目标和任务

法治林业立足服务于经济社会发展的要求，现代林业发展的目标和任务可简单地归纳为建设三大体系：

(1) 完善林业生态体系

通过培育和发展森林资源，着力保护和建设好森林生态系统、荒漠生态系统、湿地生态系统。在农田生态系统、草原生态系统、城市生态系统等的循环发展中，充分发挥林业的基础性作用，努力构建布局科学、结构合理、功能协调、效益显著的林业生态体系。

(2) 发达林业产业体系

切实加强第一产业，全面提升第二产业，大力发展第三产业，不断培育新的增长点，积极转变增长方式，努力构建门类齐全、优质高效、竞争有序、充满活力的林业产业体系。

(3) 繁荣生态文化体系

普及生态知识，宣传生态典型，增强生态意识，繁荣生态文化，树立生态道德，弘扬生态文明，倡导人与自然和谐的重要价值观，努力构建主题突出、内容丰富、贴近生活、富有感染力的生态文化体系。

2.2.2 现代林业功能

1) 现代林业具有巨大生态功能

在实现生态良好、维护生态安全中发挥着决定性作用。我国生态与环境问题十分突出，推进现代林业建设，恢复和重建森林生态体系，发挥林业巨大的生态功能，是治理生态和环境问题的根本措施。

发展林业是减少水土流失的治本之策。我国水土流失总面积达356万km^2，占国土面积的1/3。每年流失土壤的总量超过50亿t，相当于1000万亩土地被剥走了1cm厚的表土，对耕地安全和粮食安全构成了严重的威胁。"山青才能水秀，穷山必有恶水。"森林能够有效阻隔降水对土地的直接冲刷。在降水量为 300~400mm 的地方，有林地的土壤冲刷量约为 60kg/hm²，仅为裸露地的 1/110；森林还可以吸收大量降水，实现"细水长流"。1hm² 结构完整、功能良好的森林，能够涵养 2150t 水。

发展林业是治理沙患的关键措施。我国有沙漠化土地面积约 40 亿亩，严重沙漠化趋势的土地约 5 亿亩，两者合计占国土面积的 30% 以上，我国生存发展的空间越来越小。全球受到沙漠化影响的人口超过 10 亿，我国就有近 4 亿。采取林业措施治理沙漠化，可以降低近地面风速，减少风沙流对地表的侵蚀，促使多种生物的活动、繁衍和稳定生态系统的形成，起到永久固定流沙，防止风沙危害的作用。

发展林业对减缓温室效应具有极为重要的作用。二氧化碳排放量不断增长，造成全球气候变暖已经成为一个不争的事实。有关权威机构预测，随着气温和海平面的上升，许多滨海城市和沿海地区将变为一片汪洋，到 2035 年，将有 2 亿人沦为"气候难民"，15%~40% 的物种面临灭绝，造成的经济损失相当于 20 世纪上半叶经济大萧条和两次世界大战损失的总和。我国经济高速增长，二氧化碳排放量增长势头难改。森林是陆地生态系统中最大的碳贮库，森林每生长 1m³ 的蓄积，约吸收 1.8t 的二氧化碳，释放 1.6t 氧气。如果能够实现到 2020 年森林覆盖率达到 23% 的林业发展战略目标，年新增固碳能力可达 10 亿 t 以上，相当于同期碳排放新增量的 2~3 倍。加快发展林业，提高森林固碳功能，可以为履行《联合国气候变化框架公约的京都议定书》职责，建设低碳社会做出重要贡献。

发展林业对涵蓄淡水和净化水质具有根本性作用。我国人均淡水资源只有约 2100m³，不到世界水平的 1/3。全国正常年份缺水 400 亿 m³，400 余座城市供水不足，110 座城市严重缺水，农田受旱面积近 4 亿亩，造成的经济损失高达数千亿元。森林具有很强的保持水土、涵养水源作用，其茂密的树冠、深厚的落叶层及发达的根系，可持续吸收降水量 65~270mm，将大部分自然降水转化为有效水资源。据测算，我国现有的逾 24 亿亩森林，可蓄水约 3400 亿 t，相当于我国现有水库总库容。湿地被誉为"地球之肾"。我国各种自然湿地面积为 5.4 亿亩，维持着全国 96% 的可利用淡水资源，并对污染的水体发挥着独特的净化作用。

2）现代林业具有巨大经济功能

在推动经济发展、维护经济安全中发挥着重要作用。这可以从以下三个层面理解。第一，木材、钢铁、水泥是世界公认的经济建设不可或缺的三大传统原材料。与钢材、水泥相比，木材是绿色的环保的可降解原材料，用木材代替钢材和水泥单位能耗可从 800 降到 100，可以减少大量的二氧化碳排放，对发展低碳经济、建设环境友好型社会意义十分重大。我国是木材消耗大国，供需矛盾十分突出。2014 年，我国进口原木及其他林产品折合木材 2.58 亿 m³，木材对外依存度达 47.94%。随着经济的发展，我国木材需求量还将大幅度增加。而全球保护森林资源的呼声日益高涨，许多国家开始限制原木出口，维护木材安全已成为我国一个重大战略问题。我们必须逐步改变大量依靠进口木材的局面，立足国内 43 亿亩林地解决我国的木材供应问题。这是我国必须长期坚持的重大战略。第二，森林是一种仅次于煤炭、石油、天然气的第四大战略性能源资源，而且具有可再生、可降解的特点。森林生物质能源主要是用林木的果实或籽提炼柴油，用木质纤维燃烧发电。在化石能源日益枯竭的情况下，发展森林生物质能源已成为世界各国能源替代战略的重要选择。我国有种子含油量在40%以上的木本油料树种154种，每年还有可利用枝桠剩余物燃烧发电的能源量约3亿t，发展森林生物质能源前景十分广阔。第三，林业对维护国家粮油安全具有重要意义。我国木本粮油树种十分丰富，有适宜发展木本粮油的山地1.6亿亩。其中，油茶就是一种优良的油料树种，茶油的品质比橄榄油还好。目前，全国食用植物油60%靠进口。如果种植和改造9000万亩高产油茶林，就可年产茶油超过450万t，不仅可以使我国食用植物油进口量减少50%左右，还可调整出1亿亩种植油菜的耕地种植粮食，对于维护我国粮油安全具有战略意义。

3) 现代林业社会功能

发展现代林业，必须充分重视和发挥林业巨大的社会功能，承担起促进社会和谐、构建生态文化、推动文明进步的重要职责。

发展林业是促进农村社会发展、增加农民就业增收的重要途径。我国是个农业人口大国。增加农民就业增收，缩小城乡差距，是构建社会主义和谐社会、全面实现小康社会目标的重点和难点，既是重大的经济问题，也是必须高度重视的社会问题。我国可利用的林业用地43亿亩，利用率仅有58%，单位产出仅为耕地的3.2%，在依靠耕地增加农民就业和收入的潜力已十分有限的情况下，如果把丰富的林地、物种、劳动力资源潜力和林产品市场潜力充分挖掘并有机结合起来，就可创造出巨大的物质财富和可观的经济效益，满足经济社会发展对林产品的需求，促进亿万农民就业增收致富。例如，2005年，浙江省临安市仅发展竹产业就涌现出10个年产值超千万元的乡，100多个年产值超百万元的村；浙江省安吉县竹业年产值高达58.6亿元。我国现有25亿亩集体林地，按每户经营50亩计算，可为5000万农户、2.5亿农民提供可靠的就业岗位，这对于缓解社会就业压力，促进农民增加收入，推动经济社会全面协调可持续发展都将发挥历史性作用。

2.3　林业可持续发展

2.3.1　林业可持续发展内涵与基本特征

1) 林业可持续发展含义

可持续发展作为一种发展的目标和模式，以及被世界普遍接受，并在1992年6月于巴西里约热内卢召开"联合国环境与发展大会"上得到了肯定，成为各国制定经济及社会发展的主要依据。可持续发展涉及社会、经济、文化、环境、资源、生态、人口等诸多方面，是人类发展史上的一场革命。它是人类对自身几千年来的历史进程进行长期探索和思考的结果，标志着人类文明步入一个新的历史阶段。"持续发展"这一术语，早在1980年国际自然与自然资源保护同盟发表的《世界自然资源保护大纲》中已出现，1987年世界环境与发展委员会给出明确的定义："既能满足当代人的需要又不对后代人满足其需要的能力构成危害的发展"，并同时提出和阐释了"可持续发展"战略理论。《里约环境与发展宣言》(1992)和《21世纪议程》(1992)则正式确立了"可持续发展"战略是当代人类发展的主题。

森林生态系统是最大的陆地生态系统，它对整个生态环境系统具有保护和稳定的作用。由于森林生态系统这种内在特性，使得林业在提供林产品的同时，也引起广泛的环境变化，因而林业的可持续发展问题，社会给予了极大的关注。

林业可持续发展是对森林生态系统在确保其生产力和可更新能力，以及森林生态系统的物种和生态多样性不受到损害前提下的林业实践活动，它是通过综合开发培育和利用森林，以发挥其多种功能，并且保护土壤、空气和水的质量，以及森林动植物的生存环境，既满足当前社会经济发展的需要，又不损害未来满足其需求能力。

可持续林业不仅从健康、完整的生态系统、生物多样性、良好的环境及主要林产品持续生产等诸多方面，反映了现代森林的多重价值观，而且对区域乃至整个国家、全球的社会经济发展和生存环境的改善，都有着不可替代的作用，而且这种作用几乎渗透到人类生存时空的每一个领域。

2) 林业可持续发展基本特征

可持续发展理论是一种崭新的发展思想。其目标是保证社会经济具有长时期持续发展的能力，既能满足当代人的需求，又不对后代人的需求能力构成危害。其基本特征包括：

(1) 发展是核心

可持续发展的内涵既包括经济发展，也包括社会发展和保持、建设良好的生态环境。这就要求必须把经济、社会发展与人口、资源、环境结合起来考虑。

(2) 资源永续利用是物质基础

可持续发展主要依赖于可再生资源特别是生物资源的永续利用。这就要求我们必须努力维护整个生命支撑系统和生态系统的完整性，保护生物生存和发展的多样性。同时，在充分利用现有资源（含不可再生资源）前提下，还要不断发现、开拓、利用新的资源途径。

(3) 良好生态环境是重要标志

可持续发展谋求实现社会经济与环境的协调发展和维持新的生态平衡。这就要求防止环境污染和生态破坏，保持良好的生态环境。

(4) 不以牺牲后代人利益为代价来满足当代人利益是基本要求

可持续发展既要考虑当前发展的需要，又要考虑未来发展的需要。这就要求把当前发展与长远发展结合起来，促进经济增长方式由粗放型向集约型转变，使经济发展与人口、资源、环境相协调；实现经济和社会的长期可持续发展。

3) 林业可持续发展主要内容

实现我国林业可持续发展，涉及林业的各个方面，具体可以包括以下几方面具体内容：

(1) 森林资源可持续性

森林资源是林业可持续发展的核心问题，也是国民经济持续发展的重要组成部分。要实现森林资源的可持续性，第一，加强天然林生态系统及其生物多样性的保护。占我国森林资源 2/3 以上的天然林，包括原始林和次生林，是我国森林资源的主要基础，它们发挥着巨大的生态防护功能，具有巨大的经济和社会文化价值。天然林资源保护工程包括大江大河源头和上游地区天然林的禁伐保护和一些主要林区的限伐保护（纳入分类经营框架）及相应的配套措施，这一项重大举将对我国一些主要林区的生产经营、地方财政、就业门路和社会生活等产生巨大的影响，必将对我国的木材和其他相关林产品的供应状况、市场和外贸的变动产生深刻的影响；第二，需要大力造林和育林。在我国大面积造林育林的任务中，主体应该是各类防护林建设。要把历史上曾经有过森林（即自然条件允许生长森林）、经破坏后已沦为荒山荒地的地方恢复森林植被；把城乡植树绿化、林区迹地更新造林、防护林生态工程与整治国土、发展林业、改善环境融为一体，同步发展与建设，以期扩大林木覆盖率和增加森林后备资源，使森林成为我国山区、平原农牧业和水利设施的可靠的生态屏障；第三，加强保护，防止自然灾害对森林的破坏。世界上每年平均发生林火 20 多万次，烧毁森林面积几百万公顷。我国大兴安岭特大森林火灾对林区生态环境潜在的负面影响很大。保护森林，保护环境，持续发展林业，就必须加强森林防火措施。除了火灾以外，还要加强对于森林病虫害以及自然灾害的预防和控制，有效保护森林资源。

(2) 实现林业生态系统可持续性

林业生态系统是森林资源存在的基础，也是人类生态环境的重要组成。实现生态系统的可持续是林业可持续发展的重要内容。为此，需要做以下工作：森林区域生物多样性本底调查、保护与繁育濒危珍稀野生物种的配套技术措施；预测森林生态系统复原与兴衰的自然规律和人为活动有关的干扰反映，确定早期预警系统内外部环境压力、物种消长、生产力兴衰的标志及其措施；以森林生态系统（包括天然林、次生林和人工林）为基本单元开展森林持续经营活动，维护林地持久生产力与防止地力衰退的措施；应用物种共生互利、互生偏利、生态位、分层现象等原理，优化林业产业结构，建设多林种、多树种、多种经济成分并存的生态经济型的绿色产业体系，使林业走上低投入、高产出、快积累的林业可持续发展道路。

(3) 实现林业产业可持续

实现林业产业的可持续发展需要以商品林的大发展促进林业产业的大发展，以林业工业的大发展带动资源培育业的大发展，以森林旅游业的大发展带动森林服务业的大发展，把林业产业建成为国民经济中有一定比较优势的重要产业。应用物质再生、循环利用、食物链原理和扩展加工链等新技术，不断延伸对采伐废弃物的利用范围，扩大木材初级林产品加工开发，以促进森林资源节约利用，增产增值，使林业商品经济持续发展。

林业产业的可持续，主要包括以下几方面的措施：充分利用国内外两种资源、两个市场，发挥比较优势，促进林业产业的快速发展；利用现代信息技术，加速提高我国林业产业技术的装备水平和生产水平；大力开发结构型、功能型人造板，增加产品功能和用途，提高产品附加值；竹材加工利用要重视符合材料，精深加工和化学利用。

(4) 加强立法和政策制定，提高科技水平，实现林业政策和科技可持续性

近年来，林业立法工作取得了很大的进展，新《森林法》(1998) 的颁布以及其他相关法规的付诸实施为林业可持续发展提供了良好的法律环境。从近年林业发展的实际情况

看,目前在这方面的主要问题还是有法不依、执法不严,在乱砍滥伐破坏森林方面的违法乱纪事件还是大量发生。这一方面要求切实加强对广大群众的法制教育和生态意识教育;另一方面也要求我们建设好一直强有力的、高素质的森林执法队伍。现在还要在制定合适的实施细则等方面继续做工作。

为了在政策上保证林业的可持续性,需要做到以下几个方面:

①对林业的外部性给予补偿 由于林业具有较强的外部性,通过市场配置资源,就会导致市场失灵,会使森林过度开发和利用。对林业的外部经济效果(如涵养水源、保持水土、改善小气候、防风固沙、保护农田牧场和水利设施、提供游憩、保护野生动植物等公益效能)进行综合评价,然后再把外部经济结构内部化。国外已经探索出一些有效办法可借鉴,如通过补贴、贷款、减税、免税等形式,把森林向社会提供的有益外部性补偿给森林经营者。

②建立与健全森林资源与环境核算体系 建立健全森林资源与环境核算体系的目的在于改变过去无偿占有和使用森林资源及其衍生的森林公益价值的做法,弥补现行林业经济核算只反映经济活动的产出,没有包括森林资源损耗和环境影响的负面不足,从而把森林资源和环境公益价值的实物量及价值量的消融入国民经济核算体系中。因此,建立一个可与新的国民经济核算体系接轨的"卫星账户",以便同时从实物和货币核算两个方面综合反映环境与经济发展的关系。

③提高林业科技水平和林业队伍素质 是实现林业现代化和可持续发展林业的根本大计。队伍素质的提高要靠教育。人是生产力中最活跃和最关键的要素,林农科技文化素质的高低,决定着对先进林业技术及工具的采用,决定着对林产品市场信息的搜集、分析和判断,也决定着农村和林区物质文明和精神文明的发展程度。在广大林农中,最具生机和活力,并对农村和林区发展产生积极影响的当属青年林农。因此,培养造就一大批觉悟高、懂技术、善经营、会管理的高素质青年林农,是保证林业和农村经济持续稳定健康发展的当务之急。

2.3.2 林业可持续发展指导思想和基本原则

1)林业可持续发展指导思想

(1)促进林业经济增长,避免无发展的林业经济增长

实现林业的可持续发展重要的任务还是要实现林业的经济增长,但是在实现林业经济增长的时候切勿以短期的大量采伐实现一时的经济增长,而使林业失去可持续发展的潜力,我们应该依靠科学技术、先进的管理经验提高森林的质量,达到林业产量的提高,最终实现林业的可持续发展。

(2)林业可持续发展以森林生态系统为基础,并不断加强这个基础

森林生态系统是林业建设的核心,任何林业实践活动都必须在森林生态系统可以承受的范围内实施,不管是森林生态系统的直接或间接生态效益受益者,我们都有责任和义务为所得到的利益支付给林业经营主体相应的经济补偿,以切实加强和维护森林生态系统的整体完整性。

(3) 林业可持续发展和社会进步相互促进协调发展

社会的进步，伴随着人们生活水平的提高，受教育程度的提高，人们的思想观念也不断改善，他们会越来越认识到林业对人类社会的重要性，并不断促进林业的可持续发展。反过来林业的发展又可为社会的进步提供良好的条件，两者相互促进，最终实现林业和人类的和谐共存。

(4) 林业可持续发展坚持生态效益优先

林业可持续发展是一个综合的概念，它包括林业资源、经济资源、社会资源的可持续发展。林业可持续发展的最终目标是实现这三方面的全面发展，但在具体实施林业可持续发展过程中，我们应该始终恪守生态优先这个原则，因为当前生态建设已替代木材生产成为林业建设的核心任务。

2) 林业可持续发展基本原则

(1) 保护效益原则

基于地球生态环境继续恶化，地方、国家和全球都应认识到森林维持生态过程平衡的重要作用，特别是在保护脆弱的生态系统、水域和淡水资源方面的作用。要使森林持续生存与发展，必须首先保护森林内部的生态关系，即森林生态系统的保护，力图达到对复杂生物量结构的最大持续；同时要对工业"三废"进行统一治理，把大气污染降到森林能承受的程度，否则森林和林业都不可能存在。

在保护森林内部生态关系方面，各国都十分关注热带雨林的锐减，因为它已经导致物种惊人的减少，环境恶化，况且那里又多数为发展中国家，以砍伐森林出口木材为主要经济收入来源。为此，国际组织决定要求消费国家援助这些国家，以减少砍伐；并规定必须打印有符合采伐规定标志的木材才允许进入国际木材市场。也就是把保护热带雨林看作全球的事，对其开发实行国际监督。各国都注意保护本国森林，特别是原始林，采取限额采伐，限制出口原木，以保护本地区森林生态系统。

保护森林还要依赖外部良好的环境，随着工业污染程度的加深，欧洲森林被害严重，如丹麦为37%，法国为31.7%，森林大片死亡，导致工业发展与森林的生存矛盾。还有些生态环境脆弱的森林被过量放牧、挖药草等不合理的开发利用，导致森林死亡，土地沙化。《关于森林问题的原则声明》指出："危害地方、国家、区域和全球一级森林生态系统的健全的污染物，特别是气载污染物，包括产生酸性沉淀的污染，应加以控制。"

遵循保护效益原则，森林方可持续发展，社会才能可持续发展。

(2) 顺应自然原则

这是实现林业与森林生态保护的兼容，是在确保森林结构关系自我保存能力的前提下遵循自然条件的林业活动。

根据这一原则，德国提出林业的新方针包括：林业通过顺应自然向生态目标转变，要求加强森林的稳定性、自然多样性，要求为森林多种用途的利用保持自然力，要求促进原料的经济利用。具体实施包括：①划定自然保护区，包括几乎绝迹的原生天然林；②人工林天然化，有的是故意放弃经营的人工林，以便使它们进入自然演替状态，有的是人工林天然更新，实行生态基础上的造林，发展"目标树定向培育理论"，代替适于人工林的法正林理论。德国为"近自然林"的推行，提出了森林的质量指标——森林群落生境覆盖率和群落生境值，填补长期以来只有覆盖率单个指标评价的缺陷。

中国是在森林资源少的情况下进入工业化的，到20世纪70年代原始森林、天然林已过度采伐，所剩无几；80年代初确定"以速生林为基础的经营战略，企图以人工林代替天然林，解决迫在眉睫的木材供不应求。"80年代末90年代初再次掀起限期消灭宜林荒山的大规模人工造林运动，使森林覆盖率逐年有所提高。这仍然是受一种急功近利的人能改造自然思想的支配。有关专家对我国林业进行清查后分析，我国人工针叶同龄纯林已经出现了类似德国人工针叶纯林的灾难性后果，土壤肥力随着连茬代数增加而递减，使林木生长量下降，生物多样性遭破坏，森林生态系统结构失衡。与此同时，一些有识之士提出了在中国发展生态林业，可以说这是结合中国林情，遵循顺应自然原则的林业经营模式。

（3）公益性原则

森林具有的生态、社会效益，使它与人类的生存发展密切相关，这特征决定了森林不仅属于林业部门的事，而且具有社会福利性质，即林业的外生效益。这效益由社会享受，也得由社会承认，并由社会支援发展。森林的社会、经济、生态、文化和精神方面的作用，大部分是社会共享的，是一种公共财富。

在当今的经济体制下，传统的市场经济与林业公益性原则相悖，正如有人说是市场失灵，需要研究确立新的适应生态社会的市场经济体制，包括：①森林已经成为社会生活不可缺的公共设施，它的生态、社会效益外溢，很难得到回报，而同时森林还要忍受工业和社会生活污染对其损害却无补偿，因此林业不应独自承担经营的经济责任；②森林作为自然资源是有限的，且受生态规律和保护性原则的制约，林业的经济地位比其他任何行业都薄弱，即使有短周期的经济林的经济效益好，但经济林在整个森林中占极小的比重；③森林作为林业的主产品不能走纯市场经济之路。德国人提出森林作为林业的"生态产品""道德产品"和"精神产品"凌驾于木材产品之上；④在国际贸易中把森林的可否持续发展视为全球的事，在国际林产品交易中同样要遵循公益性原则，《关于森林问题的原则声明》指出："将环境成本和效益纳入市场力量和机制内，以便实现森林保存和可持续开发，是在国内和国际均应予以鼓励的工作。"

遵循公益性原则，可以动员全社会保护森林资源，使森林可持续发展，也正是在这一点上需要国家的宏观调控。

（4）节约利用原则

森林资源的开发利用直接关系到森林生态经济可否可持续发展。处于薪碳和原木利用为主的不发达国家，直接消费森林初级产品，对资源利用不充分，浪费极大；工业发达国家森林初级产品大规模的加工利用，还需进口大量廉价木材，资源消耗量极大。随着森林资源锐减，各国限额采伐、限制木材出口，迫使各国节约利用资源。发展中国家采取一些措施，减少资源的直接浪费；发达国家改进林产品加工工艺和技术，大大提高资源利用率。与此同时，在加工发展中还要节约能源及其他资源，减少污染对环境的压力，促进物质再循环。

节约利用原则，要求减少资源消耗，增加资源循环利用次数，从而提高资源利用率，并减少污染。遵循节约利用原则，可促进林业持续发展。

2.3.3 林业可持续发展措施

1) 提升林业科技含量

可持续发展的内涵，不但包括经济的发展，而且还有对资源环境再发展能力的保护，最有效的解决方法，就是提升林业的科技含量，要彻底改变传统的粗放型经济发展模式，经济的发展不能靠牺牲环境来实现。在林业的发展上，要实施科技兴林战略，提升林业的科技含量，这是林业可持续发展的关键。要加强对林业生态系统的基础研究，做好林业生态系统的监测和树种结构的调整，利用先进的技术不断提高良种苗培育的科技水平。强化对林业应用技术的研究，注重研究高新林业转化技术，使传统的木材加工和制造技术得到优化，木材利用的技术水平得到提升，提高林产品的经济价值。科研成果要做到从实践中来到实践中去，真正做到使科研为生产建设服务。

2) 建立林业可持续发展保障体系

林业具有自身的行业特点，也具有社会性，林业的总体效益非常巨大，但是在很多地方，林业的直接经济效益却比较低。由于我国人口众多，大部分的人口受教育程度较低，使得人口整体素质不高，虽然我国的森林总量较大，但人均森林占有量很低，只有世界人均森林占有量的五分之一。而且我国是一个多山的国家，很多土地贫瘠，不利于耕种，同时各种自然灾害频繁，环境污染、生态破坏日益严重，林业基础产业的发展与整个国民经济的发展密切相关，正是由于以上的几点原因，建立一套完整的林业可持续发展保障体系，对我国林业的可持续发展来说，迫在眉睫，刻不容缓。林业可持续发展的保障体系，包括政府的政策支持、资金支持、技术支持、意识支持以及社会公众参与五个方面的内容。

3) 加快林业经济体制改革

要改革林业经济体制，建立既适应社会主义市场经济、又反映林业特点的经济体制。政府要加强和改善对林业发展的领导，逐步建立有利于林业可持续发展的综合决策体系，按照区域化和社会化的原则，对林业生产管理组织进行合理的设置，调整和优化林业生产布局，建立和完善森林资源产权制度，明确林业产权关系，逐步推行森林资源有偿使用、转让和资源资产化管理。可参照现代企业制度的做法，不断调整、优化林业企事业组织，构建新的有利于林业发展的产业群体。

4) 优化林业经济结构

优化林业经济结构，是实现林业可持续发展的保证。林业产业分为三个产业结构，在林业的第一产业，要以市场需求为导向，大力推进短周期工业原料林和其他原料林、速生丰产林和名特优新经济林的建设。在林业的第二产业，要与时俱进，利用先进的科学技术，加大林业新产品开发力度，实现从低层次的原料加工，转变为高层次综合精深加工。在林业的第三产业，要加大森林旅游业、花卉业的发展。要大力发展木材精深加工，努力拓展林产品的新用途，延伸林产品的产业链，增加林产品附加值，调整、优化林产品结构，提高林产品的经济效益。

5) 完善林业可持续发展法律机制

林业立法要以可持续发展为导向，充分尊重和体现生态规律的原则，充分考虑实现人类社会发展所必需的生态环境，考虑生态环境和森林资源的保护，突出生态利益和经济利益协调平衡的原则。要健全管理机制，加强林业执法力度，对森林采伐实行限额管理，确保森林生长量与采伐量的长期稳定。加强对林地的管理，实行林地用途管制和总量控制制度，防止有林地逆转，对毁林占地的违法行为，要严惩不贷；要坚持依法治林，使毁坏森林的违法行为从源头上得到制止。

总之，可持续发展是一种新的科学发展观，我们要提升林业的科技含量，建立林业可持续发展的保障体系，加快林业经济体制改革，优化林业经济结构，完善林业可持续发展的法律机制，将可持续发展的理念深入到林业发展的各个层面，才能真正实现林业的可持续发展。

【单元小结】

从不同角度，将世界林业发展划分为不同的阶段。常用的基本划分主要有4种：按社会发展历史时期划分；按生产力发展水平划分；按林业经营模式划分；按森林资源消长变化划分。

我国林业发展的历史可以按中华人民共和国成立前后划分。中华人民共和国成立60多年来，林业发展可分为国民经济恢复时期的林业（1949—1952年），社会主义改造和建设时期的林业（1953—1957年），严重挫折时期的林业（1958—1976年），恢复、振兴时期的林业（1977年以来）

我国林业发展态势是：由以木材生产为主向以生态建设为主转变，由以采伐天然林为主向以采伐人工林为主转变，由毁林开荒向退耕还林转变，由无偿使用森林生态效益向有偿使用森林生态效益转变，由部门办林业向全社会办林业转变。

世界林业的主要发展特征归纳为以下几个方面：林业产业形态发生变化，林业功能将转换，林业的政策性加强，林业国际化趋势增强，强调林业的国家行为，林业日益社会化。

现代林业，是在现代科学认识和广泛应用现代科技成果的基础上，用现代技术装备武装和用现代工艺方法生产，以及用现代科学管理方法经营管理的，并是可持续发展的林业。

现代林业的主要特征：高效林业、节约林业、法治林业。

现代林业的功能：巨大生态功能，巨大经济功能，社会功能。

林业可持续发展是对森林生态系统在确保其生产力和可更新能力，以及森林生态系统的物种和生态多样性不受到损害前提下的林业实践活动，它是通过综合开发培育和利用森林，以发挥其多种功能，并且保护土壤、空气和水的质量，以及森林动植物的生存环境，既满足当前社会经济发展的需要，又不损害未来满足其需求能力的林业。

林业可持续发展的基本特征：发展是核心可持续发展的内涵，资源永续利用是物质基础，良好生态环境是重要标志，不以牺牲后代人利益为代价来满足当代人利益是基本要求。

林业可持续发展的主要内容：森林资源的可持续性，实现林业生态系统可持续性，实现林业产业的可持续，加强立法和政策制定，提高科技水平，实现林业政策和科技可持续性。

林业可持续发展的指导思想：新时期林业建设指导思想代替传统林业建设指导思想；促进林业经济增长，避免无发展的林业经济增长；林业可持续发展以森林生态系统为基础，并不断加强这个基础；林业可持续发展和社会进步相互促进协调发展；林业可持续发展坚持生态效益优先。

林业可持续发展的基本原则：保护效益原则，顺应自然原则，公益性原则，节约利用原则。

林业可持续发展的措施：提升林业的科技含量，建立林业可持续发展的保障体系，加快林业经济体制改革，优化林业经济结构，完善林业可持续发展的法律机制。

【综合实训】

一、名词解释

现代林业　林业可持续发展

二、填空题

1. 按林业经营模式划分　可划分为_____、_____、_____三个阶段。
2. 林业五大转变的核心是_____。
3. 林业功能的转变，将使传统林业经济管理学科从这个核心逐步向_____及森林与社会经济持续发展关系方面转移。
4. 现代林业的主要特征_____、_____和_____。
5. 林业可持续发展的基本原则_____、_____、_____和_____。

三、选择题

1. 我国林业发展国民经济"调整、巩固、充实、提高"阶段是（　　）。
A. 1953—1957 年　B. 1958—1976 年　C. 1963—1965 年　D. 1966—1976 年
2. 进行（　　）试点，标志着我国无偿使用森林生态效益的历史即将结束，是林业发展史上的一个重大理论和实践突破。
A. 生态效益补助　B. 退耕还林　　C. 分类经营　　D. 林业"三定"工作
3. 在具体实施林业可持续发展过程中，我们应该始终恪守（　　）这个原则。
A. 经济效益优先　B. 生态效益优先　C. 二者兼顾
4. （　　）是事关今后林业建设全局的长期性改革任务，是林业行业实现经济体制和经济增长方式两个根本性转变的基础工作，也是建立林业两大体系的客观要求。
A. 林权改革　　　　　　　　B. 林业产业结构调整
C. 林业分类经营改革　　　　D. 森林资源管理制度改革

5. 传统林业阶段的特点(　　)。
A. 林产品多种利用和森林多效益利用，集约经营
B. 工业原木利用为主，向集约经营过渡
C. 薪材利用为主；粗放经营

四、思考题
1. 试述社会主义的林业发展历程。
2. 试述我国及世界林业发展趋势。
3. 如何理解现代林业具有巨大生态功能？
4. 林业可持续发展为什么要遵循公益性原则？
5. 林业可持续发展指导思想是什么？
6. 简述林业可持续发展措施。

单元三　森林资源认知

学习目标

【知识目标】

(1) 了解森林资源的基本概念及其特性。

(2) 了解森林资源的现状。

【技能目标】

(1) 能够对森林资源进行分类。

(2) 能够掌握森林资源的分布。

3.1 森林资源及其特性

3.1.1 森林资源概述

森林资源是地球上最重要的资源之一,是生物多样化的基础,它不仅能够为生产和生活提供多种宝贵的木材和原材料,能够为人类经济生活提供多种物品,更重要的是森林能够调节气候、保持水土,防止、减轻旱涝、风沙、冰雹等自然灾害;还有净化空气、消除噪音等功能。那么,什么是资源呢?

1)资源

一般来说,资源就是社会财富(包括物质财富和精神财富)的本源。关于资源的概念,中外学者和文献有许多提法。我国《辞海》中解释,资源是"资财之源,一般指天然的财源"。《日本林业百科事典》(1970年版)解释,"所谓资源是构成自然界的物质,是供人类生活的本源。"美国学者认为,生产产品所需要的土地、劳力、原料、能源、资金都是资源。苏联学者认为,资源的共性是它们具有参加生产和消耗的权力,资源是有限的,它不仅表示为土地、劳力、原料,而且产品也是资源。1972年联合国环境规划署(UNEP)定义:"所谓资源,特别是自然资源,是指在一定时间条件下,能够产生经济价值以提高人类当前和未来福利的自然环境因素的总称。"近些年来,我国不少学者认为,资源是指在现有生产力发展水平和研究条件下,为了满足人类的生产和生活需要而被利用的自然物质和能量。黄奕妙、樊永廉编著的《资源经济学》(1988年版)将资源更广泛定义为:"资源就是人们用以创造社会财富的自然因素和社会因素"。由上可见,资源的概念具有明显的社会性、认识性、变化性和相对性。

(1)社会性

即资源是社会财富的来源,是随着人类社会的发展而产生的概念,属于经济科学的范畴。凡是能够被人类利用形成社会财富的一切事物都可称之为资源,包括能被人利用的一切自然物质和能量以及社会因素,如土地、矿藏、阳光、水、空气、生物、劳动力、科学技术乃至人的智力等。凡是不能被人类利用形成社会财富的事物则不能称之为资源。

(2)认识性

即资源是与人的认识所达到的程度紧密相关联的。只有人类已经认识到能够用来形成社会财富的物质才能称其为资源。当人类还没有认识到能够加以利用,尽管将来有可能被利用形成社会财富的物质,也不能称其为资源。例如,原子能在未被认识前就不能称其为一种能源资源;现在世界上乃至整个宇宙上还有许多没有被人类所认识的事物,在它们被人类认识能够利用形成社会财富以前就不能称为资源。

(3)变化性

即资源的概念不是一成不变的,随着科学技术的进步和社会经济的发展。资源概念也在不断地发展变化,逐渐深化和扩展。开始人们把资源只理解为能够利用的自然资源,后来逐渐扩展为包括潜在可利用资源在内的一切资源;开始仅就某项利用去理解资源,后来逐渐扩展至所有利用方面，不仅包括生产性利用，也包括消费性利用，如自然界的空气对于人的呼吸利用也成为资源。不仅是用以创造(或生产)社会财富，而且一切可用以形成社会财富的事物都可视为资源；不仅用以生产产品的土地、劳力、原料是资源，而且生产出的产品也是资源。

(4)相对性

即资源的概念是相对于社会的需要、人们的利用而形成的。从这个意义上说，没有哪一种事物是绝对的资源或者绝对不是资源。气候是资源，但灾害天气对于某些生产就不能视为资源；废品不是资源，而是浪费了的资源，但对废品的再开发利用，它又成为了一种资源。既然资源与人的认识程度相联系，从认识论讲，人们的认识所能达到的程度是相对深化的，那么资源的概念也就是相对的。另一方面，宇宙范围客观世界是无限的，就人们的认识所达到的程度而言，又都是有限的，从这个意义讲资源也是相对有限的。

因此，应该辩证地认识资源，既要辩证地理解资源的内涵，也要搞清资源的外延，辩证地认识各种形态的资源。基于上述认识，就整个国民经济而言，资源的概念可概括为：资源属于经济科学的范畴，它是指在社会经济生活中，人们为达到某种直接或间接的、现实或潜在的目的以形成社会物质或精神财富，而可能利用的各种自然和社会要素。

资源有多种多样，根据不同需要，按照不同标志，可作各种不同的分类，但其基本分类是按资源属性划分的。资源按基本属性可划分为自然资源和社会资源两大类。凡属于自然要素的资源称为自然资源，如土地、阳光、森林、水、温度等，它是自然界产物，是人类赖以生存和创造社会财富的物质基础。凡属于社会要素的资源则称为社会资源，如劳动力、科学技术、工具设备、资金、信息、人的智力等，它是人类劳动所创造的社会产物，是人类创造社会财富和赖以生存发展的物质技术基础。森林属于自然资源，尽管人工林的培育有相当多的人力投入，但与树木生长几十年甚至上百年的自然力的作用相比，人投入的劳动还是短暂的、少量的。那么，什么是森林呢？

2)森林

森为繁茂，林为丛聚树木。森林，一般来说，乃繁茂丛生的树木。我国《辞海》定义森林为"一种植物群落。是集生的乔木及与共同作用的植物、动物、微生物和土壤、气候等的总体"。

关于"森林"的概念，长期以来，中外林业界众说不一，归纳起来有3种。我国学者施荫森概括为：地籍说、目的说和林丛说。日本学者盐谷勉概括为：地籍论、目的论和现状论。两者大体一致。

(1)地籍说(论)

"地籍是山林，仅凭地籍公簿上的土地登记。"即"不管地面上有无树木，如果在地籍管理上登记为山林，就是森林，否则就不是森林。"

(2)目的说(论)

"为了获得木材及其他林产品而提供的土地。"即"凡是决定为培育树木生产木材和其他林产品的土地，即为森林。换言之，凡是林业用地就是森林。"

(3) 现状论(或林丛说)

森林是"树木丛生的土地"或者"树木群体生长的土地"。苏联《大百科全书》中解释："森林乃是生长着树冠彼此相连的许多树木的一部分地面"。或"森林是为生产木材,且大部分生长着树木的土地"。1978年《苏联林业经济学》(3版)更明确地说："森林是本身互相影响并影响周围环境的乔、灌木植物所占据的地域,或生物地理群落。"

此外,有许多学者认为不应只从某一角度孤立地认识森林,而应从各个不同角度全面认识森林,才能准确理解森林的概念。这集中体现于美国林业工作者协会1971年出版的《林学、林产工业和林产品词典》和联合国粮食及农业组织与国际林业研究协会合编1981年出版的《林业科技词典》对森林的解释。

《林学、林产工业和林产品词典》从三个方面解释森林:从生态学观点说,森林是一种生态系统,它是一定密度下相互联结的乔木和其他木本植物占优势的植物群落;从经营观点说,森林是为了生产木材和其他林产品,或者为了间接的有益效用、保护环境和游览区所经营的土地;从法律观点说,根据森林法规或命令宣布为森林的土地称之为森林。

《林业科技词典》从四个方面解释森林为:一般说,以广阔而密集的林木覆被为特点的生态系统;较严格地说,由比较密集生长在一起的乔木和其他木本植物占优势的植物群落;为生产木材和其他林产物而经营的,或为间接效益(如保护水源区或游憩地)而保持有木本植被的地区;根据森林法和森林条例公布为森林的一定面积的土地。这与上述三个方面解释基本一致。

可见,森林是赖以一定的土地而存在的,具有明显的土地基础性;木本植物主体性,森林是以乔木、灌木等木本植物为主体的,包括草本植物、动物以及微生物在内的生物群落;生态系统性,森林是生存在一定环境之中并对环境产生影响的生物群落;经营目的性,森林是人们可以为生产木材和其他林产品以及改善环境而予以经营的;管理法律性,森林在其经营管理上一般要由法律、法规规定其外延界限的,如联合国粮农组织在第五次(1968—1972年)世界森林资源清查中规定,森林系指郁闭度在0.2以上的郁闭林,不包括疏林地和灌木地。而我国2000年颁布的《中华人民共和国森林法实施条例》以及2003年颁布的《森林资源规划设计调查主要技术规定》中指出,郁闭度在0.2以上(不含0.2),或人工林生长稳定(一般造林3~5年后,或飞机播种5~7年后)每亩成活保存株数大于或等于合理造林株数85%的林分才算作森林。

因此,对于森林的概念,可以作如下概括:森林是赖以一定土地和环境而生存,以乔木、灌木等木本植物为主体,包括草本植物、动物、微生物在内的,占有一定空间、密集生长,具有可以生产木(竹)材和其他产品以及影响周围环境等效益的生物群落,是一种生态系统。为便于经营管理,人们一般都用法律或法规的形式规定了明确的外延界限。

3)森林资源

一般来说,森林资源是森林与资源概念的有机叠加。

由于对"资源"和"森林"认识不一,人们对"森林资源"的概念也有许多不同的理解。有的把森林资源与森林基本视为等同概念;有的认为,从资源观点认识森林即为森林资源;而越来越多的人认为,森林是一种资源,但森林资源不仅仅指森林,它是与其他资源相比具有明显的不同特征的、有更广涵义的一种自然资源。同时，人们又不应僵化地理解森林资源的概念，而应根据社会的不同需要，建立起几种广、狭涵义不同的森林资源概念。

日本《林业百科事典》(1970 年版)对森林资源的概念解释为：森林资源和土地、地下资源、水产资源、水资源等都属于天然资源。森林资源不同于这些天然资源的特征有三条：①森林资源不同于矿产资源，森林资源可以通过适当管理，达到永续利用，所以森林资源是一种可以再生产的资源；②森林资源虽是可以再生产的资源，但在目前的技术水平条件下，自然力在再生产中作用很大，生产的时间长达几十年或更长一些时间，把森林资源当做农产品那样的概念还很难成立。当前，世界森林资源中，天然林仍占大多数；③反映在森林资源的效用上，森林作为林产资源，可以直接利用其林产品。森林具有涵养水源，防止洪水、保护土壤等国土保安作用，从这个意义上讲，森林是国土保安资源。此外，森林也是旅游观光和卫生保健的资源。由此可见，从狭义来看，森林资源是提供林产品的生产性的资源；从广义来看，森林资源属于生产、保安、卫生方面的资源。

苏联 1978 年《苏联林业经济学》(3 版)对森林资源的解释为："森林资源，作为经营活动的对象，是指已被森林占据和按规定程序划归林业经营，指定造林，发挥森林多种效益的地域。"书中还提出一个"森林产物资源"概念。"它包括木材蓄积及非木质林副产品。"实际是指森林资源的狭义概念。苏联《林业经济手册》(1979 年版)解释为："完整的国家森林资源，是指全部森林以及林产品再生产所需要的和在再生产过程中起辅助作用的没有覆盖森林的土地。"美欧许多林业界人士也都把森林资源理解为广义的，认为林区内无林地（采伐迹地、火烧迹地、林中空地及荒地）均应包括在森林资源的范围内。我国林业学者们对森林资源的认识也是逐渐深化的，特别是近些年来，适应林业改革的需要，人们纷纷对其重新研究和再认识。多数人认为，不应只把森林资源理解为林木资源，而应把它理解为广义概念，不仅包括林木资源（当然是主体），而且还应包括林区内其他植物、动物、微生物以及它们赖以生存的土地和环境等多种资源，这样认为不仅是理论发展上的必需，而且也具有重要实践意义。

因此，可以对森林资源的概念作如下概括：

森林资源的基本概念是广义的，它是陆地森林生态系统内一切被人所认识可利用的资源的总称。它包括森林、散生木(竹)、林地以及林区内其他植物、动物、微生物和森林环境等多种资源。为适应林业实践的不同需要，在一些特定场合，人们也可以运用森林资源的不同程度的狭义概念。如森林经理研究，可使用仅指林木资源的狭义概念；森林经营管理研究，可使用仅指森林的狭义概念；土地利用研究，可使用仅指林地的狭义概念；生态研究，可使用仅指森林生态的狭义概念；林产品利用研究，可使用仅指森林产物资源的狭义概念。但是，在研究区域性林业乃至整个国家林业建设时，就不能使用任何森林资源的狭义概念以偏概全，而必须使用广义的森林资源的基本概念。

4) 森林资源分类

森林资源的分类方式多种多样，现简要介绍如下：

(1) 按其起源与演变划分

按其起源与演变划分可分为天然林资源、人工林资源、人工天然林资源、天然次生林资源四类。在数量上我国森林资源是以人工天然林资源和天然次生林资源居多。

①天然林资源 未经人工栽植也未加有效管理干预的森林资源，即纯天然林，也即原始林。这是大自然留给我们的遗产。在我国，这类森林资源已经不多，但在偏远山区人迹罕至的地带还有相当的数量。

②人工林资源 工业人工林，是采用工业化手段栽植并集约经营的森林资源，是人们以盈利为目的进行商业经营并以一定的投入而经营成功的森林资源。这类资源的多少，与一个国家经济发达与否、经济实力大小有关。

③人工促进天然更新的森林 是在人类的干预下，促进天然林恢复的过程。

④天然次生林 这是天然林经人工采伐或破坏后，又经自然恢复起来的森林资源。天然林在其演替过程中受到不同程度的人为破坏性干预后，会发展成为不同类型的次生林。天然次生林的结构都随着干预程度的不同而异，其演替趋势也因破坏程度的不同而变化。

(2) 按其物质结构层次划分

从森林资源的物质结构层次划分，可以把森林资源分为林地资源、林木资源、林区野生植物资源、林区野生动物资源、林区微生物资源和森林环境资源六类。

①林地资源 凡用于经营林业之用地，都属于林地资源。包括有林地、宜林地、疏林地、未成林造林地、灌木林地、苗圃地等。这些不同的地类有着不同的经营意义。

②林木资源 凡生长在林地上的各种树木皆属于林木资源，它是森林资源的主体部分。按树种或年龄的不同，林木资源又可分为针叶林、阔叶林等，或分为幼龄林、中龄林、近熟林、过熟林等类型。不同类型林木的经营意义也是不同的。

③林区野生植物资源 生长在森林环境中的各种经济价值的野生植物都属于野生植物资源。不同的植物资源有不同的经营价值与功效。

④林区野生动物资源 依赖森林环境而生存的各种野生动物都属于野生动物资源。野生动物是野生植物的派生成分，依赖植物而生存。不同种类的野生动物有不同的经营价值。

⑤林区微生物资源 微生物是介于植物与动物之间的生物资源，有自身的发生发展规律，林区微生物不但种类繁多，而且经济价值很大。有巨大的开发利用潜力，是不可忽视的森林资源重要组成部分之一。

⑥森林环境资源 森林中的各种环境要素不但具有生态价值、经济价值、还有景观价值。在科学经营条件下，景观会转化成巨大经济效益，是森林资源不可分割的一部分。

(3) 按其与社会经济活动的关系划分

从森林资源与社会经济活动的关系分析，可把森林资源划分为经营性森林资源和非经营性森林资源两类。

①经营性森林资源 是指具有经营价值，即投入人力、财力、物力后，可获得经济产出的那些森林资源，它是林业产业的劳动对象与物质基础。林业产业的兴旺与否，与经营性森林资源的数量和质量有着密切的关系。

②非经营性森林资源 是指那些尚不具备经营价值或者暂不具备经营条件的森林资源。即使这类资源作为劳动对象，对它实行经济投入，也不能获得经济效益。对这类资

源,只能进行非盈利性的经营管理,是林业事业单位的经营对象。

(4)按林种划分

如果按林种划分,森林资源可分为用材林资源、防护林资源、薪炭林资源、经济林资源、特种用途林资源。

3.1.2 森林资源特性

1)森林资源系统性特征

(1)以林木资源为主体的综合性

广义地讲,森林资源是由多种资源有机构成的综合资源系统,但它是以林木资源为主体的,其他各项资源,除其中无机物资源外,都是依附于林木资源的存在而存在。因此,在经营森林资源时,必须以经营林木资源为主,综合经营多种资源,既不能单一经营林木资源,也不能不分主次地经营各种资源。

(2)分布的广袤性

森林资源的地域分布极为广阔,高山、丘陵、平原、沿海、河流两岸、道路两旁、城市、乡村都有不同分布,不仅面积大,而且呈现出明显的地域差异性。此外,大片林区森林资源又多分布于人烟稀少、交通不便、经济不发达的边远山区。这就客观上给经营森林资源带来很大的复杂性和艰巨性。

(3)多效性和公益效益的外在性

森林资源具有多种效益,不仅能直接发挥经济效益,而且能发挥巨大的公益效益。因此,经营森林资源必须使多种效益协同发挥。森林资源的公益效益具有外在性,森林资源经营的好坏会给社会带来公益或公害。这一外在性特点就决定了必须由国家和社会给予补偿。

(4)森林资源的多元弹性

从现实看,森林资源经营比其他行业粗放得多,但若要真正科学地经营好森林资源却又比其他行业难得多。这主要是由森林资源的多元弹性所决定的。

①时间弹性 经营森林资源的各个环节在时间上有很大的伸缩性,所以,选择最好的经营时机困难很大。

②空间弹性 森林资源的分布、生产经营和各种作业并没有严格的空间界限。

③成熟弹性 森林资源中的各种生物资源具有明显的不同成熟期。就林木资源而言,不同树种林木成熟期也大不相同,同种林木成熟期也不严格。

④生产的单向弹性 和其他行业不同,森林资源的许多生产,特别是林木生产具有单向弹性。例如,林木生产是一个渐进的累积过程,林木采伐利用却不需要多少时间很快就会完成。生长量的回升要经过相当长的时期,但一经采伐,即刻降为0。这种单向弹性决定了不搞好恰当的调节,森林资源的永续经营利用就难以实现。

⑤结构弹性 森林资源是由以林木资源为主体的多种资源构成的,就林木资源而言,其林种、树种、林龄等的结构也是各不相同的,而且在多种因素和条件的作用下,其结构

都处在不断变化之中，要在特定条件下确定合理的结构是相当困难的。这种结构弹性给经营森林资源带来了很大的复杂性和艰巨性。

⑥效用交叉弹性　森林资源具有多功能、多效益，不同时间、不同空间、不同种类，其效益各异，且互相渗透、互相影响和制约。这种效用交叉弹性，意味着要取得最大的综合效用，必须进行难度很大的科学优化。

森林资源的上述多元弹性，客观上决定了经营森林资源的各项活动都有很大的选择性。经营者工作的核心，就是恰当地选择、调控这些弹性。然而要做出明智的选择是相当困难的，必须从具体实际出发进行科学的决策，这不但需要有高深知识和管理水平，而且也需要能有按具体客观情况变化而灵活选择、调控森林资源多元弹性的充分自主权。

2) 林木资源特点

林木资源是森林资源的主体，林木资源的特殊性决定性地影响着整个森林资源系统的特殊本质。林木资源主要有如下7个特点：

(1) 条件更新性

林木采伐后，基本不可能自身再生，而只能在一定条件下另行更新，开始另一个生产过程。因此，必须投入相当的人、财、物力，确保林木足够的更新量，才能实现永续经营利用。

(2) 自然力支柱性

在林木生产过程中，自然力独立地起着支柱作用，而且作用的时间相当长。因此，森林资源的经营，既要重视人力的作用，更要重视发挥自然力的作用，使二者有效结合。

(3) 群体性

森林资源中的生物资源，主要是林木资源，都生长在一定群落之中，每一株林木都与周围其他林木息息相关，共同构成森林环境，它影响环境并受到环境影响。正是这种群体性，才使森林资源具有巨大生态功能。

(4) 生产长期性和高风险性

林木资源生产周期很长，而且在这长时间的生长过程中，要受到自然的和人为因素破坏，使经营林木资源吸引投资的竞争力很弱且具有很大的经营风险。

(5) "储量"和"产量"稳态巨差性

林木生产的"产量"即生长量是在远比它大的"储量"即蓄积量的基础上生产的。"储量"和"产量"两者间存在着巨大的差额，而且这种巨差不可能大幅度缩小，相对而言是稳态的。

(6) 两重经济性

生产过程中的林木，既是生产的"产品"，又是生成该"产品"的"工厂"。

(7) 定位性

林木生产（即营林生产）不同于其他产业，不仅是"工厂"不可移动，而且其"产品"也是定位的。

3.2 森林资源现状及分布

3.2.1 世界森林资源现状及分布

1)世界森林资源现状

2015年全球森林资源评估报告显示,世界森林面积为39.99亿 hm^2,占陆地面积的30.6%。20世纪90年代,世界森林面积以年均726.7万 hm^2 或0.18%的速度减少;21世纪前5年每年以457.2万 hm^2 或0.11%的速度减少,2006—2010年每年以341.4万 hm^2 或0.08%速度持续缓慢减少。2010年以后,森林减少速度放缓,但仍以年均330.8万 hm^2 或0.08%的速度在减少。25年间,森林减少速度虽有所放缓,但近10年间从每5年来看并无多大改善。特别是天然林,2010—2015年年均减少880万 hm^2,增加220万 hm^2,实际减少了660万 hm^2,与20世纪90年代年均减少850万 hm^2 相比虽有所好转,但天然林减少的情况依然十分严重。

森林面积的增减具有一定的地域性,受经济问题和气候条件等因素的影响也很大。2010—2015年,在亚洲、欧洲、北美洲和中美洲及大洋洲,森林面积年均增加数十万公顷,而在非洲和南美洲年均分别减少200万 hm^2 以上。以赤道以南的发展中国家为中心,特别是南半球的国家和地区,森林面积仍在迅速减少。1990—2015年,森林面积以每年超过50万 hm^2 的速度减少的国家有巴西和印度尼西亚,非洲及南美地区许多国家的森林面积也在大幅减少。然而,在东南亚和南亚地区,印度、越南和菲律宾等国家的森林面积由减少转为增加,原因是这些国家依靠国家计划、国际合作和木材贸易,增加了种植面积。

从2010—2015年世界森林面积变化来看,年均减少面积最大的国家是巴西98.2万 hm^2、印度尼西亚68.4万 hm^2 和缅甸54.6万 hm^2,森林年下降率分别为0.2%、0.7%和1.7%。另外,森林面积年下降率超过1%的国家分别是尼日利亚、津巴布韦、巴拉圭、缅甸和阿根廷,大多数仍然是赤道附近或南半球的国家。这些国家的经济大多比较贫困,但却拥有生物多样性非常丰富的热带林和亚热带林。

森林面积显著增加的国家有中国等国家。中国年均增加154.2万 hm^2,年增长率0.8%;澳大利亚增加30.8万 hm^2;智利增加30.1万 hm^2;美国、菲律宾和加蓬各国年均增加的森林面积也都超过20万 hm^2。中国从木材需求增加和国土绿化的观点出发,尤其从1990年以后,举国上下开展了全民植树造林。2000年以来,澳大利亚因森林火灾等原因,在大面积森林消失后实施了森林再生计划。菲律宾、印度和越南也进行了植树造林,使森林面积逐渐增加。

从各功能森林所属面积来看,2015年全球生产林面积已达11.87亿 hm^2,占世界森林总面积的30%;多种用途林为10.49亿 hm^2,占26%。欧洲的生产林超过5亿 hm^2,占世界的43%。多种用途林主要分布在北美洲和中美洲,占世界的38%,欧洲占23%,合计约占世界的60%。保护林面积共有6.51亿 hm^2,其中,南美洲、亚洲和非洲占有率较高,分别为44%、18%和16%。

根据2015年全球森林资源评估报告，世界各国森林资源呈现如下特征：

(1) 世界各国森林面积分布不均衡

全球2/3的森林集中分布在俄罗斯(20.5%)、巴西(12.1%)、加拿大(7.8%)、美国(7.7%)、中国(5.0%)、澳大利亚(4.1%)、刚果民主共和国(3.4%)、印度尼西亚(2.2%)、秘鲁(1.7%)和印度(1.7%)10个国家，其中前5个国家森林面积占全球的50%以上。有105个国家的森林面积占土地面积(不含内陆水域)的比重超过全球平均水平。但世界上也有62个国家的森林面积占土地面积(不含内陆水域)的比重不到10%，其中，有些国家如莱索托、吉布提、埃及、利比亚、毛里塔尼亚、科威特、摩纳哥不足0.5%。

(2) 多数国家的森林以公有林为主

全球84.4%的森林是公有林(指林地所有权，包括国有和集体)，13.2%的森林是私有林。《全球森林资源评估报告》涉及的229个国家和地区中，74%的国家其公有林超过50%，其中47个国家的森林全部公有；24%的国家其私有林超过50%，其中纽埃岛、库克群岛和基里巴斯3个大洋洲岛国和群岛森林全部私有。森林面积居世界前10位的国家中，俄罗斯、中国、刚果民主共和国和印度尼西亚的森林全部公有，印度、加拿大、秘鲁和澳大利亚的公有林分别占98.4%、92.1%、83.1%和72.0%，美国的私有林在森林面积中的比重较大，为57.6%。

(3) 世界各国森林每公顷蓄积差距大

世界上不到1/3的国家和地区森林每公顷蓄积大于全球平均水平($110m^3/hm^2$)，其中14个国家和地区森林每公顷蓄积超过$200m^3$，瑞士、奥地利和法属圭亚那地区高于$300m^3$，分别为$368m^3$、$300m^3$和$350m^3$。多数国家森林每公顷蓄积不足全球平均水平，包括坦桑尼亚、津巴布韦、埃塞俄比亚、泰国、希腊和西班牙等在内的47个国家和地区森林每公顷蓄积不足$50m^3$，有些国家如沙特阿拉伯、土库曼斯坦、乌兹别克斯坦和也门低于$10m^3$。森林面积居世界前10位的国家中，刚果民主共和国森林每公顷蓄积较高，为$230.8m^3$，巴西、美国、加拿大、俄罗斯分别为$170.1m^3$、$115.9m^3$、$106.4m^3$和$99.5m^3$，中国、印度和印度尼西亚远低于全球平均水平。

(4) 全球1/3的森林是原生林，人工林不足5%

全球原生林占森林总面积的36.4%，人工林占3.8%。原生林集中分布在巴西(31.1%)、俄罗斯(19.1%)、加拿大(12.4%)、美国(7.8%)和秘鲁(4.6%)5国。原生林占本国森林面积的比重大于50%的国家和地区有19个，其中巴西的原生林占87.1%、秘鲁88.8%、加拿大53.3%、印度尼西亚55.0%、墨西哥51.1%。人工林主要分布在中国(22.4%)、俄罗斯(12.1%)、美国(12.2%)、日本(7.4%)、苏丹(3.9%)和巴西(3.9%)。人工林占森林面积的比重大于20%的国家和地区有38个，有些国家如阿联酋、阿曼、科威特、佛得角、利比亚和埃及的森林全为人工林。

(5) 全球森林的1/3用于木质和非木质产品生产，11%指定用于生物多样性保护

用于生产木质和非木质产品的森林比重大于50%的国家和地区全球有43个，有些国家如克罗地亚、芬兰、法国、希腊和爱尔兰的比重超过90%。有22个国家和地区将30%

以上的森林指定用于生物多样性保护，有些国家如留尼汪、中非共和国、新加坡、塔吉克斯坦和新西兰指定用于生物多样性保护的森林比重大于70%。全球指定用于水土保持的森林面积比重为9.3%，其中有31个国家的比重超过30%，有些国家如肯尼亚、利比亚、科威特、土库曼斯坦和乌兹别克斯坦90%以上的森林用于水土保持。全球指定用于提供休闲、旅游、教育及宗教场所等社会服务的占3.7%，有些国家如塞拉利昂、亚美尼亚、德国和巴西指定用于提供社会服务的森林比重超过20%，德国达42.3%。

(6) 每年近百分之四的森林受到各种灾害的影响

全球每年平均有1.04亿hm^2的森林受到林火、有害生物(包括病虫害)以及干旱、风雪、冰和洪水等气候事件影响，其中受森林病虫害和林火影响的面积较大，分别占65.3%和26.7%。受灾害影响森林面积的83.5%集中分布在美国(23.5%)、加拿大(15.6%)、印度(12.5%)、中国(7.6%)、俄罗斯(7.4%)、缅甸(6.2%)、乍得(5.9%)和芬兰(4.8%)。这些国家受灾害影响的森林面积占本国森林面积的比重分别为8.1%、5.3%、19.4%、4.5%、0.9%、18.8%、50.0%和22.1%。其中，受病虫害影响森林面积较大的国家有美国(2246.6万hm^2)、加拿大(1423.8万hm^2)、印度(940万hm^2)、中国(707.4万hm^2)、俄罗斯(591万hm^2)和蒙古(279.8万hm^2)，这些国家合计占全球的90.8%。

2) 世界森林资源分布

世界的森林主要包括：温带森林、北方森林、干旱区森林、热带及亚热带森林。

(1) 温带森林

在南、北两半球的海平面和高山雪线之间都有温带森林分布。在地球表面，温带大致指纬度35°~55°的中纬度地区，温带湿润地区的地带性植被类型是夏绿林或落叶阔叶林。落叶阔叶林在地球上主要分布于北美大西洋沿岸、欧洲和东亚三大区域。在西欧其沿大西洋沿岸、从伊比利亚半岛开始，一直延伸到斯堪的纳维亚半岛的南端，甚至可达北纬58°。在中欧和东欧则向东延伸至俄罗斯的第聂伯河一带。在北美主要分布于五大湖以南，密西西比河流域，向东达大西洋沿岸的低地，阿巴拉契亚山脉的下部，北部可达北纬45°左右，在东亚则主要分布于中国、朝鲜半岛、日本北部以及俄罗斯的萨哈林岛南部。

(2) 北方森林与针阔叶混交林

寒温带一般指纬度50°~70°的地区，冬季漫长严寒，可达6个月之久，夏季温和，但日平均气温大于10℃的持续期少于120天。寒温带的地带性植被类型是寒温带针叶林或北方针叶林。寒温带南边在海洋性气候盛行的地方，与温带落叶阔叶林相邻接，但它们之间并没有明显的界限，而具有一个较广阔的过渡带，即为针阔混交林带。

北方森林是寒温带针叶林和针阔混交林的合称。分布范围为北半球的北方针叶林，在欧亚大陆，从大西洋一直连续延伸到太平洋。在北美则从北极圈以南由太平洋的阿拉斯加的育空河和加拿大的马更些河以南，向东经大奴湖，沿苏必利尔湖北岸一直到达大西洋沿岸。

针阔混交林在欧洲、北美和东亚都有分布。

①欧洲的针阔混交林　与真正北方针叶林带之间的界线，较明显的是与栎林的分布北

界相吻合。它沿着北纬60°，穿过瑞典南部，再沿芬兰南部海岸延伸，然后到卡马河上游。

②北美针阔混交林　有着广泛的分布，它虽可深入落叶阔叶林带，但取决于土壤条件。东亚针阔混交林以中国为其分布中心，它主要分布于中国小兴安岭和长白山一带，俄罗斯远东阿穆尔州和沿海地区、朝鲜半岛北部以及日本的北部。典型的植被类型是以红松为优势的针阔混交林。

③北方针叶林　主要是由松柏类组成的森林，以松、云杉、冷杉、落叶松、铁杉、崖柏等属为主，它们都属于泛北极植物区域的北方亚域的环北方区，这是世界上最大的一个植物区系区。针叶林的主要优势种包括：欧洲云杉、欧洲赤松、兴安落叶松等。

北方针叶林的外貌特征易于识别，林冠色彩单调一致，层次结构简单，乔木层通常一层并由单一树种构成，林下明显地有一个灌木层，一个草本层和一个地面苔藓层。

根据树种和林冠的透光程度的划分：

①明亮针叶林　主要是由落叶松或松属植物构成的森林，林冠比较稀疏，林下透光度较大，相对光照强度可达20%左右。

②阴暗针叶林　主要是指由云杉、冷杉等耐阴性较大的树种所构成的森林，林分比较郁闭，林下透光度小而变得阴暗，相对光照强度低于10%。

针阔混交林群落的结构比北方针叶林复杂，其垂直层次结构与温带落叶林相似，种类组成繁多，以我国北方的针阔混交林为例，其植物区系以长白植物区系为主，仅维管植物就有近1900种，特有植物也很多，乔木中除红松外，还有沙松($Abies\ holophylla$)、鱼鳞云杉($Picea\ jezoensis$)、长白落叶松($Larix\ olgensis$)、紫杉($Taxus\ cuspidata$)等，阔叶树则有多种槭属($Acer$)树种，水曲柳($Fraxinus\ mandshurica$)、核桃楸($Juglans\ mandshurica$)、黄波罗($Phellodendron\ amurense$)、紫椴($Tilia\ amurense$)、春榆($Ulmus\ propinqua$)等。根据植被组成特点，我国的红松针阔叶混交林又可分为南方红松林和北方红松林两大类。

(3) 干旱区森林

干旱区，是指降水量不敷潜在蒸发散支出的地理区域，是极端干旱区、干旱区和半干旱区(包括亚湿润干旱区)的统称，通常年降水量低于500mm。

在1994年《防治荒漠化公约》中，被定义为湿润指数(年降水量与潜在蒸发散之比)为0.05~0.65的地区。我国是指干燥度大于1.5的区域。其中半干旱地区(湿润指数0.20~0.65，或干燥度1.5~4.0)大约与草原带分布一致。

各大洲都有干旱区分布，主要分布在亚洲、非洲、大洋洲的澳大利亚和北美洲，南美洲和欧洲分布较少，以热带、亚热带和温带为多。其中亚洲和非洲因为人口多，经济落后，对干旱区的压力大，人类活动频繁，环境日益恶化。

全球干旱区面积共约4880万km^2，约占陆地总面积的1/3，是自然资源富集地区之一。区内人口约10亿，几乎占全球总人口的1/5，是世界上相当落后的地区。巨大的人口压力和经济贫困使本来十分脆弱的生态系统面临重重危机，土地荒漠化日益严重。

在干旱区，沙漠约占46%，草原约占54%。区内自然资源丰富，是世界主要的畜产品基地和小麦、玉米等谷物的粮仓，石油、煤、金属矿、放射性元素、天然盐、碱、芒硝等工业原料都极为丰富，对于全球的资源与环境问题具有战略意义。

干旱区具有双重特征的地理单元：①既具有充沛的阳光，又多风少雨；②既是自然资源富集的地区，又面临开发不当易导致土地荒漠化的严重后果。

从形成干燥气候的环流因子及纬度分布看，干旱区可分成二大类：

①热带干旱区　包括热沙漠和热草原。多分布在副热带高压带背风的大陆西岸与内陆部分。以南北纬 20°~25° 的热带和亚热带为中心，几乎终年不受海洋湿润气流影响。

热沙漠主要包括：非洲的撒哈拉沙漠和南部的卡拉哈里沙漠、澳大利亚大沙漠、亚洲的阿拉伯沙漠和印度塔尔沙漠、北美洲的内华达沙漠、南美洲的阿塔卡马沙漠等。

热草原是热沙漠外围的过渡性地带，具季节性降水，但降水变率大。

②温带干旱区　包括冷沙漠和冷草原。位于中纬度地区，这里不受气压带或风带支配，而是由于深处内陆，或因高山阻隔少受海洋影响。年平均气温低于 18℃，最冷月平均气温通常低于 0℃。除降水少外，气温年较差也特别显著。

冷沙漠主要包括：塔里木盆地、中亚、南美巴塔哥尼亚等。

冷草原属过渡地带，降水较多。包括俄罗斯平原南部，北高加索，哈萨克斯坦，蒙古，中国内蒙古，北美洲大平原等。

温带干旱区自然植物贫乏，或生长些矮草与带刺、多肉的灌木丛，耐盐植物普遍，森林仅分布在水分较多的高山地带或河流两岸，其中非洲多见具发达储水器官的植物，北美西南地区多肉质多刺、高大的仙人掌类植物。

沙漠区土壤呈带黄、红与棕色的灰色，缺少腐殖质，含有未被淋溶的矿物质；草原区的土壤呈棕栗色，腐殖质含量丰富，肥力较高。

这一区域的陆地水具有重要意义，经济活动包括森林的发展规模及其地域布局均受制于此。其中河流多发源于高大山系，以内流河为主，主要水源是冰雪融水，它们通常缺乏支流，且具有明显的季节性，多为间歇河，或没于沙漠，或注入内陆湖泊；每年汛期 1~2 次，泛滥后淤积两岸，非常肥沃。湖泊多为咸水湖，如何利用这些咸水是个重要问题。

3.2.2　中国森林资源现状及分布

我国地域辽阔，自然条件复杂、气候类型多样；植被丰富，森林类型繁多；林木资源丰富，动植物种类独特，在世界上占有重要地位。我国现有森林资源的主要问题表现为"总量不足，分布不均，质量低下"。

1) 中国森林资源现状

根据第八次全国森林资源清查结果显示，全国森林面积 2.08 亿 hm^2，森林覆盖率 21.63%。活立木总蓄积 164.33 亿 m^3，森林蓄积 151.37 亿 m^3。天然林面积 1.22 亿 hm^2，蓄积 122.96 亿 m^3；人工林面积 0.69 亿 hm^2，蓄积 24.83 亿 m^3。根据《2010 全球森林资源评估报告》分析，我国森林面积占世界森林面积的 5.15%，居俄罗斯、巴西、加拿大、美国之后，列第 5 位；森林蓄积居巴西、俄罗斯、美国、刚果民主共和国、加拿大之后，列第 6 位；人工林面积继续位居世界首位。我国人均森林面积 0.15hm^2，相当于世界人均占有量的 25%；人均森林蓄积 10.98m^3，相当于世界人均占有量的 14%。我国森林资源总量位居世界前列，但人均占有量少。

全国各地森林覆盖率超过 60% 的有福建、江西，50%~60% 的有浙江、台湾、广西、海南、广东、云南，30%～50%的有11个省份，10%～30%的有12个省份，不足10%的有天津、青海、新疆。特点表现为以下几个方面：

(1) 资源类型多

主要是指树种和树种组多，森林类型多和珍贵经济林木多。我国地域辽阔，地理、气候条件等自然因素复杂多样，形成了我国森林资源类型多的特点。全世界木本植物2万余种，我国有8000余种，占世界木本植物种类的40%，其中乔木有2000多种。由于我国从南到北地跨热带、亚热带、暖温带、温带和寒温带5个主要气候带，因而形成了热带雨林、季雨林、亚热带常绿阔叶林、暖温带落叶阔叶林、温带针叶林与阔叶混交林、寒温带针叶林等多种主要的森林类型。如果详细分类型则更多。在众多的森林资源类型中，许多具有很高的价值，包括经济价值、观赏景观价值、生物多样性价值等。例如，经济价值高的树种有银杏、红豆杉、漆树、橡胶、红木、杜仲、桑树、茶树等。世界主要的食用油树种有150种，我国就有100种左右。此外，还有众多干鲜果品种、天然香料、饮料等树种。许多树种资源不仅经济价值高，而且为我国所特有。例如，水杉、银杏、红豆杉、杜仲、珙桐等。另外还有更多的稀少树种。

(2) 资源总量多、人均少

由于中国人口众多，约占世界人口的22%，而森林面积只占世界的3.9%，平均每人的森林面积只有0.112hm^2，是世界平均水平0.64hm^{2}的1/6；人均蓄积我国为8.6m^3，不足世界平均水平71.8m^{3}的1/8。从总体上看，我国仍属于森林资源贫乏的国家。

(3) 分布不均

由于历史和自然地理条件等方面的原因，我国森林资源分布非常不平衡。东北、西南和东南各地森林资源较多，华北、中原和西北各地的森林资源分布少，差异极大。从人均拥有量计算，人均面积超过世界平均水平的只有西藏和内蒙古，其中西藏人均最多，森林面积人均达到2.987hm^2，这主要也是由于人口少相对所致。人均蓄积超过世界平均水平71.8m^{3}的只有西藏，林分蓄积达到人均850.9m^3。

森林资源分布不均的特点还反映在与人口、经济发展关系的不平衡上。现有森林主要分布在远离人口密集、经济发达的地域，不仅增加了经营利用森林的费用，尤其是运输费用，也使人们的生活环境得不到森林资源的直接保护，降低了生活质量。近年来在我国日渐兴盛的与森林有关的旅游、文化、休憩等也由于森林距离遥远而增加了出行的难度和费用。

(4) 森林结构不合理

主要反映在林龄结构和林种结构等方面。从年龄结构上看，不合理主要反映在幼、中龄林多，成过熟林资源少的林分低龄化方面。全国森林中幼龄林和中龄林占2/3以上，在用材林中，尤其是在老的国有林区已接近无成熟林可采伐的状态。从区域林区状况分析，森林资源低龄化的倾向更为严重。例如，东南部丘陵山地林区，幼、中龄林面积占80%以上，近熟、成熟林蓄积只有约40%，距离正常情况下的60%～70%相距甚远。森林资源结构不合理的另一个重要方面，是各林种比例不合理。最突出的方面是用材林比重大，占64.6%，而其他林种比重少，特别是防护林少，只有13.9%，薪炭林占2.9%，特用林占

2.9%，比例也是偏少的。像我国这样的少林国家，森林资源总量原本就少，许多地区的生态环境非常脆弱，防护林少则更加不利于发挥森林的生态防护效益。从区域情况看，有的地区林种结构不合理现象更为明显。例如，京津唐地区经济发达，人口密集，北京又是政治和文化中心，而周边地区的防护林还达不到全国平均水平。

(5) 林地生产力低

林地生产力低主要反映在两个方面：一是每公顷蓄积生长量低；二是在林业用地中有林地比重小。

蓄积生长量是我国蓄积资源增长的主要途径，每年新种植林木的蓄积所占比重很少。尽管全国林分林木的平均生长率可达3.98%，但由于林分的每公顷蓄积量只有78.1m^3，蓄积生长量只有约3m^3。如果我国林分蓄积能达到世界平均水平，每公顷114m^3，则每公顷年蓄积生长量将达到4.5m^3，比现实的增长50%。林分生长率在全国各地区间差异较大，南方各省（自治区、直辖市）自然条件好，中、幼龄林比重大，生长率较高，多数在6%以上；我国森林资源主要分布区，北方的内蒙古、黑龙江、吉林和西南的云南、四川、西藏蓄积生长率都低于全国平均水平。因此，在南方生长条件好的省份重点发展用材林，是解决我国木材供给严重不足的有效途径。

林业用地的利用率，即有林地占林业用地的比例较低是林地生产力低的另一个方面。我国现有林业用地2.57亿hm^2，其中有林地只占59.8%，约1.34亿hm^2。

2) 中国森林资源分布

(1) 东北地区

包括黑龙江、吉林、辽宁三省和内蒙古东部的呼伦贝尔、兴安、哲里木三盟和赤峰市。东北地区的森林资源主要集中在大兴安岭、小兴安岭和长白山地。

主要用材树种：针叶林有落叶松、长白落叶松、红松、樟子松、沙松、云杉、冷杉等；阔叶树有桦、杨、水曲柳、黄波罗、核桃楸、椴、榆、槭、蒙古栎等。

东北林区特点是：营林和木材生产集中，国有林业企业规模比较大，机械化水平比较高，采伐率高，林区道路密度大，林区经营水平高。目前，木材生产量仍占全国林业系统木材产量的一半。

东北林区的资源危机，表现为林业用地面积在缩小，黑龙江每年减少林业用地10万hm^2；吉林每年减少林业用地4万hm^2；可采伐的成、过熟林蓄积量下降更快。有1/3林业局的资源已经基本枯竭，没有天然原始林可采，靠摘山帽和间伐次生林、人工林生产木材；1/3的林业局勉强能维持生产；只有1/3的企业能维持正常轮伐生产。林区木材径级和质量普遍下降。红松和水曲柳、黄波罗、核桃楸、椴等珍贵树种的比重下降过快。如牡丹江林区的红松面积比重不足5%，蓄积量不足1%，从而已失去"红松故乡"的称号。

(2) 西南地区

西南地区包括四川、重庆、云南、西藏。该区的森林资源有如下特点：

①主要林区处在横断山脉，既受太平洋的影响又受印度洋的影响 多数山脉和水系为南北走向，海洋湿润气团可以通过河谷由南至北深入到较远的地方，西边的山坡上分布着茂密的森林，构成了西南地区林业的主体。这里山体在3000m以上，相对高度也在千米以

上。地带性是这里最明显的特征。几个热量带、森林带同处在一座山上,出现"一山有四季,十里不同天"的情景。因而,森林类型和树种非常复杂。

②天然原始林和成、过熟林比重大　面积占90%以上,蓄积量比重超过95%。单位面积蓄积很高。川西高山峡谷林区,平均单位面积蓄积达280m^3/hm^2,西藏波密岗乡一片200年生的云杉林,平均胸径达92cm,树高57m,蓄积达1950m^3/hm^2。藏东南察隅地区,130年生的云南松蓄积高达990m^3/hm^2。

③森林枯损严重　由于这里成、过熟林比重高,森林自然枯损严重,有人估测:西南林区每年自然枯损量达3000万m^3。

④森林资源管理水平比较低,多数地区的森林处在自生自灭状态,毁林开荒、森林火灾十分严重,生活用材量也很大　云南每年因开荒、火灾、生产和生活用材达2000万m^3,相当于全国木材产量所消耗资源的1/5,这是一个惊人的数字。

西南地区的森林资源主要分布在川西、滇西北、藏东南的高山峡谷地区。其范围有7500万hm^2,有林地面积达1700万hm^2,森林蓄积量达31亿m^3。

处于高山峡谷地区的森林资源,起着极好的涵养水源,保持水土的作用。所以部分森林已划入了长江中、上游的防护林体系之中。

除高山峡谷原始林区外,还有很多森林资源分布在四川盆地周围山区和云南中部、南部、东南部。

西南地区发展森林资源的潜力很大。本地区林业用地的利用率仅为42%,远远低于全国平均水平。且这里发展林业条件较全国其他地方优越得多。例如,土地面积丰富、自然条件复杂,使得林木生长较快。

今后除保证一定规模的防护林和特用林外,积极发展用材林和经济林,特别是亚热带和热带的经济林。

西南地区木材生产较为困难,采伐率低,基本建设投资效果低。今后的用材林源在地区上有所转移,向交通条件较好,海拔较低的山区发展。如四川从川西高山峡谷向四川盆地周围山区,云南将用材林基地移至滇中和滇东南。

(3) 南方地区

本地区包括浙江、安徽、江西、福建、湖北、湖南、广东、广西、海南和贵州。南方地区是我国自然条件最好的地区,也是历来林业发达的地区,人工林占有很高的比重。山区的农民有经营林业的习惯。

南方森林资源的分布比较均匀。武夷山系和南岭山系较为集中,两个山系的面积占南方地区总面积的22%,而有林地面积占45%,蓄积量占65%。

南方地区森林资源集约经营水平高,林木品种多、生长迅速,为东北地区林木生长速度的2~3倍。例如,杉木,材质优良,生长迅速,一般20~30年生的林地,每公顷达150m^3,中心产区的速生丰产地15~20年生的杉木林地,每公顷可达150m^3。30~35年的马尾松林,每公顷蓄积量可达150m^3。

南方地区也是我国最大的经济林和竹林基地。如湖南、湖北、贵州的漆树、油桐;湖北、安徽、江西、浙江的乌桕;浙江、江西、湖南、贵州、广西的油茶;湖南、广西、福建、浙江、湖北的毛竹等。

(4)东部少林地区

本区包括北京、天津、上海、河北、山东、河南、江苏。本地区的林业类型主要是以平原林业为主,即农田、沟渠、道路、村庄等防护林,绝大部分为带状、网状的形式,还有林农间作形式,极少量的片林。

华北石质山区在古代森林较茂盛,宋朝至今,几经战乱,朝廷大兴土木,又接近发达的农业区,森林带遭大规模破坏,部分阳坡地已经岩石裸露,濯濯童山,失去生产能力。绿化燕山、太行山、豫西山地和沂蒙山地对华北大平原将起到十分重要的防护作用。这里主要以营造水土保持、水源涵养、经济林为主,少量的用材林和薪炭林。还应结合名胜古迹发展风景林和森林公园。

(5)西北和华北西部地区

本区包括的范围有山西、陕西、甘肃、青海、宁夏、新疆和内蒙古中、西部。西北地区的森林资源主要分布在秦岭南坡(汉中、甘肃白龙江流域)、天山、阿尔泰山、祁连山、青海东南部等。这里为原始林区,并有国有林分布。其次,陕西、甘肃的陇东地区(小陇山、子午岭)、陕西黄龙山、桥山、山西的管涔山、太岳山、吕梁山、五台山、关帝山、中条山等为次生林区。

本地区是我国"三北"防护林的主要地区,黄土高原为我国最大、最严重的水土流失地区,防止水土流失,保水保土为该地区发展林业的重点任务,也是为本地区脱贫致富创造良好的条件。蒙新高原是我国干草原和荒漠区,风沙危害尤为严重,每年沙漠化面积以千万亩速度扩大,因此,防风固沙是这里林业发展的首要任务。中华人民共和国成立后,尤其是20世纪70年代以来,营造各种防护林近亿亩,基本上控制了蒙新地区的风沙危害;平原地区基本实现了林网、林带的保护;部分黄土高原水土流失区,进行了小流域的综合治理,水土流失的面积有所缩小,灾情减轻。

3.2.3 福建森林资源现状及分布

1)福建森林资源现状

根据国家林业局审定的第八次全国森林资源清查结果,福建省森林面积801.27万hm^2,森林覆盖率65.95%。活立木总蓄积66 674.62万m^3,森林蓄积60 796.15万m^3。天然林面积423.58万hm^2,天然林蓄积35 942.92万m^3;人工林面积377.69万hm^2,人工林蓄积24 853.23万m^3。森林每公顷蓄积100.20m^3,生态功能等级达到中等以上的森林面积占95%。

(1)森林资源结构

①森林面积中 乔木林面积606.72万hm^2,占75.72%;经济林面积87.80万hm^2,占10.96%;竹林面积106.75万hm^2,占13.32%。

②按林种分 防护林面积195.38万hm^2,占24.38%;特用林面积44.48万hm^2,占5.55%;用材林面积469.77万hm^2,占58.63%;薪炭林面积3.84万hm^2,占0.48%;经济林面积87.80万hm^2,占10.96%。

(2) 森林资源质量

①单位面积蓄积量　乔木林每公顷蓄积 100.20m³。其中，天然乔木林每公顷蓄积 109.30m³；人工乔木林每公顷蓄积 89.44m³。

②单位面积生长量　全省乔木林每公顷生长量 7.45m³。其中，天然乔木林 6.64m³/hm²；人工乔木林 8.40m³/hm²。

③单位面积株数　乔木林每公顷株数 1390 株，其中，天然乔木林每公顷株数 1367 株；人工乔木林每公顷株数 1417 株。

④平均胸径　乔木林平均胸径 12.4cm。其中，天然乔木林平均胸径 12.8cm；人工乔木林平均胸径 12.0cm。

⑤平均郁闭度　乔木林平均郁闭度 0.62，郁闭度等级低(0.2~0.39)、中(0.40~0.69)、高(0.70~1.00)的面积比为 11:42:47，蓄积比为 2:32:66。其中：天然乔木林平均郁闭度 0.64，郁闭度等级低、中、高的面积比为 7:43:50，蓄积比为 2:31:67；人工乔木林平均郁闭度 0.59，郁闭度等级低、中、高的面积比为 17:42:41，蓄积比为 4:32:6:4。

⑥乔木林树种结构。乔木林针叶林、阔叶林、针阔混交林的面积比为 44:43:13。天然乔木林针叶林、阔叶林、针阔混交林的面积比为 23:64:13。人工乔木林针叶林、阔叶林、针阔混交林的面积比为 70:18:12。总体而言，全省乔木林资源中针叶林略占多数，但天然乔木林和人工乔木林的树种组成有所差异，人工乔木林以针叶林为主，主要为杉木和马尾松；天然乔木林以阔叶林为主。

(3) 森林资源变化情况

与第七次清查比较，五年间隔期福建森林资源呈现以下五大方面的变化：

①森林面积蓄积持续增长，森林覆盖率继续保持全国第一　森林面积净增 34.62 万 hm²，全省森林覆盖率由 63.10% 提高到 65.95%，上升了 2.85%。活立木蓄积净增 13448.61 万 m³，森林蓄积净增 12 359.87 万 m³。

②天然林面积蓄积快速增长，天然林保护成效初显　天然林面积净增 16.11 万 hm²，天然林蓄积净增 7108.19 万 m³。天然阔叶林禁伐、天然针叶林择伐的政策成效明显。

③人工林面积蓄积明显增加，后备森林资源呈增长趋势　人工面积净增 18.51 万 hm²，人工林蓄积净增 5251.68 万 m³。未成林造林地面积 60.62 万 hm²，其中乔木树种面积比第七次清查增长 35.5%。表明这五年间福建省造林力度空前，造林保存率提高。

④林木蓄积生长量增幅较大，森林资源长消盈余进一步扩大　林木蓄积年均净生长量 4483.68 万 m³，林木蓄积年均采伐消耗量 2250.07 万 m³，首次低于采伐限额，林木蓄积生长量继续大于消耗量。

⑤森林质量有所提高，森林结构不断改善　乔木林平均每公顷蓄积量 100.20m³，高出全国平均每公顷蓄积量 89.79m³ 水平。全省生态公益林中乔木林面积、蓄积比重均明显上升，面积从 2008 年的 2818 万亩增加到 2013 年的 3313 万亩，增加了 495 万亩；蓄积从 2008 年的 16 611 万 m³ 增加到 2013 年的 24 265 万 m³，增加了 7654 万 m³。生态公益林中乔木林的单位面积蓄积量达每亩 7.3m³，比用材林平均单位面积蓄积量每亩 6.3m³ 高出 1m³。阔叶林面积比重提高了 4%，混交林比例上升较快，树种结构进一步优化。

2)福建森林资源分布

森林资源的主体是林木,它是一种可再生的植物资源,随着自然生长、枯损和人为活动的影响,时刻都在变化着。福建省比较稳定的天然林,由于人为活动的影响多遭破坏,现有森林多为天然次生林和人工林。

常绿阔叶林在地域上多分布在南平、三明、龙岩3个地(市)的29个县(市、区),其蓄积量占全省的86%。其余地区除南靖、平和、华安、永春、德化、安溪、仙游、永泰、闽清、古田、屏南、寿宁等有少量分布外,其他49个县(市、区)极少。这些常绿阔叶林多生长在交通不便的山区,海拔500~1000m,长期受人为活动影响,林相杂乱。主要树种包括:壳斗科的储栲类、栎类,樟科的樟树和楠木,山茶科的木荷,金缕海科的蕈树和蚊母树,蝶形花科的花榈木,大戟科的虎皮楠,杜英科的杜英和猴欢喜,胡桃科的黄杞,蔷薇科的石楠等。其中常混生一些落叶的半常绿树种,如紫树、赤杨叶、檫树等,偶有混生常绿针叶树种,如南方红豆杉、福建柏、穗花杉等。

马尾松次生林是福建分布最广、面积最大的常绿针叶林。林分多数是常绿阔叶林长期累遭砍伐破坏或荒山天然更新出现的,特别在干燥瘠薄的山坡更占优势,形成相对稳定的群落,多沿着山脊、坡脊呈带状或块状分布。在闽南沿海一带多为人工营造的纯林。马尾松分布上限一般在海拔1000m,千米以上由黄山松替代。此外,油杉和福建柏分布虽广,但多混生,也有人工栽培的小片纯林。近年来人工营造国外松(主要有湿地松、加勒比松、火炬松等),生长良好。

杉木林在全省分布较普遍,绝大部分是人工经营的纯林。在中亚热带的武夷山和戴云山之间的建阳、建瓯、邵武、顺昌、南平、将乐、沙县、三元、梅列、明溪、永安、清流12个县(市、区)属杉木中心产区(杉木适生区),杉木生长良好,杉木用材林蓄积量占全省的42%;在中心产区四周的浦城、建宁、武平、华安、德化、永泰、屏南、霞浦、闽侯等34个县属杉木一般产区,杉木生长不如中心产区,蓄积占全省的53%;在南亚热带的东南沿海34个县(市、区)属杉木边缘产区,杉木生长较差,幼年生长迅速而早衰,蓄积量仅占全省的5%。杉木一般在海拔700m以下,立地阴湿肥厚的分布最多,生长也最好,千米以上的洼地也有生长良好的。此外,红豆杉、柳杉在高山地区常发现,多散生或混生,柳杉也有小面积营造。

以木麻黄为主的防护林,分布在从南部的诏安至闽江口的长乐沿海一带,蜿蜒千里,在防风固沙方面获得很大成功。

竹类分布范围很广,主要为毛竹,其次是篓竹、刚竹、花竹、麻竹、绿竹、苦竹等。毛竹除纯林外,常与马尾松、阔叶树、杉木等混生。在建瓯、顺昌、永安、邵武、建阳、武夷山、连城、长汀、将乐、龙岩、南平、光泽、尤溪、上杭、沙县、三元、梅列、浦城、漳平、南靖、建宁21个县(市、区),多是大面积分布在群山深沟地带,其株数占全省的77%。在海拔1500m以下的避风山坡、立地土壤稍肥润的地方,生长良好。闽东与沿海丘陵地区多是丛生竹,毛竹较少。

福建栽培的经济林很多。油茶主要分布福安、柘荣、霞浦、松溪、浦城、建瓯、南平、古田、尤溪、建宁、闽清、闽侯、大田、德化、安溪等县(市);油桐分布也很广,在闽北多呈小块状分布,或套种于杉木幼林中;板栗以长汀、上杭、永泰、寿宁等县为最著名；乌桕主要分布在清流、闽清等县；南岭黄檀、钝叶黄檀、秧青、苏门答腊合欢、黑荆树等，主要分布在南亚热带的漳州市。

散生的树木很多，山地散生的马尾松数量很大；在低丘和平原地区，常见的有相思树、榕树、枫杨、大叶合欢、桉树类、柳树、重阳木、苦楝、川楝、木麻黄和果树等。

灌木丛林及荒草山，全省各地都分布，而以南平、三明、龙岩3个地(市)为多，其面积占全省的73%。灌木丛林多数是由于森林过伐、火灾或在陡坡山崖处樵采退化而成。再遭破坏则变为荒草山，有的甚至成为不毛的童山。此外，在沿海的海滩上还生长有小片红树林。

【单元小结】

森林资源是地球上最重要的资源之一，是生物多样化的基础，它不仅能够为生产和生活提供多种宝贵的木材和原材料，能够为人类经济生活提供多种物品，更重要的是森林能够调节气候、保持水土，防止、减轻旱涝、风沙、冰雹等自然灾害；还有净化空气、消除噪音等功能。本单元主要介绍森林资源基本概念及其特性、森林资源的分类、森林资源现状及分布。

【综合实训】

一、名词解释

地籍说(论)　森林　森林资源　人工林

二、填空题

1. 资源按基本属性可划分为＿＿＿＿＿＿和＿＿＿＿＿＿两大类。
2. 关于"森林"的概念，我国学者施荫森概括为＿＿＿＿、＿＿＿＿和＿＿＿＿三种。
3. 在数量上，我国森林资源是以＿＿＿＿＿＿和＿＿＿＿＿＿居多。
4. 从世界各国情况看，多数国家的森林以＿＿＿＿＿＿＿＿＿＿为主。
5. 世界的森林主要包括＿＿＿＿、＿＿＿＿、＿＿＿＿、＿＿＿＿热带及其亚热带森林。

三、思考题

1. 简述森林资源的分类。
2. 简述森林资源系统性特征有哪些？
3. 简述世界森林资源分布。
4. 简述中国森林资源现状。
5. 简述中国森林资源分布。

单元四　林业产业认知

学习目标

【知识目标】

(1) 理解林业产业概念。
(2) 理解林业产业化概念、特征、标志及其作用。
(3) 理解林下经济概念及其内涵。
(4) 了解林下经济发展应遵循的原理。
(5) 了解中国林业产业发展战略。

【技能目标】

(1) 能够对林业产业进行分类。
(2) 能够客观分析林业产业化主要发展模式及其经营途径。
(3) 能够客观分析林下经济主要管理模式。

4.1 林业产业概述

4.1.1 林业产业概念

中共中央、国务院《关于加快林业发展的决定》对林业做出了新的科学定位，即"森林是陆地生态系统的主体，林业是一项重要的公益事业和基础产业，承担着生态建设和林产品供给的重要任务。"只有加深对这一科学定位的理解，才能深刻认识林业产业的本质，从而赋予林业产业以科学的概念。

以往，我们不讲林业产业，只讲林业和森林工业。所谓林业是培育、保护森林以取得木材和其他林产品，利用林木的自然特性以发挥防护作用的社会生产部门。包括造林、育林、护林、森林采伐和更新，木材和其他林产品的采集加工等。而森林工业则是从事木材生产和加工利用的工业。包括森林采伐、木材运输、林道的勘测设计和施工，乃至木材机械加工（如制材、木制品制造、人造板）和林产品化学加工（如木材水解、热解、提炼物、制浆及其他特殊林产品的生产）等。随着林业事业的发展，人们对林业产业的理解逐步深化。有的认为，林业产业是以获取经济效益为目的，以森林资源为基础，以技术和资金为手段，有效组织生产和提供各种物质和非物质产品的行业。林业产业包括林木种植业、经济林培育业、花卉培育业、木材采运业、木竹加工业、人造板制造业、林化产品加工业、木浆造纸业、林副产品采集加工业、森林旅游业等第一、二、三产业。沈国舫先生认为，林业产业应该是一个完整的产业体系，以森林或林木资源为主要对象，包括产前、产中和产后的产业链。至少应该包括以下各种产业：林木种植业、林业规划设计业、森林培育业、林果、林药、菌类等的培育利用业、森林动物驯养业、森林狩猎业、森林采伐运输业、木材（含竹材）加工业、林产化工业、森林旅游业、森林保健业、林产品市场营销业。这是目前我们常用的林业产业概念，是一种狭义的概念，是不包含生态建设的。由此形成的林业产业体系概念也是不包含森林生态体系的。

所以，现行林业产业概念内涵不够宽。众所周知，产业是指各种生产的事业。林业产业应该包括各种林业生产的事业，是林业的全部产业而非其中的一部分。现代国民经济统计中，提供非物质产品的产业一般都被作为服务业的内容列入第三产业。林业生态建设提供的是生态服务，也应当作为第三产业列入林业产业统计范围。实践中，我们已经将自然保护区管理及野生动植物保护和防护林、特种用途林的种植和培育分别列入了第三和第一产业。

鉴于以上突出问题，必须对林业产业的概念进行重新界定。林业提供的生态效益虽然不是有形产品，却是一种森林服务，应该属于服务业列入林业第三产业范畴。况且，由于森林的多功能性，主要承担生产功能的森林也有生态功能，而主要承担生态功能的森林也有生产功能，因此，应该更广义地看待林业产业。林业产业应当定义为保护、培育、经营和利用森林资源，向社会提供林产品和森林服务的兼具公益事业性质和物质产品生产性质的事业。这和中共中央、国务院《关于加快林业发展的决定》对林业做出的新的科学定位完全吻合的。从广义上讲，林业产业等同于林业总体，它是一个相对完整的、集经济、生态和社会服务功能为一体的产业群体。

4.1.2 林业产业分类

按照林业产业对森林资源的利用方式和所提供产品和服务的形态不同，结合国际分类方法，可将林业产业划分为三个产业层次、五大产业和若干亚产业。

(1)林业第一产业

应包括木质林产品生产和非木质林产品生产。木质林产品生产涉及的亚产业就是木竹生产业是以林地资源为劳动对象，以经营用材林和薪炭林为主要途径，从事木材与竹材培育、采伐、集运和贮存作业，向社会提供木材、竹材以满足生产和生活需要的一项林业产业。传统分类将木竹采运业列入森林工业，而将用材林、薪炭林的经营列入营林业。按照国民经济三次产业划分的新标准，归入第一产业中的"林业"。如果森林经营单位直接出售活立木，则在木竹采运最终计算增加值时，应当将购入立木的支出扣除，才能避免重复计算，使林业产业总产值真实。如果森林经营单位自己组织采运生产，则直接以木、竹产品的产值计算其成果，不应该再将营林产值从产出成果的角度重复计算。林木种植业和森林培育业未作为独立产业，是因为活立木并非最终产品或最终服务，这样做有利于避免重复计算成果，而且更有利于增强林业产业发展的目的性。

而非木质林产品生产涉及的亚产业则包括：经济林产业，是以林地为基础，以经济林（及母树林）为劳动对象，通过培育林木，向社会提供果品、油料、饮料、调料、工业原料、林木种子等产品的一项林业产业。花卉业，是以满足人们精神需求为目的，大规模商品化开发利用各种观赏植物资源，提供鲜花、盆花、切花、苗木、种子、种球等产品的新兴林业产业。动植物驯养繁育业，是指利用森林环境资源和有经济价值的野生动植物种质资源，驯养繁育野生动物和驯化栽培野生植物，大幅度提高有经济价值动植物的产量，更好地保护野生动植物资源，以满足社会对动植物产品需求的新兴林业产业。林副产品生产业，是指依托林地资源进行种植、养殖及林上、林下资源采集的产业。主要包括食用菌、山野菜、药材等的种植和林蛙等的养殖和天然林副产品的采集收获。

(2)林业第二产业

包括木质林产品和非木质林产品的加工制造业。木质林产品加工业，应当包括：木竹加工和竹、藤、棕、草制品业，是指以原木及竹藤棕草为原料，通过制材、干燥、改性及重新组合等工艺，生产各种木竹材产品、人造板及木藤棕草制品的一系列加工制造产业的总称。木质、竹藤家具及工艺品制造业，是指以木材、锯材和人造板或者是竹材和藤条为主要原料，加工制造家具及工艺品的产业。木、竹浆造纸及纸制品业，是以木材为基本原料，利用化学或物理的方法，从木材中分离出纤维（木浆）并加工成纸张、纸板及纸制品的制造业。林产化学产品制造业，是指以林产品为原料，进行化学加工和利用，提供包括松香、栲胶、紫胶、木材热解品等各种林化产品的制造业。非木质林产品加工业，包括动植物产品加工业，是利用人工养殖（种植）的动物（植物）或合理捕杀（采集）的野生动物（植物）加工生产肉类、裘皮、药材、食品等产品的产业；林副产品加工业，是对种植、养殖和采集的林特副产品进行再加工，提供有更高使用价值，更便于消费者使用产品的林业产业。

(3) 林业第三产业

包括森林生态服务业、森林旅游服务业和其他森林服务业。生态服务业，是指通过保护和培育森林资源，发挥其生态功能，以满足人们对森林生态效益需求的生产事业。森林旅游业，是指依托森林景观资源，以满足人们休闲需求为目的，提供野游、观光、休憩等活动条件的相关服务业。其他森林服务业，是利用科学试验林、国防林和革命纪念林等为教学、科研、国防和传统教育提供环境服务的物质生产事业。其他服务业，是为林业生产和林区社会生活提供的相关非森林服务业。

4.2 林业产业化

4.2.1 林业产业化概念

我国林业经过几十年的改革与发展，目前正在由传统林业向现代林业过渡，实施林业产业化是实现林业现代化的重要途径。林业产业化（forestry industrialization）是指以森林资源为依托，以市场为导向，以提高经济效益为中心，对林业主导产业实行区域化布局，规模化生产，集约化经营，社会化服务，建立产供销贸工林一体化生产经营体制，实现林业的自我调节，自我发展的良性可持续循环。

林业产业化包含了3个方面内涵：①森林资源是林业产业化的基础。森林资源为林业产业化体系中各条产业链提供了加工或生产对象，是林业产业化经营的基本保障。②各条产业链是林业产业化的载体。林业产业化产业链要有足够的长度，形成规模，且各条产业链之间有相当的关联度，才能建成结构合理、有机构成的多条产业链组成的复合产业体系，囊括第一产业到第三产业、低级层次生产到高级层次加工的产品生产。③实现林业的可持续发展是林业产业化的目的。通过有效建立各产业链的构建，形成产业之间的密切联系和协作、有机构成的产业组织体系，使各产业间利益分配趋于合理，从而使各产业得到协调发展。

4.2.2 林业产业化特征

(1) 资源依托性

林业产业化经营的物质基础是森林资源，林业产业化经营体系所建立起的各条产业链都离不开森林资源为其提供加工或生产对象，正是依托森林资源，林业产业化不同层次的多条产业链才得以形成。

(2) 生态环保性

林业产业化经营和产业发展于生态环境建设之中，林业产业的发展为生态环境的保护和改善提供了技术和资源的保证，从而促进了生态环境的不断优化，而生态环境的优化又为产业的进步发展提供了良好的基础和条件，产业的发展增加了人们就业机会和提高了人们收入水平，良好的环境又为人们创造了丰富的精神产品。这样，通过林业产业化经营，形成了产业、社会发展与环境优化之间的良性循环，使经济、社会、环境效益协同发挥。

(3) 经济性和公益性

以森林资源为经营物质基础的林业产业化，其生产具有两重性：一方面是商品林生产。另一方面是公益林生产，两种生产其产出种类是密不可分的，商品林的生产主要产出的是经济产品，但同时也产出生态环境产品；公益林的生产主要产出生态环境产品，但同时也有经济产品的产出。林业产业化是经济性和公益性的统一。林业的公益性经营不仅仅属于林业内部的事业，它具有较强的社会性，林业所具有的生态、社会效益，使它与人类的生存与发展具有密切的关系。

(4) 产业关联性

林业产业化经营具有后向拉动和前向推动的显著特征。主要表现在对森林资源产业（包括森林生态环境产业）以及其他资源生产产业的拉动和对其他前向产业的推动。加工业是增值产业，是整个林业产业结构升级和转型的关键，要突变整个林业产业结构的性质，就必须首先改变加工业的结构性质。如木材加工业不仅具有带动营林和木材采运业发展的前向推动作用，而且还具有促进木材加工产品销售和服务业发展的后向拉动作用；果品加工业不仅具有带动苗木培育、果树栽培基地发展的前向推动作用，而且还具有促进果品储存、保鲜、销售和服务业发展的后向拉动作用。

4.2.3 林业产业化标志

林业产业化经营必须体现以下几个标志。

(1) 产业体系完整化

林业产业化必须是依托于森林资源，服从于生态体系建设，从资源的培育、采集、加工到销售、服务，各产业齐全的产业体系。就加工业而言，也必须是既有精深产品加工，又有初级产品的加工，而且之间要密切衔接。

(2) 产业关联高度化

产业关联，是指以各种投入品和产出品为连接纽带的技术经济联系。各种投入品和产出品可以是各种有形产品和无形产品，也可以是实物形态或价值形态。林业产业化经营，首先，必须是林业产业内部各条产业链内各生产环节之间高度关联，这其间又有龙头企业对上游和下游产业起到巨大的拉动和推动作用。其次，是林业各产业与区域内的其他产业的高度关联，相互之间起到互为依存、互为促进的作用，从而使区域内的各产业协调发展。

(3) 产业组织科学化

林业产业化经营必须是各组成产业高度的专业化和协作化、产加销一条龙、贸工林一体化经营，各产业按规模经济要求，走集团化和联合化之路，形成合理规模，提高产业的整体竞争优势。各产业、企业在充分考虑市场需求情况以及和其他产业、企业的关系基础上，决策其生产组织行为。资源在产业内企业间的配置，是由政府制定的用以引导和干预市场结构和企业市场行为的产业组织政策而进行的。

(4) 产业布局区域化

林业产业化经营的产业群多少必须是由区域内的资源条件决定；所形成的各产业必须

适应区域经济发展的要求；林业各产业的发展必须融于区域经济和社会发展之中，形成统一、协调发展的格局。

(5) 产业开放化

林业产业的发展必须是为整个林区经济、社会发展服务的，必须是为整个社会环境的改善服务的。同时，林业产业化的经营又必须有广大社会力量的积极参与。

(6) 产业高效能化

产业化经营必须具有很高的效能，这一效能是综合性的。林业产业化经营必须具有显著的经济效益，以显著的经济效益支撑生态效益和社会效益的产出，使三大效益协调发挥。

4.2.4 林业产业化发展模式

林业产业化主要包括以下几种类型发展模式。

(1) 合作经济组织 + 林农

合作经济组织 + 林农就是在家庭经营的基础上，建立一系列跨社区、跨村、跨乡镇的农村合作经济织。这些合作组织主要通过系列服务或支柱产业为纽带连接农户，形成产供销、种养加、贸工农一体化利益共同体。合作经济组织 + 林农的模式是在分散经营主体独立经营的基础上，能够利用某种较为合适的联结方式组成联合体，以联合体为龙头带动各经营主体的一体化经营。这种模式优点包括投资低、收益高、适用性广。

(2) 企业 + 林户

企业 + 林户模式是基于市场和社会的需求，以加工企业或企业集团为主，企业通过合同契约关系与广大农户结成产加销一体化的经济实体，形成龙头连基地、基地连农户的一体化经营组织。龙头企业外连国际国内市场，内连农户生产经营，形成利益共享、风险共担的经济共同体。其主要优点包括由公司强化林业资源产出并使其增值，然后开拓市场，组织销售，林户只负责生产。它适合在市场风险大，技术水平高，分工细，专业化程度高以及资金密集的生产领域发展。

(3) 专业批发市场 + 林农

专业批发市场 + 林农模式通过发展林产品市场，带动区域化生产和产加销一体化经营。专业批发市场首先要做好林业产前、产中、产后服务，包括提供市场信息、提供优良树种和林业生产资料、做好生产技术服务，按照市场需求调整林业产业结构，及时提供质量合格、品种齐全、数量足够的林产品。通过市场引导所在地林户以及市场辐射作用所能覆盖地区的林户从事林产品生产经营。这种形式的特点包括：林户投资小，市场辐射面广，组织松散联合。经济发展水平低，林户较为贫困的地区可选用该形式。

(4) 专业技术协会 + 林农

组织林业专业技术协会，对林户提供科技信息、生产资料，管理技术直到运输销售的全过程、全方位服务，引导林户稳步进入市场。该形式的特点包括：专业性强、技术水平高、信息广，能充分发挥信息、技术、资金、销售等方面的优势。适用于技术要求比较高的林产品生产。

(5)中介组织+林农

中介组织+林农模式就是以中介组织为依托在某一林产品生产加工、销售等各个环节上实行跨区域联合经营,逐步建设以占领国际市场为目标,企业竞争能力强,经营规模大,生产要素跨度组合,生产、加工、销售相联接的一体化企业集团。目前这一类型中出现的中介组织主要是行业协会、销售协会等。

4.2.5 林业产业化的作用

1)能促进生产要素的合理配置,有利于形成区域联合经济优势和良性经济结构

林业产业化以其特有的兼容性,促进了生产、加工、销售各环节的融合,国家、集体、个体等各种经济成分的融合,以及跨行业、跨地区的融合,使各种资源在更大范围内,按市场规律进行配置,扩展了林业及林业经济舞台和空间,优化了经济结构,深化和扩大了资源利用,有效地提高了林业综合生产能力、林农收入水平和林业整体经济实力。

2)能提高林业经济效益,增强林业自我积累、自我保护、自我发展的能力

产业化扩大了林业的物资、技术、资金投入渠道,提高了林产品的质量和市场竞争能力;更重要的是解决了林业生产延伸,与市场接轨,第一、二、三产业有机结合与协调发展,最大限度地释放林业所蕴藏的潜在能量等问题。把林产品的价值实现能力和增值能力,可避免林业因单纯出卖原料而造成的利益损失,是提高林业比较效益和自我积累发展能力的现实选择,也是增加财源、帮助林农增收致富的有效途径。

(3)有利于为山区、农村剩余劳动力提供更广阔的就业空间

这是因为随着产业化的推进、产业链条的不断延伸,对各种各样人才及劳动力的需求量会不断增加。

(4)有利于促进生态平衡、改善环境,使林业更好地担负起环境和发展的双重使命

如推进林业产业化,实施坡改梯等水土保持措施,可增加植被覆盖,减缓旱涝等自然灾害,提高环境质量,减少土地肥力的流失,形成林农相互促进的良性循环。同时,由于产业化促进了二、三产业的快速发展,提高了林农的就业机会和收入水平,从而会减少对森林资源的人为消耗,使森林调节气候、改善环境功能得以充分发挥。

(5)有利于山区、农村科学技术水平和林业劳动者素质的提高

在整个产业化链条中,最重要一环是市场,拥有市场关键在产品竞争力。因此,产品规范生产和技术要求至关重要,激发了林农学科学、用科学的热情,促进了生产技能和整体素质不断提高。

(6)有利于推进林业的两个根本转变

林业产品化迅速发展促进了林业生产格局,山区农村经济格局改变和市场意识普遍提高,提高了林业经营质量和规模效益,加快了山区、农村市场经济成长和发育,林业增长方式开始向质量效益型转变,传统林业向现代化林业转变。

4.2.6 林业产业化经营途径

1) 依靠资源优势，发展特色林果，实行产业化经营

发展林业生产对于促进农业和农村经济结构调整具有重要的现实意义。发展经济林、扩大营造林是农业结构调整的主要内容。随着林木产品产量的增加，必将带动林木产品加工工业的兴起与发展，从而调整农村经济结构。例如，江西、福建、山东在这方面都有一些比较成熟的做法。

(1) 山东乐陵市红枣产业化经营

乐陵是中国红枣原产地之一，农民具有传统红枣种植习惯。20世纪90年代以来，乐陵市针对这一特点，把红枣生产基地建设作为红枣产业化的突破口和切入点来抓。1996年，研究制定了《枣树生产发展规划》，并实行"地随树走，谁种谁有，50年不变，允许继承和转让"等政策，极大地促进了枣树的种植。小枣成为乐陵市重要的支柱产业，成为农民致富奔小康的重要经济来源。

在发展枣树种植过程中，乐陵市除制定了一系列相关优惠政策外，还下大力气在科技、深加工、开拓市场等方面做文章。

发展枣树生产，种植是基础，科技是关键。乐陵市首先建立健全了市、乡、村三级科技网络，充实乡镇林业站技术力量；同时为了进一步的品种选育和引种，建立起红枣复选圃、鉴定圃、采穗圃和品种资源库，加强同中国林业科学研究院、中国科学院等多个科研单位联合科技攻关；着重做好新植枣树的速生丰产和老枣树的更新复壮及病虫害防治。

以市场需求为导向，对红枣进行系列化深层次加工，是提高红枣产业附加值和经济效益的关键环节，而龙头加工企业建设则是产业化经营的重中之重。乐陵市在红枣工程实施过程，重点扶持饮料、枣制品等一批骨干企业，使小枣加工量达到总产量的15%，加工产值达3亿元。

推进小枣产业化经营，市场是关键。乐陵市始终把培育干部群众的市场意识、培育市场主体、加强市场建设做为一项重点工作。通过建立完善的专业市场，积极培育"农民+合作经济组织"双重市场主体，引导农民进入流通领域，提高农民参与流通的组织化程度。先后培育了枣树协会、专业合作社、联合公司等各类中介组织。强大的销售队伍和有效的流通组织形式，大大活化了小枣流通，促进了小枣销售。

(2) 江西铜鼓县竹材生产与加工

竹子相对于树木而言，具有生长快、周期短、产量高、用途广、市场好等特点，一般4~6年生毛竹就可采伐。只要合理经营可以永续利用。江西是中国竹子重点产区，近几年，竹业经济有了飞跃发展，竹业已发展成为从资源培育到加工利用门类比较齐全的新兴产业，成为山区经济发展的主要增长点，是农民收入的主要构成部分。竹林培育带动了加工业的发展，竹材胶合板、竹编胶合板、竹帘胶合板、竹地板、竹木复合板、竹制装饰材料等产品发展迅速，形成规模化加工生产。

铜鼓县针对近年来杉木市场比较疲软、价格低、农民种植杉木积极性不高的情况，及时调整林业结构，改造种植竹林，每年不仅有笋收入，而且还有原竹、竹工艺品、竹加工品等收入。现在县里农民种植竹子的积极性空前高涨，因为竹子让农民真正致富起来，摆脱了贫困。

这个县的江欧集团、腾达实业有限公司，是两个竹加工龙头企业，他们把第一生产车间放到林农家中，企业原材料主要来自收购乡村林农的半成品。林农花二三千元买台机器，在家加工自己生产经营的毛竹成竹地板的竹胚、竹胶板的竹帘竹席，每根毛竹能赚取更多的附加值。

铜鼓县全县农民收入的大多来自竹材，县财政的一大部分也来自竹材。由于毛竹加工生产工艺简单，增值率高，其经济效益远高于粮食生产效益，竹产业对壮大地方经济、增强林业实力、调整农业经济结构、增加农民收入起到了显著作用。

(3) 山东曹县桐木拼板加工产业化

曹县桐木拼板加工起源于庄寨镇。在桐木拼板加工业发展过程中，曹县特别注重强化服务功能。曹县政府成立了经济环境保护委员会，在全县开展"万家企业评行风"活动，定期对经济管理部门、垄断性公用事业单位及执法部门进行评议。同时抓好技术信息服务，在青岛、济南、北京、深圳等大中城市建立联络处，专人专职捕捉信息，为全县企业提供。实践证明，加快林业产业化进程，既要有一套完整的政策和过硬的措施作保证，又要建立好服务体系，搞好系列化服务，为企业发展创造一个良好的外部环境。

随着桐木拼板加工企业的迅速发展，桐木的供需矛盾开始显露，桐木的价格开始上涨，带动了曹县营林事业发展，农民造林积极性空前高涨。

2) 转变经营机制，改革林权制度，促进林业发展

多年来，各地造林大多实行集体买苗、群众植树、护林员管护、集体收益的经营机制，利益不直接，责任不明确，群众造林的积极性不高。特别是道路林网，由于管护难度大，导致一些地方前造后毁，年年植树不见树。随着社会主义市场经济体系的建立和发展，这种传统的林业经营模式越来越不适应现代林业的发展。实践证明，要实现林业的持续发展，必须改革传统的林业经营体制，明晰产权，建立起责、权、利统一的经营管理体制。例如，山东部分县市在这方面作出了一些有益的探索。

(1) 郓城县绿化使用权拍卖

多年来，郓城县农田道路林网建设一直存在"乡出资，村拿钱，群众跟着添负担，年年栽树不见树"的问题，土地资源不能充分发挥潜力，造成大量沟、渠、路、堤闲置浪费。其主要原因是由于沟、渠、路、堤所有权和使用权不明晰，权、责、利不统一，没能充分调动起群众植树造林的积极性。

经过精心调查研究，郓城县提出拍卖绿化使用权。绿化使用权的拍卖本着"公开、平等、公正、自由竞争"的原则，采取公开招标的办法。在拍卖前对所有需要拍卖的道路、沟渠、河堤、坑塘根据当地条件的优劣，管护程度的难易，歇地程度的轻重进行综合评估，定出合理的拍卖底价，底价一般为每米1~2元。利润分配在充分考虑道路、沟渠走向，中标者与责任田户关系的基础上确定。道路绿化权的中标人负责合同期内所买路段的树木栽植与管护、道路维护，合同到期后，经批准方可采伐；拍卖方负责聘请技术人员进行绿化设计和技术指导。

绿化使用权拍卖，群众反应积极。此方式极大地调动了群众植树造林的积极性，加快了绿化速度，增加了农民收入，使多年闲置的土地栽上了树，盘活了林地这一长期闲置的"固定资产"，改变了年年栽树不见树的被动局面，同时增加了集体积累，壮大了集体经济实力。

（2）邹平县林权制度改革

随着改革开放和市场经济的发展，邹平县在20世纪80年代初建立的林业承包经营体制的弊端越来越多地暴露出来。主要是人均户有的承包形式，规模小，经营分散，形不成家庭经济的支柱，影响了群众经营林地的积极性。针对这种情况，邹平县多次实地考察，召开会议探讨林业政策，确定了林权制度改革思路并率先在焦桥镇进行了农田林网绿化权拍卖试点，成效显著。

林权制度改革是一项庞大的系统工程，社会性、群众性、政策性极强，涉及方方面面的利益，邹平县立足实际，因地制宜，分类指导，制定合理政策。首先，是依法界定林地。长期以来，林地与农田之间界线不清，矛盾纠纷不断，林业部门对全县林业资源进行了调查摸底，根据有关法律及全县总体规划，核定了林地面积，发放《林地所有权证》，使林地从耕地中分离，依法固定下来。二是制定各种优惠政策，调动广大群众参与承包。主要是鼓励集中开发，适度规模经营；延长承包期限，平原一般20年不变，山区一般50年不变；适当放低拍卖价格，分期或减缓收取承包费；县里每年拿出一部分农业开发资金对承包大户予以资金倾斜，并制定以奖代补，先干后补，多干多补的政策；稳定林业政策，认真兑现合同，在承包期内允许继承和转让，承包到期后，优先考虑原承包户承包。三是严格拍卖程序，规范拍卖合同，中标者当场与村委会签订合同，司法所公正，林业站及时发放《林地使用权证》。四是加强考核监督，使林地资源转移到积极性高、责任感强、懂技术、会管理、有经营能力的承包户手中，并加大对承包户的监督管理，其所承包的林地必须用于林业发展，不得随意改变用途。

林权制度改革，提高了邹平县林业的整体水平，加快了部分农民致富的步伐，实现了绿了一座山，成了一片林，富了一户农，带动了一方经济发展的目的，林业的生态和经济效益得到较好的发挥。

3）培育龙头企业，带动基地生产

福建、江西两省速生丰产用材林基地建设起步于19世纪70年代初，主要以杉木、马尾松为主，树种比较单一，结构简单，导致种种隐患，如病虫害不断发生、立地质量日益下降；同时，由于片面强调造林数量，忽略了定向培育，盲目性大，针对性弱，没有以市场为导向，资源结构的变化未能与林产工业布局和结构紧密结合，资源利用和培育目标脱节，不能使有限的资源发挥最大的综合效益。随着我国天然林保护工程的实施，使得原本少林缺材的不利局面，供需矛盾更加日益尖锐。为了解决造纸、人造板用材问题，出现了一批大型人造板企业、造纸企业利用自身的优势，自办或主动与林场联合办原料林基地，走"公司+农户""工厂+基地"的道路，靠市场牵龙头、龙头带基地、基地联农户，形成产供销、贸工林一体化的经营格局。例如，江西铜鼓县1997年瞄准市场需求，利用本县丰富的竹林资源，建立了江西江欧企业集团公司，主要生产全竹地板等建材产品，为了解决资源不足的后顾之忧，企业通过创办股份合作、租赁经营、联合开发等形式，建立了毛竹林基地。福建永安林业集团公司利用上市公司融资快，企业经营机制灵活等优势，在永安市周边地区和距离永安市较近的龙岩市漳平县，建立了速生丰产用材林基地；通过与中国林业科学研究院亚亚热带林业研究所、桉树中心以及复旦大学合作，引种生长快、市场行情好、用途广的桉树和泡桐，大大提高了企业的整体效益。福建人造板厂以厂为中心，辐射距离以不超过150km的7个自然条件优越、资源状况良好的林场，建立了速生丰产用材林基地。福建腾荣达制浆有限公司在三明市的将乐、泰宁、建宁、宁化、清流、明溪、沙县、尤溪8个县内，通过联营、收购国有、集体和个人的林木资产，经营制浆原料林基地。福建省泰宁县林业局为盘活现有林木资产、调整和优化林业产业结构，实现林木资产重组和森林资源的合理配置，解决林业生产建设的资金困难，与福建省青山纸业股份有限公司共同投资组建了泰宁青杉林场有限责任公司，专门经营速生丰产用材林基地。

太阳纸业股份有限公司，是山东兖州一家以机制纸及纸板制造为主的大型企业，随着公司的不断发展壮大，木浆需求量大幅度增加，为了解决这一问题，太阳公司拟投资兴建毛白杨原料林基地。基地建设采用"公司+农户"的经营方式，该公司与农户签订收购合同，按活立木每立方米400元保证按时敞开收购，公司向种植毛白杨的农户提供树苗和技术指导，并由公司担保付息在第三年至第五年每年由信用社或银行向种植户提供贷款作为生产经营帮助，树木成材后收购时将苗木款及贷款一并扣除。该公司这一经营方式得到当地政府的支持。在育苗基地建设上，该公司采取了向农民租赁土地的方式。该公司采取的这种订单式林业生产应该是今后林业生产的发展方向。

"公司+农户""工厂+基地"的经营模式，一方面不仅盘活了林木资产，使尚处于中幼林阶段的林分提前发挥其经济效益，解决当前营林资金的困难，增强林业部门的还贷能力，通过吸纳合作公司、工厂的资金，加大营林投入，使林分单位面积的产量大大增加，实现森林资源高产、高效、持续利用；另一方面扩大了用材林基地联营规模，解决了林业部门分流人员或下岗职工的再就业，为可持续发展和山区人民脱贫致富提供良好的机遇。同时，造纸和人造板等企业利用林业部门现有的资源，丰富的营林经验，营造速生丰产原料林基地，为自己供应数量充足、品质优良、持续均衡、价格低廉的原料提供保障，把资源优势同资金、技术、人才、管理、观念等优势结合起来，共同开发，共同富裕，使基地化带动林业产业的上档升级，真正实现林纸、林板、林工一体化。

4）发展林木加工，延长产业链，提高产品附加值

福建、江西两省部分地区，依托当地丰富的人工杉木林和毛竹资源，相继发展市场需求大的各类竹材人造板、竹地板、竹杉符合地板、杉木地板、细木工板等，大大提高了竹资源和人工杉木林资源的综合利用率和利用效益，使附加值成倍增长，初步改变了长期以来以原木、原竹低值使用或廉价调运出省的状况。

资源是产业发展的根本。森林作为可再生的资源，是发展林业产业的最大优势，一定要让潜在森林资源中的巨大能量发挥出来，在产品生产工艺和产品质量上下工夫，大力发展精深加工，延长产业链，提高产品的附加值，使死的资源变活。真正实现农民增收，有利于社会稳定；实现企业增收，有利于经济发展；实现财政增收，有利于政权稳固。

4.3 林下经济与管理

林下经济是一种崭新的农林业生产方式与经济现象。林下经济的发展具有阶段性,目前处在蓬勃发展阶段。循环农业的理念是林下经济产生的科学基础,社会的快速发展是林下经济产生的前提,生态环境的改善是林下经济发展的基本要求,促进农民的增收致富是林下经济发展的基本目的,林下经济已成为我国继循环农业后主要农业经济发展现象之一。

4.3.1 林下经济概述

进入21世纪以来,我国林下经济发展迅速。林下经济的发展与产生,有其深刻的社会发展背景、经济发展和科技发展背景。首先,和谐林业发展已成为当前社会发展的要求;其次,农林生产涉及农村千家万户,林下经济发展已经生成为一种活跃在我国广大农村和农林生产领域中的经济现象,林下产业已经成为新兴的绿色产业。

1) 林下经济概念

在各地的发展实践中,人们对林下经济的理解也多有不同,目前关于林下经济的概念尚未有科学准确的定义。有研究者认为,林下经济,就是一种充分利用林下自然条件,选择适合林下生长的动植物和微生物(菌类)种类,进行合理种植、养殖的循环经济;有研究者认为,所谓林下经济就是充分利用林下土地资源和林荫优势,从事林下养殖、种植等立体复合生产经营,从而使农、林、牧各业实现资源共享、优势互补、循环相生、协调发展的生态农业模式;有人认为,林下经济是以林地资源为依托,以科技为支撑,充分利用林下自然条件,选择适合林下生长的微生物(菌类)和动植物种类,进行合理种植、养殖的生态系统;还有人认为,林下产业开发是以林业生态经济理论为指导,遵循自然生物生态系统和能量流动规律,以林地、林木资源为依托,合理利用林下土地资源和空间环境条件,多层次、多时序配置组合,按照规模化、产业化、市场化组织开展的林下经济活动。

对林下经济的概念有不同的定义,一方面,若用一段简短的文字概括我国蓬勃发展、类型多样的林下经济很难;另一方面是这一新兴学科发展的初始阶段的必然规律所决定的。尽管如此,我们对上述定义加以分析就可以发现,它们在文字上的表述虽然不同,但其本质并无明显的区别。它们实际上是代表了各地区的实践者在发展中对林下经济的不同见解,也正是这些不同的认识,促进了林下经济内容的进一步丰富。

综上所述,我们认为,林下经济是以生态学、经济学和系统工程为基本理论,充分利用林下自然条件,借助林地的生态环境,在林冠下选择适合林下生长的动植物和微生物(菌类)种类,进行合理种植、养殖的生产与经营系统。

2) 林下经济内涵

林下经济不同于农林复合生产,具有丰富的生产与科学内涵。产业互补、生态优势、应用优势是林下经济内涵的主要表现。

(1) 产业互补

传统的农业是单一的种植业生产，保留自然经济的特性，其产业十分低下，与工业无法比拟，在现代社会中，也不可能分享到社会平均利润。只有在农业产业链接上，与养殖业、加工业和服务业形成一体化经营后，在市场经济条件下，才能实现农业对社会平均利润的共享。可以说，林下经济就是这种产业链延伸的一种实例。

林下经济有助于减轻林业产业的压力，优化环境。就我国而言，林业由于经营周期长，抚育成本高，连续投资三四十年后才可有直接经济效益，加上我国很多贫困地区交通闭塞，教育落后，发展林业全靠"政府输血"，林业对市场应变力极差，造成林业的停滞甚至减退的局势。正因如此，由农户发展单一林业基本是不可能的，我国农村的低集约化、各家各户分散经营的状态也不利于全民参与发展林业。

发展林下经济可以实现以短（农业）养长（林业），以林护农。林木或果木到达成熟期，只要管理得当，其比较利益将大大高于单纯的农、林业。在黄淮海平原豫北地区，对果园、果粮、桐粮、农田防护林、农田、林地的十多年的经济效益和综合效益进行研究表明，果园最佳，果粮间作、桐粮间作都优于农田和林地，综合效益则是果粮最佳，农田防护林、桐粮间作优于单纯的果园和林业，生态、社会、经济效益显著。

与单纯的农、林业相比，林下经济有生态和经济的综合优势。农业和林业都是经济基础产业，既为人类创造最基本的生活资料和生存环境，又为社会的文明和发展提供最初始的推动力，生产初级产物（即循环和流动的物质）。农业为人类提供粮食，而林业保障生态环境，两者缺一不可。我国农业和林业历来都靠政府财政补贴，自身不能解决效益低下、生长周期长、市场适应力差的问题。种种原因造成近年来不少土地抛荒不种的扭曲现象和林业发展的长期停滞，当然这些趋势主要还受经济利益的诱导影响。而林下经济可利用农、林业各自优势，达到取长补短、增产增值、经济发展和改善环境等综合效果，这正是现代全人类所追求和倡导的，所以林下经济具有广泛的应用价值和广阔的发展前景。

(2) 生态优势

与普通生态系统一样，林下经济的系统由生物和环境构成，环境决定生物的种类结构和生存条件，生物反过来也影响环境，同时生物与生物之间也存在复杂的相互作用，或是有利，或是有害。林下经济在人为干预下，发挥了生物间的有利作用，配置林木有利于改善自然环境条件，为作物生长创造良好的小气候。它架构于多种类、多行业的基础之上，依据生态学的营养级、生态位理论，合理组织系统结构，从而达到理想的功能和效益。

林下经济系统的多层次、多用途的结构，符合生态系统特定的物质循环、能量流动、信息传递以及节约资源、提高效率、保护环境等生态和环境要求。实践中，生产者从自然、经济、社会的某些因子出发，选择生物组分构建生产系统。如考虑土地缺乏肥力，选用豆科树种与农作物搭配，可以固氮改善地力，掌握好树的数量和布局方式，不会对农作物造成大的负面影响；在北方多风沙地区，配置农田防护林和林网，其中的林木系统在很大程度上改良了自然环境，可以涵养水源，促成局部保温保湿的稳定气候，使系统的抗逆性加强，农作物获得这样的保障，相对于"靠天吃饭"来说，是一种巨大的进步。

在干旱缺水的地区，林下经济可发挥其生态优势，林木系统的林冠可以截留降水，枯枝落叶层及活的地被层可使降水渗入土层，减少表面径流和土壤冲刷，增加土壤湿度。林下经济对环境质量也有一定的调控作用，林下经济系统大气中 CO_2 浓度平均比单一的农业系统低，对 N_2O 具有一定的吸收作用。

一般认为，林下经济的目的在于持续稳定的生产力和保护生态环境，而不是破坏性扩大自然资源，这符合当前提倡的持续发展的环境保护战略，因而将林下经济在农业生产实践中大力推广具有积极的现实意义。

(3) 应用优势

由于林下经济发展的需要，人们将重新确定遗传改良、选育、栽植和加工利用等方面的新目标，这些对林业的发展是极为有利的。我国林下经济研究中关于这些方面的报道还很少。不同地区哪些植物相互搭配可组成最佳的生产结构，值得进一步研究，以充分发挥地区资源优势，探讨具有可持续性的土地利用方式。

林下经济发端于农、林业两大国民基础产业，理论上受多种学科指导，可望达到更高的生态、经济和社会效益；在解决资源利用和环境保护、生态和经济的矛盾，工、农产业效益差别悬殊以及实施粮食、林业基本国策等方面起到有益的推动作用。

林下经济在农业、林业和(或)牧业、渔业间形成产业互补，使农业分享到其他产业的社会平均利润，这是稳定农业的关键所在。人类农、林业生产的悠久历史和各种经验技术都可方便地移植到复合系统中去，使其具有实践可行性，这些优势决定农林复合系统有极大的推广价值，在全球可持续发展战略要求的今天和未来，理应成为农、林业进一步发展的一种新思路和模式。

不可否定农、林作物间存在竞争等不良影响，林下经济系统种群互作已成为现代林下经济系统研究的核心内容之一。一个优化的复合结构模式必须使系统各种群具有广泛的生态位分化，在结构设计时，要充分减少种群复合经营的负互作，提高正互作，并从时、空、量、序4个方面进行系统调控，促进模式优化与系统的持续稳定。从某种意义上讲，林下经济的作用在于努力使农业和林业相互结合、相互利用、相互制约，要想清晰农业和林业之间的相互制约的关系，需要有更宽的知识面和对整个农村系统的了解，同时也需要对林下经济的实践者开展更加全面的培训。随着对林下经济研究的不断深入，会出现许多需要解答的问题，而人们对林下经济的认识也不断深化，林下经济的结构和模式也将会日臻完善。

3) 林下经济应遵循的发展原理

林下经济是以生态系统的形式存在的，但同时也是我们生产经营的对象，具有经济系统的特性。因此，良好的林下经济发展模式必须充分考虑一个地区的气象、水文、土壤、地形地貌、人口规模、经济状况等生态经济因素，遵循生态经济学的规律与原理，才能达到生态与经济的协调发展，实现可持续发展。

(1) 生态容量原理

生态容量，是指在某一特定环境或生态系统的结构与功能不致受害的情况下，所能消化的污染物的最大负荷量。它体现的是自然环境或生态系统具有的调节和自净能力，还包括可容纳生物的种类、数量，以及各种生活或行为方式的程度等。一旦系统内活动和污染物排放超出生态系统的自净能力，环境就会被污染，生态就会被破坏。因此，在发展林下经济时，首先，要选择适宜在林下种养的品种，使其能够自然融入林下生态体系，减少人为干预产生的消极影响，降低对系统造成深度伤害的风险。其次，要在科学论证和反复试验的基础上，摸索不同林下种养模式的最佳发展规模，不能为了追求经济效益而盲目扩大生产规模。生态容量原理表明，只有在生态系统可承受范围内的适度发展，才能获得生态效益与经济效益的协调发展。因此，如何确定某一特定森林系统内林下经济的发展规模与程度，是一个十分关键的问题，也是目前阻碍我国林下产业全面发展的重要原因之一。

（2）生态位原理

生态位，是指在生态系统和群落中，一个物种与其他物种生态位相关联的特定时间位置、空间位置和功能地位。生态位这一概念既表示生存空间的特性，也包括生活在其中的生物的特性，如能量来源、活动时间、行为以及种间关系等。生态位概念不仅指生存空间，它主要强调生物有机体本身在其群落中的机能作用和地位，特别是与其他物种的营养关系。因此，在进行林下经济的设计与经营时，必须考虑到每个物种在生态系统中，都是其特定的不可替代的维系生态系统物质、能量、信息的循坏、传递等功能和系统动态平衡作用所不可缺少的一部分；也应考虑到当地所处的地理位置、各类生物所处的特定生态位特点。在林下种养品种的选择上，要充分认识到这一点，避免与生境中原有生物的生态位发生严重重叠，导致恶性竞争。在功能结构上，合理配置不同的生物物种，使之占据和利用各自合适的生态位，为系统的动态平衡发挥最大作用。在空间结构上，充分利用林下空间，形成上层是乔木层，中间是灌木层，下边是草本和动物，地下是微生物的复合结构，同时通过人为的科学干预开拓潜在的生态位，进一步提高生态系统生物多样性和稳定性。在时间结构上，由于任何生物都有不同的生长周期，其对林下系统中的光照、水分、养分等资源因素的利用上产生生态位的分离，这是导致林下经济能够产生经济效益的重要原因。所以要合理安排生产时间，科学选择种养品种。

（3）市场经济原理

市场经济里，市场会透过产品和服务的供给和需求产生复杂的相互作用，进而达成自我组织的效果。一般来说，商品的价格受供求关系影响，沿着自身价值上下波动。因此，遵循市场经济供求关系，在充分考虑本地区特点的前提下，选择一两种供需缺口较大、价格较高的产品在林下重点发展，形成规模经济，同时根据循环经济原理适当发展一些能够产生闭合效应的动植物作为合理补充，在保护生态系统稳定，提高生物多样性的同时，充分利用林下资源以求获得最大的经济效益。

（4）循环经济原理

循环经济，是指模仿大自然的整体、协同、循环和自适应功能进行规划、组织和管理人类社会的生产、消费、流通、还原和调控活动的简称，是一类融自生、共生和竞争经济为一体、具有高效的资源代谢过程、完整的系统耦合结构的网络型、进化型复合生态经济。循环经济是由生态经济学派生的，是生态经济学最主要的理念和技术措施之一。传统经济是"资源—产品—废弃物"的单向直线过程，创造的财富越多，消耗的资源和产生的废弃物就越多，对环境资源的负面影响也就越大。循环经济则以尽可能小的资源消耗和环境成本，获得尽可能大的经济和社会效益，从而使经济系统与自然生态系统的物质循环过程相互和谐，促进资源永续利用。因此，在进行林下经济模式选择时，要深入了解当地的气候、水文、土壤、主要动植物种类等基本自然情况，要选择适合林下生长的动植物和微生物（菌类）种类，进行合理种植和养殖。切忌为了单纯追求经济利益而盲目种养不符合实际情况或与生态系统结构相抵触的动植物，这样要么会造成重大的经济损失，要么会严重破坏生态环境，得不偿失。在物种搭配上，要遵循循环经济思想，使处于不同生态位的动植物在生存斗争中因不断竞争边缘生态位而在时间和空间上高效利用，物质和能量的传递与吸收更为顺畅和高效，形成无废无污的，具有可持续发展能力的人工经济生态系统。例如，人们利用过去栽植的生态林发展林业产业，把森林抚育和采伐的剩余物制作菌棒的培养基质，废弃的菌棒和畜禽粪便经消毒处理后作为林木、饲料桑、牧草和药材的有机肥。桑葚每年采摘，桑叶被加工成饲料喂养禽类，鸡粪给林追肥，施用有机肥后的饲料桑蛋白质显著增加，以此喂养家禽，其蛋肉的品质和产量明显提高，生态链在这一系列过程中环环相扣，紧密连接。

(5) 生态经济协调发展原理

生态效益与经济效益之间的关系分为同步性和背离性。同步性，是指生态效益随着经济效益的增加而增加，反之亦然。背离性，是指经济效益增加，生态效益下降或者生态效益增加，经济效益下降。人类的一切活动都是在生态系统和经济系统中完成的，因此发展林下经济不可避免要涉及生态经济效益问题，如何能够在生态环境约束下达到最佳生产规模，使生态经济协调发展，是一个需要长期研究的课题。但是在规划设计工作中，要时刻树立生态经济协调发展的思想，将其应用到我们发展林下经济的各个环节中，力求同时获得经济和生态的正效益。因此，根据生态经济协调发展原理，林下经济的设计与经营工作应结合当地的自然地理、社会经济条件，并在认真研究生态系统容量以及区位优势的基础上，通过科学选择种养产品、合理布置间作模式、种养结合等调节控制生态系统，促进生态和经济两方面的良性循环和可持续发展。

4）发展林下经济的关键环节

(1) 因地制宜，科学规划

我国土地面积辽阔，自然条件迥异，资源禀赋不同，林产品市场需求也千变万化，发展林下经济必须因地制宜，科学规划。各级林业干部要深入基层，摸清林情，了解民意，在充分调查研究的基础上，根据当地自然条件、林地资源状况、经济发展水平、市场需求情况等，科学制定林下经济发展规划，并争取纳入当地经济社会发展总体规划。要结合实际，突出特色，科学确定发展林下经济的种类与规模，允许发展模式多样化，防止搞"一刀切"，避免盲目跟进、一哄而上。要坚持生态优先，科学利用并严格保护森林资源，确保产业发展与生态建设良性互动，绝不能因发展经济而牺牲生态。

(2) 完善政策，积极扶持

各地要积极争取财政部门支持，设立林下经济发展专项资金，帮助农民解决水电路等基础设施落后问题。要大力培育主导产业和龙头企业，推进规模化、产业化、标准化经营。要通过财政投入、受益者和损坏者出资等方式，多渠道筹集生态公益林补偿资金，尽快提高补偿标准，调动农民管护生态公益林的积极性。要努力争取金融机构支持，充分发挥财政贴息政策的带动和引导作用，积极开办林权抵押贷款、农民小额信用贷款和农民联保贷款等业务，解决农民发展林下经济融资难的问题。要积极争取税务部门支持，比照农业生产者销售自产农产品，对林下经济产品免征增值税。有关林业发展资金和建设项目，要加大对林下经济的支持力度。

(3) 强化服务，引导合作

各级林业部门要加强对林下经济工作的指导和服务，为农民提供全方位的科技服务与技术培训，帮助解决资金、技术、生产、销售等问题。要积极培育适宜林下种植、林下养殖的新品种和好品种，不断提高林产品产量和质量，为社会提供丰富的绿色健康的林产品。要重点研发林产品采集加工新技术、新工艺，延长林下经济产业链，提升产业素质和产品附加值，增加农民收入。要加强农民林业专业合作社建设，引导农民开展合作经营，提高林下经济的组织化水平、抗风险能力和市场竞争力。要建立信息发布平台，完善各种咨询渠道，及时提供政策法律、市场信息等咨询服务，为农民发展林下经济创造良好条件。

(4) 树立典型，示范带动

各地要抓好试点示范，善于发现、认真总结、广泛宣传发展林下经济的先进典型，及时推广他们的好经验、好做法，充分发挥典型引路、示范带动的作用，推动林下经济全面发展。要通过新闻媒体、宣传手册、技术培训等多种形式，大力宣传发展林下经济的重大意义、政策措施和实用技术，做到政策深入人心，技术熟练掌握，信息及时了解，充分调动农民发展林下经济的积极性，形成全面推动林下经济发展的浓厚氛围。

4.3.2 林下经济管理模式

1) 主要管理模式

林下经济是一种循环经济。它是以林地资源为依托，以科技为支撑，充分利用林下自然条件，选择适合林下生长的微生物（菌类）和动植物种类，进行合理种植、养殖，以构建稳定的生态系统，达到林地生物多样性，从而成为农村经济新的增长点，为农民增收致富开辟的一条新路。

从资源的利用种类和效益模式来看，林下经济主要包括以下几种典型类型：林药模式、林菌模式、林草模式、林禽模式、林畜模式、林虫（蜂）模式、林花模式等。上述模式均是通过利用林下空间或时间交错来发展适宜的短周期种植或养殖业，长短结合，持续获得生态与经济效益。

各种林下经济模式主要通过不同时段内林下水、热、光、气等空间资源的利用，实现乔木主体与林下经济植物或动物协调共存和发育。也可根据树木的功能多样性，充分利用不同器官的经济功能发展非木材林产品产业，而不影响树木整体的生态、生理功能、或影响极小。如利用植物器官之叶或芽（香椿、石柯、银杏、龙脑樟、桉树叶、黄连、青钱柳）、皮（桂皮、杜仲、厚朴、黄柏）、块根（葛）、果（种子）（红松、银杏、梨、苹果、板栗、核桃、枣、杨梅、香榧等）做食品或药品；用小桐子、光皮树、乌桕、白檀种子做生物柴油；用八角、木榈子、花椒果做食用香料；用松脂、生漆、橡胶树液做化工原料；用松花粉、木棉花、紫荆花做食品；松针、山楂、黄芪、茯苓、合欢、黄连、桐叶、菠萝茴做饲用。

(1) 林药模式

林药模式，是指在林下培育、经营植物药材的一种利用方式。药材种类包括人参、刺五茄、甘草、黄芩、黄精、七叶一枝花、桔梗、五味子、板蓝根、铁皮石斛、三七、田七、朱砂根等。不同药材喜好不同的气候、土壤和林下环境，有南北地域之别，因此有道地药材之说。药材的林下栽培模式一定要根据其自身的生态学特性设计，不可千篇一律。

①优点　根据药用植物生态学特性，在郁闭度较高的林下宜栽培较耐阴的种类，如七叶一枝花、黄精等；而中度耐阴植物则宜栽于郁闭度较低的林下，如板蓝根、白术、山药等。与上层乔木植物基本没有种间矛盾。

②缺点　不适于大宗药用植物规模化种植，多数中药材在专辟土地上像作物一样栽植、管理，单位面积效益更高。

(2) 林菌模式

利用林地荫蔽、湿度较高的环境，将经过室内接种、发菌后的袋栽菇，置林下培养、出菇。林下种植毛木耳、大球盖菇、灵芝等可与橡胶等主业齐头并进，甚至取得超过主业的经济效益。

①优点　郁闭度 0.6~0.9 的林下环境基本上能够满足食用菌出菇环节对温度、湿度高低变化及光照强度、CO_2 浓度的要求。林内修剪的枝条（特别是板栗、榛子等果树枝、壳斗科、杨柳科、桑科、榛科、桤木科植物的枝条）是优质而便捷的培养基原料。但根据地域自然气候不同，栽培食用菌的种类和季节需要因地因时而变。

②缺点　腐生型食用菌需水较多，栽培劳动强度较大，费时较多，因此，用于栽培食用菌的林地应尽量靠近清洁水源，且地势平坦，交通便捷，林道完善。此外，腐生性食用菌栽培的多个环节中，只有出菇、采收环节在林下进行，森林只是一个阶段性寄居场所。根据资源需求模式看，腐生型食用菌栽培对木材资源是单向需求关系。

(3) 林禽模式

林下养禽种类各地均有地方特色品种，如三黄鸡、临武鸭、武冈铜鹅等。禽类动物，不仅可以利用林下的草茎、草籽，也可利用林下昆虫，如蚱蜢、蟋蟀，白蚁、鳞翅目昆虫幼虫、成虫等。如果结合人工饲养大麦虫、蚯蚓等作为鸡、鸭等的高蛋白活饲养，则可提升经济效率。不同家禽种类需要不同的林下环境。例如，鸡可以在山坡地或平原地区各种树木林下自由活动，而鹅、鸭属水禽，喜欢在山溪、湿地、水边活动，喜食水生植物和动物，最好在杨树、柳树林或河流、洲、滩林下养殖。

①优点　林下养禽，可以充分利用林下空间和林下杂草资源，起到控制杂草和增加土壤有机质的作用。此外，还能扩大家禽活动空间，提高禽产品抗病性和品质，收到双倍效益。

②缺点　家禽的粪便因散落面广，不便收集处理，易污染水源，传播疾病；不同禽类有不同的环境要求，需要因地适宜地选择养殖种类。需要对养殖密度进行合理控制；家禽

持续对林地踏踩,易致林地板结,尤其是鸡喜欢刨地啄食嫩根和地下昆虫,不利于林下植物多样性的维护。因此,必须采取错时轮牧的方式,缓解禽类对林地生态环境的不良作用。根据林地水源条件和树种类型,应选择相适应的家禽养殖种类,天然饲料与人工就地养殖蚯蚓等动物饲料相结合。要利用简易发酵床或沼气池,对饲养量大的家禽粪便进行无害化和资源化处理。

(4)林畜、草模式

可以利用林下野生草本植物或林下人工种植饲料植物,为兔、猪、牛、羊、鹿等大型家畜提供饲料,获得绿色、安全、畅销的动物产品。如森林郁闭前,栽植紫花苜蓿。果树林下可种红薯藤、欧洲巨苣养猪,葛藤养兔。紫花苜蓿、三叶草、黑麦草均适合林下种植。

①优点　林下活动空间大,可为家畜提供自然、健康的活动场所,有利于提高抗病性;林下天然的新鲜饲料,也有利于动物自由生长发育,提高动物产品品质;提高林下CO_2浓度,有利于植物生长。牲畜踩踏,有利于地表枯落物进入土壤成为有机质。

②缺点　牲畜践踏,易全林地板结,不利于树木生长;牲畜啃食树皮、嫩枝、树尖等,妨碍树木正常生长;粪便不易集中处理,增加碳排放;容易导致面源污染,恶化水源等环境;需要专门的畜牧兽医知识和技能。羊等牲畜特别喜欢啃食树皮、草根,林下放养对林木和土壤有一定破坏性,须特别注意。总之,相比于有利的一面,林下牲畜对林木的健康更多地偏向于有害,经营时应设法趋利避害。

因此,林下养畜,应远离河流、溪水,但必须有供牲畜饮用和洗浴的必要水源;严格控制单位面积数量,分区圈养,轮圈放养;对树干基部做好防啃护套;合理处理好牲畜粪便,发展沼气,变害为利。林下养畜有别于草原放养和围栏饲养,林下空间有限、天然饲料不足,须人工种植饲料作物和药、饲两用植物,讲究集约化,小面积高效益,并做好疫情处理。加强畜牧兽医知识和技术普及与推广,提高当地畜牧农技服务专门机构的综合服务能力。

(5)林蜂(昆虫)模式

刺槐、椴树、柑橘林下养蜂、养金蝉、女贞林下养白蜡虫、盐肤木林养五倍子、黄檀林下养殖紫胶虫,对森林植物本身基本上没有不利影响,值得推广。

①优点　养育以上昆虫,收获昆虫产品,只需根据各种资源昆虫特点选择不同的树种或森林,按照专业养殖方法操作即可,对森林不会构成损害。养蜂还能促进植物授粉,利于植物繁殖和天然更新。

②缺点　目前人工养殖的蜂种多数是意蜂,对当地土蜂种群繁育有一定的影响,须适度控制。其他经济昆虫养殖则不易形成规模。除养蜂业相对较成熟外,其他资源昆虫的养殖需要下游加工链配套拉动,才能形成稳定的产业。

(6)林花模式

林下阴湿、温凉、厚腐殖质的自然环境是大多数兰花和阴生植物花卉最适宜生长的处所,如春兰、蕙兰、剑兰、兜兰、石斛、花叶芋、铁线蕨、马蹄莲、虎眼万年青等。在林下栽培这类植物对林地自然生境的影响甚微。这种模式基本上不受交通、水源等条件影响。在上述植物的自然分布区均可林下培植。但市场波动较大，需要灵活应对。

(7) 林菜模式

林下种菜，在北方平原地区比较盛行。但一般蔬菜对阳光、水、肥要求高，必须选好自然条件合适的地段。目前，林下种蔬菜，基本上是采取农林间作的方式，不是真正意义上的林下种植。不过像紫萁、鱼腥草、蕨菜、榛木之类栽培，对土壤条件要求不高，且能在密度较小的林下进行，可归属于典型的林下经济模式。

事实上，目前各地呈现出来的林下经济模式多种多样，效果各有千秋，是集体林权制度改革后，林权主发展林下经济的重要选择。但不管何种模式，必须确保上层林木健康生长，坚持林业为主，生态优先，林下养殖、种植效益为辅，不可倒置，否则势必违背发展林下经济的初衷。此外，发展林下经济，要保证林地不受过分干扰，土壤结构不遭破坏；防止林下种养区成为污染源、疫病传播源或生物入侵基地；除市场因素外，南方与北方地区，东部与西部，平原与丘陵、山地，干旱、半干旱、湿润与湿地区域因自然地理条件不同，林下经济应区别发展，独立试验、选择适宜的模式。经济模式的选择甚至还要考虑人文历史、习俗的差异，在一个地区有良好效益的模式，如果不考虑消费习惯和市场环境，贸然引进到其他地区，则可能达不到预期效果。

此外，还有一种林下食用菌种植模式，在自然属性上最符合林下经济原则，在此着重介绍。

(8) 菌根性食用菌模式

菌根性食用菌，是指与松科、壳斗科等植物共生、具有菌根结构和特性的食用菌。其生物学特性决定它必须与树木共生才能正常生长、完成生活史；反过来，它也能帮助树木活体吸收土壤中的营养，促进生长，并提高树木免疫力，增强抗逆性。其生活习性完全不同于以消耗木材资源为代价的腐生型食用菌（如香菇、木耳等）。此类食用菌包括许多经济价值很高的种类，如著名的黑孢块菌、松茸、美味牛肝菌、红汁乳菇、松乳菇、灰肉红菇、血红铆钉菇、鸡油菌等。它们以纯天然的风味和营养特色，成为高档农产品市场的佼佼者。新西兰、法国、意大利等国均将菌根性食用菌产业当做替代利润平平的传统农业的新型生物产业。

菌根性食用菌的国内市场巨大，长期供不应求。如长沙、广州、上海等地新鲜红汁乳菇子实体市场价约140~200元/kg。人工经营的红汁乳菇——马尾松林，仅收获红汁乳菇一项，每年产值可达4000~5000元/667m²，且同一地段上可连续收获30年以上。野生菌根性食用菌的采收、贸易活动在解决许多农村家庭生计和劳动就业方面发挥了积极作用。结合扶贫攻坚、天然林保护、自然保护区生态补偿和替代产业开发、退耕还林等项目，在我国中西部地区发展此类生态、经济效益双高的林下经济项目可以收到事半功倍的效果。

菌根性食用菌技术的推广，不像大面积竹林山坡地垦复、桉树等速生林高强度经营、山坡地林下养畜、禽产生污染那样存在生态隐忧，这是它最大的优势之一。

我国开展菌根性食用菌研究起步虽晚，但在一些特色品种的栽培和保鲜技术领域已具备了一定的优势。湖南省林业科学研究院，经过十多年努力，已成功实现了红汁乳菇等菌根性食用菌的规模化栽培，共获得与此相关的国家发明专利多项，建立栽培示范和推广基地超过200hm²。技术的原创性强，繁殖、栽培技术的应用范围涵盖几乎所有高价值菌根性食用菌。此外，还开发了在现有森林下，促进菌根性食用菌产量提高的实用技术，一定条件下，可以成倍提高现有森林珍贵菌根性食用菌的经济效益。

从以上发展模式来看，林下经济具有一地多用、复合种养、优势互补、共同发展；劳动密集，投入少、效益好；资源丰富，潜力巨大，前景广阔等优势。

2）具体操作

发展林下经济是个系统工程，林草、林药、林牧、林禽……形式多样、内容复杂，最重要的是科学选择具体操作的突破口。

（1）加强部门沟通与合作，注重规划引导

没有合作，单凭林业一家之力发展好林下经济，只能是纸上谈兵；没有规划的林下经济，也只能是"瞎子摸象"。因此，必须将发展林下经济与林业产业化建设、农业产业结构调整、推进循环经济、扶贫开发和社会主义新农村建设等内容融合在一起。

（2）创新发展模式，提高经济效益

①大力发展林下种植　充分利用丰富的林下资源发展种植业，因地制宜开发林果、林草、林花、林菜、林菌、林药等模式。例如，林花模式，现在人们生活水平提高了，大家不仅仅满足于吃，还在追求高品质的生活，对环境的要求越来越高，花卉、园艺、苗木就派上用场了，而且售价高。

②大力发展林下养殖　充分利用林下空间发展立体养殖，大力发展林禽、林畜、林蜂等模式。

③大力发展森林旅游　充分发挥山清水秀、空气清新、生态良好的优势，合理利用森林景观、自然环境和林下产品资源，发展旅游观光、休闲度假、康复疗养等产业，大力发展森林旅游。

④大力发展林下产品经营加工　拉长林下经济产业链，发挥集群作用，提高经济效益。

（3）拓宽融资渠道，加大资金投入

规范森林资源资产评估，建立林权交易中心和林产品专业市场，大力开展林权抵押贷款，推进森林保险，拓宽融资渠道，支持林下经济发展。按照性质不变、渠道多样、捆绑使用的原则，发展林下经济与农业综合开发、经济结构调整、畜牧养殖、扶贫开发、科技推广等项目，在资金使用上完全可以有机结合起来。

（4）加强技术服务，提高产品质量

积极搭建企业、农民与高校、科研院所、技术推广单位之间的合作平台；积极引进和推广适宜林间种植、养殖的新品种、新技术，加快科技成果转化步伐，建立林下产品产前、产中、产后的技术服务体系。严格实行标准化生产，确保林下经济产品质量。

（5）建立销售网络，培育龙头企业

集中力量，引进和培育有实力、讲诚信、影响力大、辐射力强的企业，并通过龙头企业辐射带动，采取"龙头企业+基地+大户+农户"等模式，引导农户组建林业专业合作社组织，建立市场销售网络。抓紧建设具有一定规模的林下经济示范基地。

林下经济生产相对分散、利益主体较多，积极组建各类专业合作社、行业协会、中介服务机构，加强社会化服务体系建设，提高经营者适应市场的能力，才能更快更好地提高林下经济产业化、组织化程度。

4.4 中国林业产业发展战略

4.4.1 林业产业发展必要性

(1) 加快林业产业发展是促进人与自然和谐的必然要求

随着我国经济社会快速发展，资源和生态环境的瓶颈约束效应日益凸显，发展循环经济，以可再生资源替代不可再生资源已成为重大战略取向。林业产业是规模最大的循环经济体，森林资源的可再生性和林产品的可降解性，为经济社会发展可持续利用的森林资源展示了光明前景。加快发展林业产业，对于全面落实科学发展观，建设资源节约型和环境友好型社会，促进人与自然和谐发展，意义十分重大。

(2) 加快林业产业发展是维护国家木材安全的根本途径

森林是国家重要的战略资源，木材是国际公认的四大原材料(钢材、水泥、木材、塑料)之一。我国木材和林产品需求急剧增长，目前每年进口木材类产品折合原木超过1亿m^3，进口额高达200多亿美元。世界各国的实践证明，经济越发达，对木材和林产品的需求量越大。而维护全球生态安全、应对全球气候变暖又对保护森林资源提出了强烈要求。森林资源的稀缺性和经济社会发展对木材的刚性需求的矛盾日益尖锐。加快林业产业发展，立足国内解决木材和林产品供应问题，已成为我国经济社会发展的迫切要求。

(3) 加快林业产业发展是促进农民就业增收的战略举措

我国现有林地42亿多亩、可利用沙地8亿多亩、湿地近6亿亩；有木本植物8000多种、陆生野生动物2400多种、野生植物3万多种，发展林业产业潜力巨大。林业产业内容丰富，产业链条长，就业空间广。加快林业产业发展，可以为农民提供最适应、最直接、最可靠的就业机会，充分释放林地、沙地、湿地资源和物种资源及劳动力资源的巨大潜力，对于增加农民收入、破解"三农"难题、建设社会主义新农村具有十分重大的作用。

(4) 加快林业产业发展是全面推进现代林业建设的主要内容

林业具有巨大的生态功能、经济功能和社会功能。现代林业是全面协调可持续发展的林业，是运用现代技术开发林业的多种功能，满足经济社会发展和人们多样化需求的林业。只有加快林业产业发展，才能充分发挥林业的经济功能，为建立完善的生态体系和繁荣的生态文化体系提供重要保障。加快林业产业发展，不仅将产生巨大的生态、社会效益，而且将创造出巨大的物质财富，最大限度地满足经济社会发展对林业的多种需求。

4.4.2 中国林业产业发展目标

虽然过去的十几年中，中国林业产业发展迅速，但通过评价指标体系的系统评价和产业增长机制的实证分析,都可以看出产业发展仍然以要素和投资驱动为主,没有脱离比较优势的发展阶段,产业竞争力始终建立在劳动力成本优势的基础上。当中国林业产业结构演化进入后工业化阶段,以比较优势为基础的产业发展将出现动力不足,产业发展方式面临重大调整。特别是在2008年世界金融危机的冲击下,现实的林业产业发展方式所反映出的问题,已经在危机的影响中显露出来,这恰恰验证了中国林业产业高速发展中的脆弱性。因此,要实现中国林业产业体系的可持续发展,目标就是要通过构建发达的林业产业体系,转变经济增长方式,提高林业产业的国际竞争力,实现产业发展由比较优势向竞争优势的转变。

所谓"发达的林业产业体系",是指在兼顾生态、社会效益的前提下,以林业产业体系的共同经济效益为中心,以高度分工基础上的专业化生产为条件,以现代高新科学技术与组合运用传统技术为手段,以技术、人才、资本、信息等高效运转的产业支撑系统为创新平台,以环境优美、基础设施完备、社会保障有力、市场秩序良好的产业发展环境为依托,将林业产业产前、产中、产后诸环节通过产业链有机的联系起来,形成一个以主导产业为核心,以龙头企业为骨干的林工贸一体化、三次产业协调发展的完整系统。产业的全球化扩散和企业的地方化集中分布并存,产业专业化分工和融合创新并存,市场导向与政府推动紧密结合,信息技术推动产业升级,现代企业制度和现代市场体系为保障,实行林业产业的专业化、社会化、规模化生产,实现林业资源有效配置与规模效益,形成具有创新性、规模性、可持续性、开放性和动态适应性特征的新型产业体系。

发达的林业产业体系与传统的林业产业体系是不同的。①产业发展以经济效益为中心的同时,更加兼顾生态、社会效益,甚至必要的时候,要牺牲经济效益维护生态效益。这是由林业作为基础产业的属性与使命决定的;②发达的林业产业要以现代高新技术的使用为基本手段,以科技创新作为经济增长的核心驱动力,产业发展不仅追求产业规模数量上的扩大,而更要实现产业素质的提高,改变传统的粗放型经济增长方式,实现集约型增长;③发达的林业产业体系在产业结构上表现为三次产业协调发展,主导产业突出发展,林工贸一体化发展的格局,产业组织不断优化,市场结构合理,实现专业化、社会化、规模化发展。④发达的林业产业体系具有完善的发展环境,从技术、金融、流通、信息等方面为产业体系的发展做支撑。

此外,与传统林业产业体系相比,发达的林业产业体系还具有创新性、规模性、可持续性、开放性和动态适应性的特征。①创新性是首要特征,是产业竞争力提高的根本途径。产业体系发展要以强大的创新能力为基础,具有产品创新、技术创新、组织创新和管理创新等多维度的创新体系,不断提高创新能力和创新水平,实现林业产业链高层次的连续和产业核心竞争力的提高。②规模性是发达的林业产业体系发展的必然方向,规模化不仅指各个林业企业生产规模和资本规模的扩大,而且是整个产业体系内各个市场参与主体、各产业之间协调发展,共同形成产业体系的规模经济效应。③可持续性是发达的林业产业体系发展的根本要求。产业体系的发展要按照循环经济的模式,形成资源共享和废物循环利用的生态产业链,走可持续发展的新型工业化道路。④开放性是产业长远发展的基本举措,开放性要求企业更深、更广地参与国际产业分工,充分利用国际国内两种资源、两个市场,积极探索对外合作的新形式和新机制,建立多元、稳定、安全的资源供应和产品销售体系，拓展林业产业发展的空间，提高产业的国际竞争力。⑤动态适应性是指产业体系的生产方式和组织形式更具有灵活性和动态适应性，能够以市场为导向，紧跟社会经济发展、技术创新步伐以及市场需求变化，及时调整产业体系内部结构，不断适应消费结构和市场需求结构的新形势和新要求，促进体系均衡协调发展。

由此可见，发达的林业产业体系是产业体系发展的高级形式，能够有效解决传统产业发展中存在的诸多问题，并符合现代林业发展的总体战略，对加强生态建设、维护国家木材安全、建设资源节约型、环境友好型社会以及促进经济社会可持续发展具有重大战略意义。因此，构建发达的林业产业体系，是我国林业产业体系发展的根本目标。

【单元小结】

林业产业是规模最大的绿色经济体，是国民经济的重要组成部分，兼具生态、经济和社会功能，在生态建设、经济建设、社会建设中具有重要地位。本单元主要介绍林业产业的概念及其分类、林业产业化的内涵及其主要发展模式、林下经济内涵及其主要管理模式、中国林业产业发展战略。

【综合实训】

一、名词解释

林业产业　林业产业化　林下经济　循环经济原理　林菌模式

二、填空题

1. 林业产业化的特征包括_____、_____、_____、_____。
2. 林业产业化经营必须体现_____、_____、_____、_____、_____、产业的高效能化6个标志。
3. _____、_____、_____是林下经济内涵的主要表现。
4. _____、_____、_____、_____是发展林下经济的关键环节。
5. 在林下经济管理模式中，_____是在林下培育、经营植物药材的一种利用方式。

三、简答题

1. 简述林业产业分类。
2. 简述林业产业化的发展模式。
3. 简述林业产业化的经营途径。
4. 简述林下经济主要管理模式。
5. 简述林业产业发展的必要性。

单元五　林业经营与产权

学习目标

【知识目标】

(1) 掌握林业经营概念及其形式。
(2) 掌握林业产权概念及其特点。
(3) 了解林权制度基本内容。

【能力目标】

(1) 能够掌握集体林权制度演变过程。
(2) 能够掌握集体林权制度配套改革的内容。

5.1 林业经营概述

林业经营是一项重要的林业经济活动,也是提高林业资源配置效率、提升林业资源质量的重要途径。本节将对林业经营的概念及其经营形式等进行简单的介绍,为阅读以后的内容提供预备性知识。

5.1.1 林业经营概念

1)经营和林业经营

(1)经营

经营是一种经济活动,是经营主体在特定的环境中通过决策及实施等,对归属于自己占有、支配和使用土地、资金、劳动力、技术等生产要素进行科学的配置而形成现实生产力,并借以实现既定目标的经济活动。

(2)林业经营

林业经营是一种以森林资源为对象的经济活动。林业经营的目的是获取林木及其他林产品或生态效益。林业经营是一个复合的概念,包括造林、育林、护林、森林采伐和更新、木材和其他林产品的采集与加工等多个生产经营环节的经济活动。广义上看,林业经营还包括对森林调查规划、林地利用、木材采伐、林区动植物利用、林业资金运用、林区建设以及森林生态效益评价等。

2)林业经营要素

(1)主体

林业的所有制形式不同,林业经营主体也不一样。

林业的所有制形式大体可以分为公有制林业和非公有制林业两个部分。公有制林业是指在社会主义条件下,全体劳动者或部分劳动者共同占有林业生产资源,均等拥有林业经营剩余索取权的所有制形式,它包括国有林业、集体林业和混合所有制林业之外的其他林业中的国家和集体所有的部分。非公有制林业是相对于公有制林业而言的。国家林业局(现国家林业和草原局)经济发展研究中心课题组认为:"所谓非公有制林业是指非公有制经济主体所从事的林业生产经营活动的总和。它是非公有制经济在林业领域的具体体现,是非公有制经济与林业经济的结合。它与公有经济主体所从事的林业生产经营活动共同构成中国林业的统一整体。"简言之,非公有制林业是指除国有和集体所有林业之外的林业经济成分,具体包括私营林业、个体所有林业、外商投资林业等。因此,从林业经营主体上看,公有制林业的经营主体是公有制经济成分,包括国家和集体经济组织。非公有制林业的经营主体是非公有经济成分,包括个人、家庭、联合体、公司等。其中以劳动者的个人劳动为基础,林木归劳动者个人所有,而从事生产和经营的称为个体林;以林木作为企业的生产资料和其他资产归私人占有并以雇佣劳动关系为基础,以获取利润为目的的称为私营林;由中外合资企业、中外合作经营企业和外商独资企业的外资部分所从事的经营称为外资林。

（2）要素

生产要素，是指用于生产产品或提供服务的资源。林业生产要素则是指投入林业生产过程中的各类生产资料。一般而言，林业生产要素主要包括森林资源要素、林业资金要素、林业劳动力要素和生产技术。

（1）森林资源要素主要包括林种和林地

①林种　对林业经营主体而言，经营不同的林种会产生不同的成本和收益。按照《森林法》（1998）第四条的规定，"森林共分五类，分别是防护林、特种用途林、用材林、经济林、薪炭林。"我国实行森林分类经营的林业经营体制后：①防护林和特种用途林统称为生态公益林，其主要功能在于发挥生态效益和社会效益，具有非经济性。用材林是商品林的最重要组成部分，它以生产木材为主要目的，一般也包括以生产竹材为主要目的的竹林。②用材林的生长过程一般可分为幼龄林、中龄林、近熟林、成过熟林四个阶段。用材林的经营特点是经营的周期长、产出明显滞后。③经济林以生产果品、食用油料、工业原料和药材为主要目的。经济林的基本特点是其经营不直接以采伐林木本身为目标，而是以取得非木材产品为直接目标。对于经济林的经营要求持续性和不可间断性，即使在某些年份产出的林产品价格低甚至收不回当期成本，如果这种亏损状况不被预期或将长期存在，林业经营主体对经济林的投入会一直进行，具有不可间断性。④薪炭林是以生产燃料为主要目的的林木。薪炭林对林业经营主体来说只作为燃料来源进行经营，一般投入经营的可能性较小。

②林地　是用于生产和再生产森林资源的土地，是林业生产最基本的生产资料。《森林法实施条例》（2016）第二条规定："林地，包括郁闭度0.2以上的乔木林地以及竹林地、灌木林地、疏林地、采伐迹地、火烧迹地、未成林造林地、苗圃地和县级以上人民政府规划的宜林地"。林地条件的好坏直接影响着林地的生产力水平。林地条件一般包括三个部分。①林地的自然条件也称为立地条件，是指林地及林地上的林木所处的自然环境。如气候、坡度、坡向、土壤肥沃程度等。②林地的经济条件也称为地利条件，是指与林地所处地理位置相关的影响林地经营成本的因子，一般用地利级表示，如按照相对高度和离公路（林道或集材道）平均距离的差异划分。③林地的产权条件是指与社会经济生产关系密切相关的林权状况等影响林地价值的因子总和。林地产权的排他性、持续性、保障性、产权强度四个要素对林业经营主体经营林地具有重要的影响。

（2）林业资金是林业生产活动中重要的生产要素

林业资金是指林业再生产过程中，生产、交换、分配、消费等环节中所拥有的物质财富的货币表现。具有货币和实物两种形态：①货币形态的资金指进行林业经营过程中需要的固定资金和流动资金；②实物形态的资金指林业产业发展中所需要的固定资产和流动资产。林业中培养和采伐利用森林的生产经营活动，同时也表现为林业资金的循环和周转运动。林业企业进行生产经营所使用的各种生产资料和物资器具，除了实物形态同时也具有货币形态，林业企业还必须用货币支付职工的劳动报酬，木材林产品的交换也要求按照等价的原则进行。所以林业资金实质上是林业生产和再生产过程的价值表现，它反过来又对林业生产和再生产的顺利进行起着保证和监督的作用。林业资金与其他产业资金相比，具有林业资金投入时间长、周转慢；林业资金的连续性投入和一次性收获；林业资金收益的风险性大三个主要特点。

(3) 林业的劳动力要素

劳动力要素是林业生产要素中具有决定性意义的要素，指林业部门所拥有的具备劳动能力的人口的数量和质量。包括数量和质量两个方面：①林业劳动力的数量包括林业部门具有劳动能力的全部人口；②林业劳动力质量是林业劳动者体力和智力的统一。林业劳动力具有使用的季节性、作业的分散性、综合性、兼业性等特点。

(4) 林业生产技术进步

指人们应用林业科学技术实现一定目标方面所取得的进展，主要包括林业生产技术、林业经营管理技术和服务技术等方面。林业生产技术进步对林业经营具有重大作用，主要包括：提高林产品产量；降低生产成本，提高生产率；减轻劳动强度、节约能源、改善生态环境。

5.1.2 林业经营形式

林业经营形式，是指在一定的所有制条件下，在林业生产过程中，劳动者与生产要素组合的方式、规模及责、权、利关系。林业经营形式是林业经济管理的重要内容之一。当前我国林业经营形式主要有承包经营和股份合作制等形式。

1) 承包经营

承包经营通过承包合同的形式明确作为林地林木所有者的国家、集体与林业经营主体之间的权利和义务以及收益分配的一种经营形式。基本原则是资产所有权与经营权相分离。

改革开放以来，随着农村经济改革的持续深入和农业家庭联产承包责任制的实施，国有林场和集体所有制的乡村林场也相继开始统分结合的联产承包经营形式。这种经营方式以林农及其家庭分散经营为主，同时保留必要的统一经营，将各项生产任务承包给林农经营，把林地和生产工具给林农使用。承包后，林业生产的全过程，从计划制订、资金筹集、生产组织、产品收获等生产经营活动，均由承包户自主经营，他们的经营成果在完成国家、集体任务后，由承包户享有。承包经营形式使经营效益与经营者利益直接挂钩，调动了林业经营者的积极性，促进了林业发展。

承包经营大体有个体承包经营、家庭承包经营、企业经营等具体表现形式。

2) 股份合作制

单家独户为主的经营模式在短期内会促进林业的发展，但林业的特点和国内外经验证明，林业最终还是要实施规模化、专业化、集约化的经营之路。林业股份合作制是一种采用股份制形式运行合作经济的林业经营模式。这是一种投资主体多元化、投入方式多样化的经营方式。它将生产力各个要素进行合理分配，各种经济成分的所有者组合起来共同经营。股份合作制通过将集体财产等额股份化，然后均分到每位林农手里，通过将各生产要素(山地、林木、生产资金、经营投资、技术)在生产过程中的贡献折合成股份，权属明晰，明确了股东的收益权(经营纯收益按股分红)，是一种新型的公有制形式。从林业自身的特征出发，林业经营只有形成一定的规模才能克服林业生产周期长、风险高的特点，充分发挥林业的规模效率，解决各家各户独立经营所出现的要素投入不足等问题。推行林业股份合作制可以吸收社会闲散资金，拓宽融资渠道，解决资金困难，又可以分担经营风险，发挥生产的规模优势，调动林农生产积极性，增加林农收入。

林业股份合作制主要有这几种形式：

(1) 折股联营

即按照"分股不分山、分利不分林"的原则，将集体林木资产折成股份后，集体、村民或其他社会经营单位以林地、资金、劳动力等方式入股，成立代行林农所有权人职责的林业股东会，由股东会组织经营，经营收益按股分红。如福建"三明模式"。

(2) 入股联营

将林木资源所有权明晰到户，把已经分到户的成片林根据实际情况折算为股份，实行联营。具体包括以下几个方面。

①联户经营　几户、几十户或者更多林农以亲情、友情、资金、技术为纽带，自愿组合，组建家庭林场。这些林农以林地、林木折价入股，也可以投资投劳入股，资金不足时还可以引资入股，收益按股份分配。如浙江、广东、福建沿海地区及云南、四川、河北、河南等山区县。

②林农与村组联合经营　林农自愿将承包的责任山使用权、林木所有权交村组联合办林场。村组将林地所有权入股，林场按林地、林木配置权，登记在册，同时吸纳林农劳动力和社会资金入股，全部量化后实行统一经营，收益按股分配。

③林农+公司合作经营　农户、村组、乡镇与国有企事业单位股份合作经营。林业企事业单位(林业局、营林公司、木材公司、国有林场等)以资金、技术入股，乡镇以管理入股，村组或林农以林地、管护入股，合作造林，建立林场，收益按比例分配，由林业企事业单位先分，剩余部分再与乡、村、林农按股分红。这种形式多分布于湖南、广西等南方集体林区，有利于林木管护，减轻了林农经营林业的投资风险。

④企业与企业合作经营　这是一种外资、县外企业出资，当地企业出山的联合经营方式。外资或县外企业出资金、技术，当地企业出山，联合共同经营山林，所得收益按比例分成。外资、县外企业与当地企业共享经营增益，有利于林木管护，加之资金的连续投入，有助于弥补当地企业经营管理资金的不足，增强共同抵抗风险的能力，真正实现互利共赢。

随着林业改革的深入，中国林业呈现出多种所有制和多种经营形式并存的局面，这是在改革与发展的新形势下的必然选择，也是由于历史条件、地理环境和社会经济状况不同，在新旧体制交替过程中的具体体现。因此可以说，发展多种林业经济形式是中国林业存在多层次生产力结构以及多种经济形式并存和发展的客观要求，也是发展现代林业和实现森林资源保护，促进林业可持续发展的必然趋势，这也是今后中国林业经营体制改革的重要方向。

5.2　林业产权

谁拥有、使用、经营森林资源以及谁将从森林资源中获得经济效益是林业政策必须解决的基本问题。在很大程度上，这些问题是通过规定所有者、使用者和其他与森林、林地及林木有关的权利的森林制度来解决的，这就涉及林业产权问题。弄清楚林业产权的本质特性，有助于建立科学的林业产权制度，这不仅是林业管理体制改革的出发点和着力点，也能有效促进林业管理体制的高效运作。

5.2.1　林权制度

1) 产权及其特征

(1) 概念

产权(property rights)即广义的财产所有权。是指确立了权利的持有者所能享有一个特定商品或资产的程度。现有的有关产权研究中，由于出发点和目的不同，使得各产权学派对产权赋予的含义也不一样。至今，学术界对产权的概念界定仍没有形成统一的解释，但产权的定义可以从以下几个方面理解：

①产权的主体可以是国家、集体、其他组织、法人、个人或各种经济体 产权的客体可以是资产、财产、资源等一切可以价值化和量化的有形或无形之物。

②产权是以复合形式出现的，是一束或一组权利，而不是一种权利 在交易中，人们让渡这个权利的一部分或全部，进而成为决定商品价格与交易量的新论据。产权包括所有权、使用权、收益权、处置权等一组权利。所有权指生产资料归谁所有的问题，即终极性财产归属权；使用权指在法律许可的范围内以各种方式使用财产的权利，包括有权在物质形态上改变乃至破坏财产；收益权指人们在拥有使用权的基础上获得收益的权利，是界定产权最主要的目的，即获得拥有产权未来的收益权；处置权指通过出租、出售、赠予等把与财产有关的权利让渡给他人的权利。在一个社会里，产权最重要的不是归谁所有，而是由谁使用。科斯(Coase)指出产权应该配置给那些最有效利用该权利、并有资历去这样做的人。换言之，谁有能力，谁能使资源有效使用，谁能使生产要素得到最佳配置，谁就该是产权的使用者。效率应该是产权转让的实质。初始产权的界定可能是低效的，但是通过转让和交易，产权可能会变得高效。

③产权是不同财产主体通过行使不同产权权能时形成相互之间的责、权、利关系。产权的各项权能可以统一在一个主体中，也可以在不同主体之间进行分离。在产权主体行使产权权能时，也必须承担相应的责任和义务，形成互相之间的责、权、利关系。

(2) 产权的特征

产权具有多种经济上的重要特征，其主要特征表现在以下几个方面：

①综合性　综合性涉及产权的所有者能从资产中获得全部收益的程度。例如，当某人拥有一块私人林地时，并且拥有包括一切的产权，他可以通过在有利的时候一种用途和另一种用途相互妥协的办法，利用森林所有权益，并实现用途所产生收益的最大化。相

反,若某人只拥有使用木材的权利,但不能利用水源,或其他受到森林经营影响的效益,并且如果他不需要对这些其他价值带来的外部性进行任何赔偿的话,他将趋于忽视这些价值。在这种情况下,产权持有者将寻求实现他可能获得价值的最大化,而不顾那些他不能索取的价值或他给其他用途带来的成本或收益。因此,当使用者不考虑他们决策的全部效果时,从所有价值中获得的总收益将比其潜在价值要低。

②期限性　期限性涉及产权持续时间的长短。它决定了持有者所要考虑他们行为后果的程度。例如,一片森林的权力持续一个较长时期,持有者可以仔细考虑现在或将来采伐的相对经济优势、经营收益等。若他的权力在很短时间内被终止,他将不顾这些长期考虑。

③可分性　产权是"一揽子权利"的组合,这些权利是可以分离、分割和重组的,因此产权能够实现交易和转让,从而实现产权主体的意志和收益。如果产权不能交易与转让,那它就不具备市场价值。限制产权的交换显然会影响到收入和财富的分配,也限制资源的有效分配,阻止资源向那些能充分利用资源生产的人转移。

④排他性　即产权主体对于他所拥有的财产具有独占性,同时也排除了其他人占有的权利,否定他人随意支配财产的合法性。当产权不具有排他性时,它们的所有者就会为同一个利益而相互竞争,从而低效率甚至过度开发资源,缺乏投资和保护的动力。

2)林权及其特点

(1)林权概念

林权,是一种具体的产权形态,是人们对林业资产的一组经济权利。它是指权利主体对森林、林地、林木的所有权及其派生的使用权、收益权、处置权等。由于权利与义务的对等关系,林权也指权利主体对森林、林地、林木的所有、使用、收益、处置等方面的责、权、利关系。

①所有权　指森林、林地、林木的财产归属的权利。

②使用权　指林权所有者或使用者根据森林、林地、林木的性质加以利用,以满足生产和生活需要的权利。使用权可以由林权所有者行使,也可以由非林权所有者,如林权经营者或使用者行使。

③收益权　指林权所有者或使用者在对森林、林地、林木的经营过程中获得收益的权利。这种收益既可以是实物形态,如树叶、树木、果实等;又或是以价值形态体现,如货币、作价入股、资产评估。在所有权与使用权分离的情况下,收益权将在所有者与使用者之间按照法律或合同的规定与约定进行分配。

④处置权　指林权所有者或使用者对森林、林地、林木进行处分的权利。如对林木进行采伐、销售的权利;对林地进行出让、转让的权利等。在所有权与使用权相分离的情况下,所有者与使用者的处置权将会有不同的内容。

(2)林权客体

任何一项权利都要指向一定的对象即客体。林权的客体就是林权权利人的权利所指向的对象,包括森林、林地、林木。这是由森林资源的结构复杂性决定的,相应的,林权也包括三种产权结构:森林资源产权、林地产权、林木产权。

联合国粮农组织(FAO)对森林的定义：凡生长着任何大小林木为主体的植物群落，不论采伐与否，具有生长木材或其他林产品能力，并影响着气候和水文状况，或能庇护家畜和野兽的土地。

《森林法实施条例》(2016)第二条第二款规定：森林包括乔木林和竹林。林木包括树木和竹子。林权在法律上是一种不动产权，因此，作为林权客体的林木，应该是生长在林地上的树木和竹子。

林地是森林的基础和载体。林地，包括郁闭度0.2以上的乔木林地以及竹林地、灌木林地、疏林地、采伐迹地、火烧迹地、未成林造林地、苗圃地和县级以上人民政府规划的宜林地。

(3) 林权主体

林权主体，是指依法享有林权的权利人。主体作为职能的承担者、领属者，一方面相对于客体它是能动的，是以客体为对象发生作用的本原；另一方面相对应于非主体，他拥有独有的、稀缺的职能即主体与非主体特定的关系。作为林权的享有者和构成要素之一，林权主体必须明确，否则，林权归属就无法谈起，林权也就无法称其为权利了。从林权的权利主体来看，主要包括所有权主体与使用权主体，即所有者和使用者。我国法律对林权主体具有不同的规定(表5-1、5-2)。

表5-1 我国法律有关森林资源产权和林木产权的规定

法律法规	对森林产权和林木产权的规定
《森林法》(1998年修正)	第二十七条第三款规定："农村居民在房前屋后、自留地、自留山种植的林木，归个人所有；城镇居民和职工在自有房屋的庭院内种植的林木，归个人所有。"；第二十七条第四款规定："集体或者个人承包国家所有和集体所有的宜林荒山荒地造林的，承包后种植的林木归承包的集体或者个人所有等。"
《森林法实施条例》(2016年修正)	第十五条规定："用材林、经济林和薪炭林的经营者，依法享有经营权、收益权和其他合法权益。防护林和特种用途林的经营者，有获得森林生态效益补偿的权利。"；第二十七条规定："国家保护承包造林者依法享有的林木所有权和其他合法权益。"
《中共中央 国务院关于加快林业发展的决定》	第十五条规定："放手发展非公有制林业。国家鼓励各种社会主体跨所有制、跨行业、跨地区投资发展林业。凡有能力的农户、城镇居民、科技人员、私营企业主、外国投资者、企事业单位和机关团体的干部职工等，都可单独或合伙参与林业开发，从事林业建设。要进一步明确非公有制林业的法律地位，切实落实'谁造谁有、合造共有'的政策。"

表5-2 我国法律有关林地产权的规定

法律法规	对林地产权的规定
《中华人民共和国宪法》(2004年修正)	第九条、第十条规定："矿藏、水流、森林、山岭、草原、荒地、滩涂等自然资源，都属于国家所有，即全民所有；由法律规定属于集体所有的森林和山岭、草原、荒地、滩涂除外。国家保障自然资源的合理利用，保护珍贵的动物和植物。禁止任何组织或者个人用任何手段侵占或者破坏自然资源""宅基地和自留地、自留山，也属于集体所有"。
《森林法》(1998年修正)	第三条规定："森林资源属于国家所有，由法律规定属于集体所有的除外。"
《森林法实施条例》(2016年修正)	第五条规定："国家依法实行森林、林木和林地登记发证制度。依法登记的森林、林木和林地的所有权、使用权受法律保护，任何单位和个人不得侵犯。""集体所有的森林、林木和林地，由所有者向所在地的县级人民政府林业主管部门提出登记申请，由该县级人民政府登记造册，核发证书，确认所有权。"

从法律规定上看，我国森林和林地的所有权只有两种形式，即国家所有和集体所有。但国家不可能直接作为经营管理的主体，实施家庭承包经营后，集体也不直接作为经营管理的主体，而是以一定的形式提供给单位和个人经营（表5-3）。我国林权主体的具体设定如下：

①森林和林地所有权主体与使用权主体　森林和林地的所有权主体为国家或集体。从法律规定上看，我国现行法律不承认个人或农户、家庭、单位等具有森林和林地的所有权，只承认个人或农户、家庭、单位等对国家或集体所有的森林和林地享有使用权。

②林木所有权主体　林木所有权主体有3个，即国家、集体、个人所有。

表5-3　林权归属及依据

资源	产权	归属
森林、林地	所有权	国家、集体
	使用权	国家、集体、个人
林木	所有权	国家、集体、个人

(4) 林权特点

由于林权客体的特殊性，林权除了具有一般产权特点外，尚有许多独特的特性。

①外部性　外部性是从事经济活动当事人给他人或社会带来的无法由市场价格体现的利益或损失。外部性广泛存在于经济生活中，但林权的外部性却表现得尤为强烈，而且相当一部分是无法实现内部化的。这也是林权区别于其他产权最重要的特征。森林具有多种功能，如生产木材和提供其他林产品的功能，保护环境等生态功能。森林在发挥这些功能时，产生了大量的正外部效应，而林业的经营者却得不到价值补偿。林业外部性的存在会扭曲产权的激励机制，从而影响资源配置的效率。

②特殊的约束性　产权收益的实现是受到法律政策的约束，林权的约束性较一般产权更为明显。由于森林肩负着发挥生态效益和社会效益的使命，为了保持森林蓄积量的稳定性，林权主体不能完全按照市场规律及自己的经营目标自主决策、自由进入或退出市场；他们对林地用途的选择受到种种限制；何时采伐、采伐多少都受到限额采伐指标的限制。

③交易的困难性　首先是对林木资产的计量存在困难；其次是对森林资源资产的评估难度大，要考虑不同林种、不同立地条件、不同林分密度、土地的级差、地理位置的远近、交通运输条件、气候状况以及林地上的林木长势等，这些因素都在不同程度上增加森林资源资产评估的难度。

④收益预期的不确定性　产权的一项重要功能时能够形成与其他人进行交易的合理预期。由于林业生产周期长，资金投入量大，受自然、社会、市场三重风险的影响大，未来不确定的因素也大，因此，林权反映到未来的收益预期的能力十分低弱。

3) 林权制度

林权制度是对林权所包含的权能界定、主客体设定、确立和保护的一系列行为规范。林业经营主体在森林经营中居于主导地位，其积极性是影响森林可持续经营的重要因素。而产权制度则是保障经营主体在从事森林经营的积极性、主动性的前提条件；首先，由于产权关系实质上是一种利益关系，在物质利益的驱动下，产权的所有者必然尽其所能发挥产权作用，在实现产权主体物质利益的同时避免了资源的浪费；其次，在物质利益的驱动下，产权关系同时演变成一种责任关系，即约束产权主体对自己产权的保护和关心。一旦界定了产权，有了产权的法律保护，就可以有效地防止外界的侵害，从而能够保证资源利用的可持续性；再次，物质利益的驱动还会导致产权的流动，通过森林资源的有效流转提高森林资源的利用率，优化森林资源的配置。可见，产权制度在森林可持续经营中的作用是极为重要的。

5.2.2 集体林区林权制度的演变

中国林业按权属可划分为集体林与国有林。集体林地的所有权多集中在村、村小组、乡（镇）；国有林地的所有权归国家，且分别在重点国有林区、地方国有林区以及国有林场内。随着国有林区的木材生产主体地位的下降，集体林区在生态、社会、经济可持续发展方面发挥着越来越重要的作用。林权是现代林业体制的核心。林业的问题，归根结底是产权问题。随着我国经济体制改革的深入，集体统一经营的模式越来越不适应农村实行家庭联产承包后的新形势。开展集体林区林权制度改革，调整林业生产关系，建立现代林业产权制度，其核心是明晰产权、理顺产权、落实产权，这不仅是建设现代林业的重要基础，也是提升生态产品和木材产品供给能力的根本途径，更是促使林业发展走向市场化的关键。中华人民共和国成立以来，随着国家政治、经济形势的变化，围绕土地所有制、土地使用制等问题进行了一系列的改革探索，建立了具有中国特色的农村土地制度，集体林区林权制度也伴随着走过了相似的改革道路。

集体林区林权制度的变革是以林地产权制度的变革为主，其变化过程实质上是林权从私有向集体所有转变，再在集体所有的基础上通过承包经营权和所有权的分离过程。但在这种曲折中林权制度也得到了不断发展和完善。目前普遍认为集体林权制度改革总体上经历了五个阶段：

1) 土地改革时期分山到户（1949—1953 年）

1950 年 6 月 30 日颁布的《中华人民共和国土地改革法》成为山林权属处置的依据。该法第一条明确规定："废除地主阶级封建剥削的土地所有制，实行农民的土地所有制，借以解放农村生产力，发展农业生产，为新中国的工业化开辟道路。"当时，各地政府依靠政权的力量，没收封建土地，按照"均田"思想，按人平均分配土地。该法第三十条规定："承认一切土地所有者自由经营、买卖及出租其土地的权利。"农民具有收益权的独享权和完整的处置权。完整的处置权即土地产权可以流动，允许土地买卖、出租、赠与等交换活动。这一时期的目标是将封建地主所有制的土地制度转变为农民私有制的土地制度。这时，林权安排的特点包括：农民既是林地、林木的所有者，又是使用者，而且承认一切土地所有者自由经营、买卖及出租其土地的权利。

该阶段林权是一种集所有权、使用权、收益权、处分权于一体的单一产权结构。这一产权结构所形成的产权边界是清晰的，农民拥有比较完整的排他性产权，这极大激发了农民林业生产的积极性，从而取得较好的产权制度绩效。但以私有为基础的单一产权结构并不是当时中国农村土地产权结构演进的目标模式。不仅因为，这种产权结构根本不在占支配地位的意识形态所界定的制度选择集之内。同时，这种制度建立起来的是农民占有小块土地的个体经济，是分散落后状态的小农经济。随着社会生产力的进一步发展，其局限性愈发凸显：一方面，农民虽然分得了土地等生产资料，但由于当时中国农村生产力极其落后，土改后个体农民拥有生产工具严重不足，生产资料和资金也十分缺乏，不少农民在生产中遇到很大困难，单靠自身的力量难以解决；另一方面，单家单户为生产单位的分散个体经营，根本无法抵御林业生产过程中突发的各种自然灾害侵袭，更没有能力采用最先进的农业生产工具和技术，以及进行必要的大规模的基础设施建设。鉴于此，1951年中共中央召开了全国第一次互助合作会议，通过《中共中央关于农业生产互助合作的决议（草案）》，在《决议》的指导下，以互助组为主要形式的互助合作组织迅速兴起，互助组的建立是保持在个体所有的范围内，没有触及林地的农民私人所有，它的发展在一定程度上克服了小农经济的不足，发挥了个体经济和互助合作的积极作用。

该时期，全国建立起一大批全民所有制大林场。在农村，农民分得了个体所有的山林，山林所有者可自由就自己所有的山林进行采伐、买卖、赠与。由于林农对林地有了支配权，其生产积极性也有了很大提高。

2）农业合作化时期山林入社（1953—1956年）

1953年12月16日中共中央通过《关于发展农业生产合作社的决议》，强调"为进一步提高农业生产力，党在农村工作的最根本任务，就是要逐步实行农业的社会主义改造，使农业能够由落后的小规模生产的个体经济变为先进的大规模生产的合作经济。"在1954年初，农村掀起了大办农业生产合作社的热潮。这一时期，农业生产合作社的基本做法是在允许社员有小块自留地的情况下，社员的土地必须交给农业生产合作社统一使用，合作社按照社员入社土地的数量和质量，从每年的收入中给予社员适当的报酬。这时，土地产权制度改革的目标是所有权和使用权相分离。入社农民仍旧拥有土地所有权，以入股土地分红成为农民在经济上实现其土地所有权的基本形式；土地经营使用权成功地从所有权中分离出来，统一由合作社对土地进行规划、生产、收获；农民还拥有土地的处分权，退社自由，退社时可以带走入社时带来的土地。在农业合作化时期，集体林区的山林与农地一样，农民个人仅保留山上的林木及房前屋后零星树木的所有权，将土地和成片林木所有权折价入社，经营权归合作社，所有权归林农，所有权和经营权相分离，开始规模经营，合作造林，谁造谁有，合造共有。因此，这一时期的林权安排特点包括：个人拥有林地和林木的所有权；合作社拥有部分林木所有权和林地的使用权；收益权在林地所有者和合作社之间分配，所有者获得土地分红，但这种分红必须在作出公积金、公益金扣除后兑现；处分权也受到很大限制，所有者不能再按照自己意志处分土地，社员不能出租或买卖土地，但农户有退社的自由。

这一时期，农民对入社的林业资产不再享有直接的支配权、使用权和占有处分权，但这种产权制度安排没有从根本上剥夺农民的利益，农民较易接受，合作化运动中仍有较高的自愿成分。同时有利于合作社对土地实行统一规划，合理利用，打破个体经济的局限性，改善了林业生产条件，取得了规模经济效益。具体表现包括：①解决了互助组中难以解决的一些矛盾，特别是共同劳动和分散经营的矛盾，有更大的劳动力量和经济力量进行技术改造和基本建设，不断提高抵御各种自然灾害的能力；②有利于保证广大农民的团结,避免出现两极分化现象,促进社会稳定。因此,这是一种兼顾效率与公平的产权制度。但这种产权制度建立的时间过早过快,合作社规模越办越大,与农村生产力、干部经营管理能力不相适应,在发展过程中出现了强迫命令现象。此外,由于林地不能出租和买卖,不利于林地资源的合理流动和优化配置。

3)高级合作社和人民公社时期山林集体所有、统一经营(1956—1978年)

(1)高级合作社时期

1955年10月4日,中共七届六中全会通过的《关于农业合作社问题的决议》提出:要重点试办农业生产合作社;在有些已经基本实现半社会主义合作化的地方,根据生产需要、群众觉悟和经济条件,从个别试办,由少到多,分期分批地由初级社变为高级社。高级社的做法包括:废除土地私有制,使土地由农民所有转变为合作社集体所有。这是农村土地制度的又一次重大变革。在高级社里,除社员原有的坟地和宅基地不必入社外,社员私有的土地及地上附属的私有的塘、井等水利设施,都无偿转归合作社集体所有。土地由集体统一经营使用,全体社员参加集体统一劳动。取消土地分红,按劳动数量和质量进行分配。在高级合作社期间,集体林区除少量零星树木仍属于社员私有外,大部分森林、林地、林木产权实现了由农民私有向合作社集体所有的转变。这一时期,公有产权变成了唯一的产权类型,农民只有名义上的生产资料,农民的退出权受到很大限制。林业产权开始变得模糊,使得分配的不合理和激励严重不足。林农对林权权益分配不满。

(2)人民公社时期

从1957年开始,农村土地进行了调整,通过贯彻《农村人民公社六十一条》,人民公社化运动迅速开展。按照"一大二公"要求,原属于各农业生产合作社的土地和社员的自留地、坟地、宅基地等一切土地,连同耕畜、农具等生产资料以及一切公共财产、公积金、公益金等都无偿收归公社所有。公社对土地进行统一规划、统一生产、统一管理、分配上实行平均主义。集体林区的山林产权制度也发生了相同的变革。之后森林资源遭到极大地损毁。为此,1961年《中共中央关于确定林权保护山林和发展林业的若干政策规定(试行草案)》,针对确定和保护山林的所有权,纠正公社化过程中发生的"一平二调"和"以大吃小"等问题,作出明确规定:"林木的所有权必须长期固定下来,划清山界,树立标记,不再变动。"提出必须坚持"谁种谁有"的原则。大规模公有化是该时期的特征,集体拥有所有权、使用权、收益权、处置权,产权高度共有,实行乡村林场统一经营。这一时期,国家对林业资源设立了全民所有和集体所有两种产权制度,而且这种产权制度受到严格限制。虽然这种产权制度为国家完成工业化的原始积累作出了巨大贡献,但这种产权安排未能处理国家、集体和个人之见的利益关系,尤其是某种程度上忽视了农民的个人利益,极大影响了农民生产的积极性。另外,这种产权制度的频繁变动,使农民产生一种对政策的不稳定感,林业生产效率不仅没有提高,同时,滥伐和过度利用使林业资源受到严重破坏的现象时常发生。

4)林业"三定"时期(1981—20世纪90年代初)

党的十一届三中全会之后,随着商品经济的逐步发展和改革开放的不断深入,国家对林业发展政策作出调整，需要对集体林权制度进行相应的改革和完善。1981年3月8日，中共中央、国务院颁布了著名的《关于保护森林发展林业若干问题的决定》，随后，在林业部等相关部委的共同大力推动下，以"稳定林权、划定自留山和确定林业生产责任制"为主要内容的林业"三定"工作在全国范围内得以全面展开。这一时期的集体林产权安排改革是参照农业领域的家庭联产承包责任制。家庭联产承包责任制的具体做法是土地所有权仍归集体所有，土地按人口和劳动力分配给农民耕种，农民由此取得土地的承包经营权，从而改变了农民与土地的关系，受到农民的普遍欢迎，极大调动农民的农业生产积极性。林业"三定"就是在此背景下展开的，其实质是我国家庭承包经营制度从耕地向林地的延伸与拓展。

《关于保护森林发展林业若干问题的决定》指出："要稳定山权林权，根据群众需要划给自留山，由社员植树种草，长期使用，社员在房前屋后、自留山和生产队制定的其他地方种植的树木，永远归社员个人所有，允许继承。并落实林业生产责任制。社队集体林业应当推广专业承包、联产计酬责任制，可以包到组、包到户、包到劳动力，联系营林造林成果，实行合理计酬、超产奖励或收益比例分成。"并进一步明确指出，木材实行集中统管理，木材不应兴议购议销。集体林的采伐，由县林业行政部门发给采伐证，其他部门采伐自己经营的木材和社队集体采伐自用的，以破坏森林论处。

分山到户后，农户有了一定的生产经营自主权，使得农民的利益与林地产出直接挂钩，实现了按劳分配和按要素分配相结合的分配，调动了林农生产的积极性。但与农业的家庭承包责任制所取得的巨大成功相比，林业"三定"却未能取得预期效果。林业"三定"将我国集体林区的集体林划分成三个既相互联系又有所区别的类型。在这三类林地中，其中第一类是自留山，这是所有的三类林地中产权关系最为清楚，是农民拥有较多自主经营管理权的林地，且谁造谁有，允许继承。不过，在这次林业"三定"中大部分地区的农民家庭所分得的自留山面积都比较小，不仅其在山林总面积中所占比例较低，而且其绝对数量也比较小，人均只有1亩左右，一般无法完全满足农民家庭的日常生产和生活方面的用材需要。第二类是责任山，属于承包性质，营造的林木为集体和承包者共有，允许继承和转让的只是承包经营的成果，而且继承者和新的承包者还必须继续履行合同规定的义务。责任山的经营方向要受到承包合同的制约，承包者必须向集体交一定数额的产品收益。由于改革的不彻底，责任山的产权并不十分清楚，多数是模糊不清的，大部分的"责任山"主要由村民小组（生产队）统一管理。即使有些地方将责任山的经营权落实到具体的农户家庭，但由于存在着人均面积较小、户与户之间的界限不清晰、原先的账面面积不准确等诸多问题，致使林农对责任山的产权归属问题心里没底，多数林农都感觉责任山实质上仅仅是村里暂时让自己代为管护的山林，其产权实际并不属于自己。第三类是"公山"，即指那些仍然由村集体直接管理的山林。当时，在集体林地中，除少量的自留山和责任山之外，绝大部分的山林是仍然归集体统一经营管理性质的"公山"。林业"三定"之后，这部分山林的权属没有发生实质变化，仍然维持着村集体统一经营，但森林资源的管护以及林业生产经营过程中的某个生产环节可以由农民承包，即这部分山林仍然没有具体的人格化产权主体，其产权关系依旧比较模糊，经营主体并不明确，所以仍难以充分调动林农生产经营的积极性。由此可知，在林业"三定"之后，在自留山、责任山和"公山"这三类最终所有权均归属于集体的林地中,真正地实现所有权和经营权有效分离的仅仅是其中数量极为有限的自留山,但自留山因其存在着数量少、林地质量差和经营权落实不到位等问题,其所能发挥的作用仍然十分有限。而在集体林总面积中,占绝大部分的责任山和"公山",由于其产权实际上仍然归集体统一掌控,并没有实现真正意义上的产权明晰,林权改革的主要目的仍然没有实现,还需进一步深化和完善。

为提高林业生产经营的效率,从而促进林业生产力的发展,在同期开展的遍及全国的农村家庭联产承包责任制的强势带动下,"分林到户、分山到户"成为民心所向、大势所趋。在此背景下,我国南方集体林区的许多省份将集体山林资源分配到一家一户。但也暴露出一些问题:①由于我国当时的社会经济发展水平还不太高,山林资源是许多农村居民主要的生产和生活资料,因此,在山林资源分配的过程中比较注重公平原则运用,对自留山、责任山的划分是按照林地的远近、质量的好坏,按人口或劳动力的多少平均、搭配划分的,因此,造成了分割细碎,"一山多主、一主多山"的现象,这十分不利于林业的经营,无法取得规模效益;②集体经济相当薄弱,林业"三定"后,农民取得林地承包经营权,成为集体经济组织内部一个相对独立的经营主体,集体经济组织则通过承担统一经营职能,解决单个农户无法解决的问题。但由于当时许多地方把集山林全部分给农户,这些地方只有家庭经营而没有集体经营,产生许多"空壳村"。由于一家一户分散,不具有抵御较大自然灾害和市场风险的能力;③承包权只停留在政策层面上,缺乏法律保护,加之广大集体林区林农的思想观念还没有彻底改变,他们普遍对当时所颁布的一系列与集体山林资源有关的政策规章的稳定性和权威性存在着重重疑虑,担心自己的切身利益得不到相应的保障;④配套政策缺乏,以及林农对改革缺乏信任,分山、分林到户不久后,不少地方相继出现乱砍滥伐问题,并迅速在全国范围内蔓延开来,致使广大集体林区的森林资源遭到严重破坏。为防止乱砍滥伐问题进一步恶化,维护国家的生态安全,1987年中共中央、国务院《关于加强南方集体林区森林资源管理,坚决制止乱砍滥伐的指示》提出要"严格执行年森林采伐限额制度""集体所有集中成片的用材林凡没有分到户的不能再分"。随后,全国各地不仅全面停止了分山和分林活动,不少地方还重新将原先已经分包下去的山林又收归集体统一经营。

由此可知,这一时期我国的集体林权制度改革实际上是一次由"分"到"统"的反复。

5)林权的市场化运作时期(20世纪90年代初至今)

20世纪80年代末90年代初,随着中国市场经济体制改革的深入,林业生产责任制暴露出来的问题日益突显,集体林产权虚置、农民经营主体地位不落实等,严重制约农民发展林业的积极性,也阻碍了林业生产力的发展,形势发展要求必须以深化林权制度改革为核心的林业体制改革。各地开始探索林业产权改革的新形式,林权市场化运作不断涌现。这一时期产权制度的变革,是开始于诱致性制度变迁,而后政府加以引导。

(1)林业股份合作和荒山使用权拍卖试点时期(1992—1998年)

20世纪80年代初,按照林业"三定"的统一要求,在我国其他地区对集体所有的森林资源大多数采取了类似于"分林到户、分山到户"的做法时,在当时的福建省三明市,政府相关部门及当地林业干部担心山林分户后可能引发的乱砍滥伐问题,并没有盲目照搬其他地方的通行做法，而是针对当地集体森林资源管理的特点，并结合自身长期的生产和经营管理实践经验，采取了"分股不分山、分利不分林，折股联营、承包经营"的做法，先行尝试组建了各种形式的林业股东会，并以其作为集体山林经营管理的主体，率先推行了林业的股份合作制改革，取得了较好成效，为集体林的经营管理开辟了新的出路。1995年8月，原国家体改委和林业部联合下发《林业经济体制改革总体纲要》指出，要以多种方式有偿流转宜林"四荒地使用权""开辟人工活立木市场，允许通过招标、拍卖、租赁、抵押、委托经营等，使森林资产变现"。部分地区开始出现荒山使用权拍卖，荒山使用权拍卖使得产权进一步细分，产权形式出现多元化，呈现产权市场化导向。

(2) 林业产权制度改革突破时期(1998—2003年)

1998年7月1日起实施的《中华人民共和国森林法》第十五条规定："下列森林、林木、林地使用权可以依法转让，也可以依法作价入股或者作为合资、合作造林、经营林木的出资、合作条件，但不能将林地改为非林地：(一)用材林、经济林、薪炭林；(二)用材林、经济林、薪炭林的林地使用权；(三)用材林、经济林、薪炭林的采伐迹地、火烧迹地的林地使用权；(四)国务院规定的其他森林、林木和其他林地使用权。"这些条款给林权市场化运作提供了政策和法律依据，使林权的市场化运作日益活跃。这一产权制度的改革加速了林业产权的流转，完善了产权保障体系，从而激活了产权经营主体的积极性。

(3) 新一轮集体林权制度改革时期(2003年至今)

以"福建林改"为先导的新一轮集体林权制度改革是对农村土地制度的第三次革命。福建的林业工作一直走在全国前列。2003年4月，福建省人民政府作出了《关于推进集体林权制度改革的意见》，提出"山有其主，主有其权，权有其责，责有其利"的集体林权制度改革目标。改革的主要任务是"明晰产权，放活经营权，落实处置权，确保收益权"。即把集体林所有权和林地使用权明晰到户，建立以林农为主体的微观市场经营主体，放活山林经营权，落实林业经营者对林木的处置权，确保林地经营者的收益权。这一阶段通过建立明晰产权入手，建立起森林资源经营主体多元化，权、责、利等相统一的林业生产经营管理新机制。

新一轮集体林权制度改革，核心是确立了农民的经营主体地位，改革的目标和内容主要有以下几方面：①明晰林木所有权和林地使用权，放活经营权，落实处置权，确保收益权，依法维护林业经营者的合法权益。将林地使用权、林木所有权和经营权落实到户、联户或者其他经营主体，进行林权登记，发换统一的林权证；②改革后要实现"山有其主，主有其权，权有其责，责有其利"，建立经营主体多元化的新机制。在林地所有权性质、林地用途不变的前提下，形成规范有序的林木所有权、林地使用权流转机制；③明确集体林权改革的范围，主要是林木所有权和林地使用权尚未明晰的集体商品用材林及县级人民政府规划的宜林地。对已明晰权属的自留山、农民已承保的竹林、经济林、以及国有、外资、民营企事业等单位和个人依据合同租赁集体林地营造的林木，经确权核实后，优先登记发放林权证书。对县级以上人民政府规划界定的生态公益林和权属有争议的林木、林地，暂不列入这次改革范围；④明确林权制度改革工作机制为"县直接领导，乡镇组织，村具体操作，部门搞好服务"，按照广大村民意愿实施改革方案。

随后，2003年6月《中共中央 国务院关于加快林业发展的决定》颁布，确立了林业改革与发展的大政方针和科学定位，实现了林业指导思想的历史性转变。2008年6月《中共中央国务院关于全面推进集体林权制度改革的指导意见》明确用5年时间基本明晰产权、承包到户的改革任务，集体林权制度改革由此进入了深化改革、实质性推进的新阶段。

这一轮林权制度改革与历次改革不同之处在于：①林权主体由集体所有变为农民个人所有，给山林承包者办林权证，从法律上确定林权到户，确保私有林的合法性。②林地使用权和林木所有权流转的主体由集体决定安排，变为农民自主、自愿、有偿行为，农民的林地所有权，收益权，经营权得到法律上严格保护，村集体统一管理模式逐步退出历史舞台，产权在经济意义上得到了真正体现。③实行资本化运作模式，优化市场资源配置。

5.2.3 集体林权制度配套改革

集体林权制度改革的第一步是明晰产权，落实林业经营主体，但这并不是林改的目的，为形成有序的竞争机制、规范的运作模式，完善的市场规则和市场服务体系，确权之后还需要一系列综合配套改革来保障林业经营者的利益，这也是如何搞好"放活经营权，落实处置权，确保经营权"的问题。配套改革有利于放活林业生产力，从而真正实现"山定权，树定根，人定心"。因此，在重点抓好林权制度主体改革的同时也应该抓好配套改革的任务。深化配套改革是林业走向市场化的必由之路。

1) 完善林业公共服务保障体系

(1) 改革现行林木限额采伐管理制度

"明晰所有权"和"放活经营权"的改革任务随着"确权发证"工作的开展已经基本完成，但"落实处置权"和"确保收益权"却由于受制于我国当前林木限额采伐管理制度而难以真正落到实处。

众所周知，我国森林资源总量不少，但人均占有量却十分有限，且区域分布不均，因此其生态防护效用不佳，导致全国多数地方的生态环境问题依然十分严峻，有些地方甚至仍处于不断恶化的趋势中。正因如此，我国政府目前仍然对森林资源实施严格的限额采伐管理制度，该制度按照消耗量低于生长量的原则，严格控制林木的采伐量。政府林业行政主管部门实行采伐限额和年度木材生产计划双控制制度，以5年为一个计划期确定采伐限额总量，同时下达年度木材生产计划，该计划不得超过批准的年采伐限额。毫无疑问，林木限额采伐管理制度在遏制森林资源的乱砍滥伐和保护自然生态环境等方面确实发挥了重要作用，但也正由于受制于该制度，广大的森林资源经营者无法按照市场供求关系和自身的经营意愿自主确定林木采伐的时间和调整木材采伐量，从而抑制了林业生产经营者的积极性，有碍于林业生产经营效率的提升，并在一定程度上限制了经营者自身所经营的森林资源的处置权和收益权，从而直接影响了他们投资造林的积极性。近年来，随着新一轮林改的不断深入，我国不少省份相继出台了一些改革林木限额采伐管理制度的措施，但都未实现重大突破。

基于现代林业所具有的"三大效益"特征，完全否定林木限额采伐管理机制无疑有失公允，该政策在抑制森林资源乱砍滥伐和保护生态环境等方面确实发挥了重要作用，但政府不应对所有森林资源都采取"一刀切"的做法。因此，为进一步推进新一轮林改，必须尽快加大制度创新，运用"区别对待"和"逐步推进"的改革思路，适时地改革现行的林木限额采伐管理制度，以期增进各种要素的投入产出率，促进林业的可持续发展。

①"区别对待"　是指在林业分类经营的基础上，对公益林和商品林分别采用不同的采伐管理政策。对于公益林，鉴于其经营的主要目的是为了发挥森林资源的生态效益，从而保护和促进生态平衡，因此，这类森林资源应实行严格的限额管理，对允许在特定的时期和区域内可以依法、依规地进行抚育或更新性质的采伐，应该实行严格的审批制度，以保证不影响森林生态效益的发挥。对于商品林，应区分国有林和非国有林分别采取不同的采伐管理政策。对国有商品林，由于其产权属于国家，政府对其在人、财、物等方面均给予一定的支持，因此，政府有理由对其继续实施限额采伐，但应改革现行的限额采伐和年度木材生产计划双控制的做法，在不突破5年采伐总量和确保林地及时更新的前提下，对于各年度的采伐限额允许根据市场供求状况自行予以调整。对于商品林中的非国有成分，按照《中华人民共和国宪法》和《中华人民共和国物权法》的规定，非国有林业投资者理应享有包括采伐自主权在内的完全的林木所有权和林地使用权。但考虑到中国森林资源的现状和保护国土生态安全的需要，对非国有林的采伐管理在短期内还难以全盘放开，基于此，应将非国有林区分为原有林和新造林两部分，并分别实施不同的采伐管理制度。其中原有林部分近期可以采用与国有商品林类似的5年总控制政策，但其前提是政府对其予以必要的经济补偿，否则就不应对其采伐加以限制。补偿的原因在于政府出于生态保护的需要而要求这部分森林资源的经营主体遵循限额采伐制度，并因此限制了经营者的处置权和收益权，有碍于经营效率的发挥。同时，应允许那些具有一定经营规模的速生丰产商品林和短轮伐周期工业原料林的经营者，在不改变林地用途和保证采伐迹地及时更新的前提下，可以根据预先编制的森林经营方案自主确定采伐年龄和采伐方式，其采伐指标政府主管部门应优先给予单列，从而最大限度地促进其生产经营的积极性。至于非国有的新造商品林，特别是新一轮林改后林农新营造的林木，政府应采取更为宽松的采伐管理政策。各级林业行政主管部门应通过各种适当的方式，指导新一轮林改后获得山林产权的林业经营主体根据森林资源的特点和林业生产经营的特殊性自主地编制森林经营方案，并按照森林经营方案的要求实施正常采伐的情况下，由各经营者在采伐前直接向林业行政主管部门申报采伐计划，而主管部门经审核如果认为采伐计划符合森林经营方案的要求则应满足其采伐指标的需求。同时，为保证采伐指标分配过程的公平公正，林业行政主管部门应尽快地实行林木采伐审批公示制度，并通过简化审批程序，尽可能提供便捷服务。若政府出于生态安全和保障社会公平等方面需要而不予以批准，则应对森林资源经营者给予及时足额的补偿。

②"逐步推进"　是指以上提及的限额采伐管理方面的改革政策，可在森林覆盖率较高且林改进展较为顺利的省份开展试点，而后依据试点实际情况，在不断总结经验教训和修正完善的基础上逐步推向全国。

只有这样，才能在新一轮林改后有效激发各方投资造林的积极性，从而真正达到新一轮林改"落实处置权"和"确保收益权"的基本要求。

（2）增加融资渠道，筹集营林资金

资金是促进经济增长的重要推动力之一，也是促进其他各种生产要素有效融合和不断提升产出效率的重要因素。在林业这样一个具有鲜明特点的弱竞争性产业上，要不断地吸引各种要素的投入和提高这些要素的投入产出效率，并增加森林资源总量，从而实现林业经济的加速增长，促进林农增收的目标，其所要解决的第一个难题便是筹集必要的资金和扩大投资问题。

在新一轮林改中，随着山林产权相继明晰到户，广大林农取得了山林资源的生产和经营管理权，但相当部分的林农在分林之后的林业生产经营中都面临着资金不足、融资渠道有限的问题。因此，如何有效地增加融资渠道和解决林农经营资金不足问题，就成为进一步推进和深化新一轮林改的关键之一。

①以政府资金投入为先导　首先，由于林业生产具有经济、生态和社会"三大效益"，但生态效益是一种公共物品，难以实现排他性地消费或使用，使用者不需要为此而付费。因此，森林资源的经营者也无法从生态效益的消费者那里取得应有的报酬，出现了所谓的"市场失灵"。在此情形下，如果政府部门不采取适当的调控措施，相关的营林主体往往难以实现必要的要素投入报酬率，从而影响其生产经营者的积极性和经营管理的效率。对此，政府作为社会公众的代表，理应承担起为商品林生态效益消费者支付必要费用的责任。可见，森林资源所提供的巨大生态效益，以及由此引起的林业生产的公益性，是政府应给予包括广大林农在内的商品林资源培育主体必要资金支持的主要原因之一，这不仅有助于吸引社会资金的投入，还有利于提高广大林农投资造林的积极性，从而有助于林业的可持续发展。其次，林业是一个自然再生产和经济再生产相结合的特殊产业，森林资源在其漫长的生命周期里，既受到社会经济状况的影响，又受气候、土壤、植被等自然条件的制约，具有高风险性，常面临各种灾害性天气、森林病虫害等方面的威胁，也需要政府给予一定的支持。可见，由于林业生产具有公益性和高风险性，加之林改后分户经营的森林资源经营者的产权因受到林木限额采伐等相关政策的制约仍然是不完整的，还受到一定程度的限制，这些因素均影响了森林资源经营者合法权益的正常使用，因此政府需要给予必要的经济补偿。补偿的方式可以多样化，其中最重要的一种方式就是在商品林建设的资金投入上给予直接支持。如用直接的现金补助、种苗补贴、税费减免、银行贷款贴息等。

②非政府资金投入是主体　在我国市场经济还没有充分发展，政府财力还不够强大的情况下，森林资源培育的主要资金应来源于林农自身及政府之外的其他主体。即应该充分发挥非政府主体在森林资源培育之中的主导作用，积极鼓励企业、个人和外商等相关主体积极投资，特别应该注意发挥银行等金融机构的主导作用。为增强非政府主体投资造林的积极性，有关政府部门应该通过不断地改革和完善相关政策等方式，从而为广大的林业投资者创造良好的外部条件，以进一步增强其投资林业的信心和决心。

③以多元融资为方向　在明确非政府主体应在林改的资金供给中居于主导的思路后，应积极发展多元融资方式。首先，要努力提升林农自身及其他各类林业经营主体的盈利能力，使之成为新增投资的内生源泉。融资理论认为，内源融资风险小、资金成本低，是资金需求者所追求的一种融资方式。对于林改后取得林地经营权和林木所有权的广大林农、经营大户、各类合作经营组织和其他相关的林业经营主体而言，利润转增资本是他们增加林业经营资金的一个重要来源，也是一种切实可行的内源融资方式。当然，由于营林业属于微利行业，利润转增资本的数量往往比较有限。为了增强包括广大林农在内的森林资源

经营主体的自我增值和自我积累能力，除了他们自身需要不断加强经营管理，政府有关部门还可以通过降低税费负担（包括育林基金）、改革和完善林木采伐限额管理制度等方式给他们松绑，以增强自身造血功能，从而提高增值和积累能力。至于营林之后的森林采伐和林产品加工业，由于其盈利能力较强，所以更应该注意采取自身盈利转增资本这种资本金积累的方式。其次，从外源融资方面看，信用融资应成为林改后林业经营资金筹集的主要来源。基于林改后以广大林农为主的各类营林主体，由于经营规模较小，自我积累能力有限，且需要较长时间跨度，而股权融资方式又不大显著。因此，社会融资应成为他们经营资金来源的主要渠道，特别是银行信贷资金应成为其主要资金来源。这要求政府部门在信贷政策上给予必要的优惠，特别是通过政策性贷款和贴息或低息贷款等措施促使银行等金融机构为林业经营主体提供长期限、低利率的信贷资金等。在信用融资中，抵押贷款作为一种借贷双方都比较容易接受的融资方式越来越受到营林者的青睐，森林资源资产作为林业经营主体所拥有或控制的一类最重要资产，其理所应该成为抵押财产。因此，推行森林资源资产抵押贷款或林权证抵押贷款不仅是必要的，而且是可操作的。而银行方面应努力降低信贷风险，适当放宽主要针对林农的抵押和担保贷款条件，允许他们以经过资产评估机构确认之后的森林资源作为抵押物取得经营性贷款，或直接以林权证作为抵押贷款的凭据。

（3）创新林权变更登记制度，促进林权流转

新一轮林改后，原来由村集体统一经营的山林产权相继落到农户家庭或联户组织，在之后的生产经营中，就难以避免面临着山林产权的进一步流转和权属变更及登记问题，这一问题又直接关系到林权改革的进一步深入，林业经营资金的筹集和林业规模经营等相关问题，并最终影响林业的可持续发展。

"林权证"是目前能够证明山林产权归属的唯一合法凭证，是林改后山林产权所有者进行一系列生产和经营活动最主要的依据。在新一轮林改开始阶段，应当特别注意公平原则的应用，即应该保证每位村民都能依法获得应得的那部分山林权益，也是新一轮林改中一再强调的"均山、均权、均利"，在这个阶段主要侧重的是产权初次分配上的公平；而在林农们从村集体获得相应份额的山林产权后，在随后的生产经营周期，可能会出现山林产权的后续流转。在这过程中，应将效率和公平摆在同等重要的地位，不能一味为了维护公平而限制山林产权的正常流转。即只要流转交易的双方是自觉、自愿的，而且交易双方对流转山林的定价也是公平合理的，就应该允许其实现自由流转，而不应该以牺牲效率为代价来保障公平。对此，2008年6月8日，中共中央、国务院下发的《关于全面推进集体林权制度改革的意见》中也对此作出了明确规定，该意见第十五条指出：在依法、自愿、有偿的前提下，林地承包经营权人可采取多种方式流转林地经营权和林木所有权。但流转期限不得超过承包期的剩余期限，而流转后不得改变林地的用途。但对于流转的山权和林权应区别对待，其中对于林农转包和出租家庭承包的林地使用权的，按照我国现行《中华人民共和国承包法》的规定，林农和村集体之间的林地承包关系不变，林权登记部门不变更林权证中的林地使用权；但对于林农转让林业所有权的，在林木流转后，受让方可以向林权登记部门申请林木所有权变更登记，这在一定程度上有助于促进山林在流转过程中达到适度规模，从而有助于提高山林经营效率。但这种形式的林权证就存在由谁持证的问题，即

出让方和受让方哪一方持证。为解决上述问题，有关部门可以考虑将目前的林权证中山权和林权合二为一的证书分开，也就是分别签发"林木所有权证"和"林地使用权证"。在山林产权的后续流转中，有关部门应该允许"林木所有权证"随着林木产权的流转进行相应的权属变更登记，但林地使用权可以保留在原承包者手里，林地产权转让中的权利和义务在相应的合同书中给予明确规定。这样，林木产权的受让这就可以凭借林木所有权证书进行抵押贷款等相关生产经营活动。当然，与目前通用的山权和林权统一的林权证相比，"两权"分离的证书仍存在不足之处，所以，这种山权和林权分别发证的措施，仅仅只是一种过渡性措施，要想从根本上促进山林产权有序流转，还应该依法逐步放开山林产权的正常流转交易，并及时进行产权变更登记，只有这样才有助于将"放活经营权"和"落实处置权"的目标真正落到实处，并最终保障林业的可持续发展。

2）完善林业社会化服务体系

林业社会化服务主要是将产前（规划设计、技术培训、提供生产资料）、产中（技术指导、季节培训、现场指导）和产后（产品销售等）各环节统一起来，形成综合生产、经营、销售的服务体系。林业发展同农业发展一样，必须走产业化发展道路，必须要有社会化服务体系，为林业产业化提供服务。林业社会化服务体系是指按照社会分工和协作的要求独立出来的各种林业服务组织所形成的相互联系、相互补充的服务网络的总和。

林业社会化服务体系是林业发展到一定程度，适应多层次市场需求而产生的，它涉及林业产业的产前、产中、产后服务的服务组织和活动的组合，是联结林业经营主体与市场各要素的必要桥梁，是市场经济体制发展和集体林业发展的客观要求。林业社会化服务体系服务的形式，主要以政策引导为基础，以专业的经济技术部门为依托，以农民自办服务为补充，形成多种经济成分、多渠道、多形式、多层次的服务体系。林业社会化服务体系履行技术指导、技术服务、政策咨询、营销协作、联系政府等职责，在促进林业发展过程中具有不可替代作用。

林改前，各级政府和林业行政管理部门既是政策的制定者，也是具体的落实者，承担了繁重的造林护林事务和日常管理职能，没有足够的精力为林业发展提供优质服务，其他社会力量和中介组织的积极性和主动性没有得到充分调动。林改后，农户自主经营林地，在对资金、劳动力、技术和销售等方面均需与他人合作的同时，对社会化服务体系也有更高要求，但我国林业社会服务体系发展速度较慢，整个林业社会化服务体系还不健全，总体服务水平较低，服务内容单一，服务管理不规范，特别是林业技术、信息等严重缺乏，不能适应现代林业生产和发展需要。因此，努力构建完善的林业社会服务体系，有助于为林业经营主体提供全方位生产经营性服务，提高林业竞争力。

（1）建立林业要素市场

市场经济是以市场为基础配置资源的经济，以产业为主轴的经济市场化程度直接影响产业发展、经济的运行轨迹、效率和效果，也影响产业组织化的形式和程度。

为实现林业资源配置市场化，2005 年，福建省永安市成立了国内第一家林业要素专业交易市场。建立林业要素市场可以有效整合现有林业资源，实现资金、技术、信息、林木资产等各要素向林业的集聚，充分发挥市场在资源配置中的决定性作用。具体有以下几方面作用：①可以促进林权的流转交易，林地和林木只有进入流通市场，才能够体现出市场价值。通过林权的有序、规范流转，山上的林木无须采伐就可以实现由不动产资源向流动资产的转变，盘活了林木林地资产，解决了森林资源经营周期长、效益兑现慢、生产风险大的问题，进一步提高林农的生产积极性。②可以促进林业生产要素的合理流动，有助于真正发挥市场在资源配置中的决定性作用，使林业生产要素在"看不见的手"的指引下流向产生更大收益的地方，促进了林业的规模经营、集约经营。③可以帮助林农解决融资问题，为林农开辟一条新的融资途径，林农手中的林木林地成为一种可以流转、抵押，可以盘活、变现的资产，林农可以用林权证作为抵押品向金融机构申请贷款，满足其生产资金的需求，增加林业生产投入，扩大林业再生产。④促进林木林地交易价值的提高，林业要素市场建成后，林权流转更加顺畅，并通过交易信息的广泛发布，招投标交易过程的规范化管理，促进了林木林地交易价值的提高。

林业要素市场合理流转和配置的前提是有一个公平、公正、高效运行的市场平台。这个市场平台的建立需要设置相应的管理机构或部门支撑起要素市场的搭建，包括信息中心、林业办证审核服务中心、林业法律与科技服务中心。

(2) 发展林业合作经济组织

规模经营是提高林业要素生产率和增加林农收入的主要途径之一。要实现规模效益的途径有两种：一是新增资产连续不断投入，使之达到有效率的规模；二是通过现有主体之间的资产流动重组实现规模经济。对于林改后的森林资源经营主体而言，第一种很难在短期内实现。因此，当前实现规模经营主要应以第二种方式为主，即通过促进林农之间的联合，通过山林产权的流动重组实现。

①政府有关部门应该采取各种必要的方式　如通过建立和完善相关政策、法律法规等有效途径引导和促使那些已经获得山林产权的林农，在明晰产权和明确利益分配机制的基础上，自觉、自愿地进行优化组合，探索组建家庭联合林场、股份合作林场或亲朋好友之间的经营小组等各种新的林业经营实体，促进各种生产要素的集中和优化组合，从而促进规模经营和提高经营效益。

②培育林业龙头企业　应大力推进资本与林地的联合，进一步探索企业办基地的发展模式，通过"公司+基地+农户"等合作方式，发展一批以森林资源培育为依托，以林产品加工为中心，以市场消费为导向，经营规模大，经济效益好，且能辐射、带动周边社区的群众共同参与的林业龙头企业。通过这种合作模式，既有助于达到适度的规模经营，从而提高各种各要素的投入产出效率，又可以有效防止和克服林农"失山失地"的现象，还有利于形成一批带动能力强、规模效益显著的林业龙头企业。为此，有关各方要通力合作，促使那些目前已经具有一定规模、产品适销对路且具有较好发展前景的公司通过与广大林农合作，吸引周边的林农将山林资源投入公司统一经营管理，并定期分给林农必要的报酬，从而不断地发展壮大经营规模，以实现规模效益，并最终成为同行业中的龙头企业。

(3) 构建完善的科技推广体系

林业要实现由传统到现代的跨越式发展，取决于科技成果的创新和推广应用，取决于集约化经营水平。我国林业生产力基本上停留在外延式、粗放式发展阶段，林业技术结构仍以初级技术、使用技术为主，林业科技含量低。技术难以进入和转化的原因主要有三个方面：一是林业技术创新和推广水平低；二是技术进入各家各户的成本过高；三是技术进入回报过低，导致林业技术转化、应用偏低。

构建完善的林业科技推广体系，可以从以下几个方面入手：

①通过推动林地的适度规模化，降低单位林地应用技术的成本，发挥技术的规模效应。这一点林改的各个试点都进行了不同程度的尝试，要予以总结，对不同机制模式进行深入探讨。

②建立一个发展平台，鼓励林木经营者采用更新更好的技术，同时刺激林业公司等技术研发集体的研发热情。可充分发挥非政府的技术推广力量，如大型森林加工企业和各类林业协会等，通过"公司＋农户"或"公司＋基地＋农户"方式将技术输送到林农手中。并建立有效的技术创新推广体系，提高林业经营管理的科技水平。

③建立和健全各类林业科技推广的服务组织。首先，以林业站、科技推广站、林业科研院所为主体，开展多种形式的科技咨询和实用技术推广，如积极搭建与中国林科院之间的院省合作平台，签订科技合作协议。建立产学研机制，以建立战略性合作平台的形式与行业龙头企业开展广泛的合作，通过合作、联营、入股等多种形式，帮助林业经营主体编制和实施良好的森林经营方案，满足林业经营主体科技兴林的愿望，推动地区林业产业的技术含量不断提高。其次，加大林业专业技术的培训力度，提高林业生产经营者的技能素质，促使林业经营者使用科技促进林业的增产增效。

（4）强化社会化服务体系人才队伍建设

林业社会化服务效益取决于服务质量，服务质量取决于人员的素质，因此，提高林业社会化服务从业人员素质，稳定和扩大林业社会化服务的专业队伍是强化林业社会化服务功能的一项要内容。首先，要积极主动吸引优秀人才，通过公开招聘、竞争上岗等方式，同时提高福利措施，把那些热爱服务工作的高素质人才吸纳到服务队伍中，从根本上提高林业社会化服务从业人员素质。其次，加强林业社会化服务人员的业务能力培训和职业道德教育，使他们具备多方面、多科学的理论知识和实践经验，从而提高林业社会化服务人员的服务技能，增强他们为林业提供社会化服务的事业心和责任心，以高素质人才为林业服务。

3）完善林业支撑体系

纵观世界各国，特别是那些经济较为发达的国家和地区，都对本国或本地区的林业生产经营采取了各种有力的支持政策。而在诸多的支持政策中，最常用也是最直接的方式就是各国政府大都从公共财政的投入上对林业生产给予强有力的支撑。而我国各级政府近年来虽然也逐步地加大了对林业的投入力度，但到目前为止，政府在促进林业生产和林业发展方面依然没有发挥出其应有的作用，公共财政对林业的支持不足问题仍然较为突出。特别是像福建、江西、浙江等先期开展新一轮集体林权制度改革的省份，在林改过程中，随着大部分集体山林产权相继明晰到户，应该如何进一步发挥公共财政对林业的支持作用就显得尤为重要。

造成公共财政对林业支持不足的主要原因有以下几点：①林业生产所具有的正的生态

外部性及其"公共物品"属性,要求政府财政应给予必要的支持;②森林资源经营主体的部分产权受限,要求政府应给予必要的补偿;③森林资源培育的长周期性以及由此所导致的林业产业的市场弱竞争性,也要求公共财政应给予必要的支持;④新一轮林改后,为了引导和鼓励广大林农在林业生产经营中采取各种有利于促进环境保护、有助于生物多样性保护和维护生态平衡的措施,要求各级政府在资金投入上对林业经营者给予必要的支持。

政府财政支持不仅直接增加了林业生产的资金来源渠道,而且是对林业生产正外部性的一种回报,也是对山林产权受限的一种必要补偿,更为重要的是它还成为增加林业生产经营者收益的一个重要来源。总之,政府财政支持既是林业吸引投资的重要举措,也是增强森林资源经营主体的盈利能力和再筹资能力的主要方式。政府财政应有针对性地不断加大投入力度,具体措施如下:

(1)在不断加大公益林建设的财政支持力度的同时促进多渠道筹资

鉴于林业生态体系建设的主要对象即公益林所提供的产品具有"公共物品"属性,因此其建设资金应主要来源于各级政府财政资金的投入。考虑到中央和各省当前财力情况,在重点争取各级财政支持的同时,还应该积极地多渠道筹集社会资金。如多渠道筹集森林生态效益补偿资金、积极探索森林碳汇交易机制,并借以筹集林业生态建设资金。

(2)应给予森林资源经营主体必要的补贴

给予森林主体必要的补贴,这是世界各国,特别是经济较为发达的国家通行做法。林业补贴制度是政府基于森林资源的市场弱竞争性、社会公益性以及森林资源经营者的产权受限等原因而实施的一项经济诱导制度。

必要的补贴是保证林业简单再生产或者扩大再生产顺利进行的必要条件,因为这种补贴不是政府给予森林资源经营主体的一种额外资助,而是一种互利行为,是政府因部分地限制森林资源经营主体的产权和社会公众无偿地享受了森林资源所提供的巨大生态效益而支付的一种代价,是政府代表社会公众用一定数量的资金向森林资源经营者购买森林资源所产生的生态效益,这部分资金应成为保证森林资源再生产活动顺利进行的必要条件。而且更为重要的是,补贴不仅可以直接地成为林业资金增加的一个渠道,还可以通过补贴提高森林资源经营主体的收益水平,防止森林资源经营主体因为产权受限和无偿地提供了生态效益而遭受经营上的亏损,从而最终有助于增强森林资源经营主体的盈利能力、再筹资能力和持续经营能力。

具体补贴方式上,应该统筹兼顾,既要考虑到森林资源经营者的现实需要,也要顾及各级政府当前的实际财力,应该量力而行、逐步推进。各级政府在尽可能给予森林资源经营者必要的直接补贴的同时,更重要的应该通过间接补贴的方式。同时,通过给予森林资源经营主体创造良好的融资环境,并在融资利息上给予必要的优惠。在补贴对象上,应主要针对:①对在林业生产经营过程中采取了各种有益于生态保护的经营行为和措施的林业经营主体进行补贴。②对森林防火、病虫害防治等涉及较多林业经营主体的特殊林业经营管理活动给予补贴。③对林木良种、沼气建设给予补贴。④对木本粮油、生物质能源林、珍贵树种及大径材培育给予扶持。

(3)各级政府应将林业部门的行政和事业经费纳入财政预算范畴

将林业部门的行政和事业经费纳入财政预算范畴,这既是现代政府的应有职责和义务,也是各级政府的财力所允许的。在这方面,国外有许多成功的经验值得借鉴。目前,世界上经济较为发达的国家无一例外对林业采取大力扶持做法,其中将林业部门的行政和事业经费纳入财政预算的范畴,就是他们共同做法。在国内,也已经有这方面的成功经验,比较典型的例子就是江西省,在新一轮林改初期,江西省委、省政府就做出一项重要决定,即明确规定各级政府财政应该将林业部门的行政和事业经费纳入财政预算之中,这既给林业部门松绑,又从根本上解除了广大林业干部职工的后顾之忧,从而有助于促使他们一心一意地专心搞改革,进而为新一轮的林改创造了较为宽松的外部条件,这也是江西省新一轮林改之所以能取得成功的最主要举措之一。

(4)政府应加大对林业基础设施建设的投入力度

新一轮林改后,随着集体山林产权的相继落户,一家一户的林农成为山林经营的最主要经营主体。对于森林防火、病虫害防治等涉及众多主体的问题,应该如何加以组织、协调和防范就成为政府部门应该考虑的最主要问题之一。基于林业生产所具有的巨大正外部性,各级政府首先应该将森林防火、病虫害防治以及与此类似的林业行政执法体系等方面的基础设施建设纳入各自的基本建设规划之中,从而在资金上予以保证。鉴于森林防火和病虫害防治的突发性,在此过程中需要涉及诸多的林业生产经营主体,为此,政府应该发挥在组织协调方面的重要作用,并通过政府促使有关各方面及广大林农承担各自责任,从而在各种灾害出现时,各方能协同一致地采取有效防治措施。

林区的交通、供电、供水、通信等基础设施建设状况,不仅直接影响当地林业的生产与经营,也是促进林区社会经济发展和新农村建设的关键所在,具有一定的公益性。为此,政府要发挥其在资金筹集和组织协调方面无可替代的作用,既担负起这些林区基础设施建设主要资金提供者的责任,更应该在这些林区基础设施建设过程中发挥政府部门在同一规划、组织和协调方面的优势,各级政府应该将这些林区基础设施建设的任务纳入相关行业的发展规划中,并在资金安排上给予保证,更应特别注意加大对偏远山区的林业基础设施投入。

【单元小结】

经营是一种经济活动,是经营主体通过决策及实施等,对归属于自己占有、支配和使用的生产要素进行科学的组合而形成现实生产力,并借以实现既定目标的经济活动。林业经营是一种以森林资源为对象的经济活动。森林资源是林业经营的基础,森林资源的特点决定了林业的特点。林业的特点使林业经营具有与其他生产部门不同的经营特点,这对林业所有制和林业经营形式均有着特定的要求与影响。本单元主要介绍林业经营的概念、林业经营形式、产权及林业产权的概念、特征及林权制度的基本内容。

【综合实训】

一、名词解释

林业经营　公有制林业　林业生产要素　林权　林权制度

二、填空题

1. 林业的所有制形式大体可以分为＿＿＿＿＿＿＿和＿＿＿＿＿＿＿两个部分。

2. 林地条件一般包括＿＿＿＿＿、＿＿＿＿＿、＿＿＿＿＿三个部分。

3. 林业经营形式主要有＿＿＿＿＿＿、＿＿＿＿＿＿形式。

4. 林权除具有一般产权的特点外，尚有＿＿＿＿、＿＿＿＿、＿＿＿＿、＿＿＿＿、＿＿＿＿等特性。

5. 林木所有权主体有3个，即＿＿＿＿＿、＿＿＿＿＿、＿＿＿＿＿。

三、思考题

1. 林业股份合作制的主要形式有哪些？
2. 简述林权的基本内容。
3. 集体林区林权制度的演变过程如何？
4. 林权制度配套改革的主要内容包括哪些？

单元六　森林生态效益补偿

学习目标

【知识目标】

(1) 了解森林生态效益的含义。
(2) 了解国内外森林生态效益补偿制度的内容。
(3) 掌握森林生态效益的补偿内容。

【技能目标】

(1) 能够客观分析森林生态效益对保护环境的影响。
(2) 能够客观分析评价森林生态效益。
(3) 能够合理运用森林生态效益补偿制度。

6.1 森林生态效益补偿概述

环境与发展，是当今社会普遍关注的热点问题。我国长期以来不合理的发展模式造成了环境污染和生态破坏，如温室效应、土地沙漠化和森林退化等，对人类社会的生存和发展构成了巨大威胁。森林具有吸收二氧化碳、涵养水源、调节气候等生态功能，植树造林，尤其是生态林和公益林的建设，被认为是改善生态环境的重要手段。但是，森林生态效益作为一种外部性很强的公共产品，存在着供给上的严重不足，必须采用一定的政府或市场手段对其进行补偿。

2009年在丹麦哥本哈根召开的世界气候大会提醒人们：在快速增长的经济背后伴随着巨大的环境问题，这对人类的生存和发展构成了威胁，也与人类日益增长的环境需求相矛盾，同时生态和环境问题也成为经济发展的瓶颈。全球生态环境问题受到世界的普遍关注。林地、草地、湿地、农田等陆地生态系统因具有吸收二氧化碳、保持水土、涵养水源、调节气候等生态功能而受到人们关注。森林生态系统是陆地生态系统的主体，森林生态效益是陆地生态效益的重要组成部分。因此，保护森林和植树造林被认为是有效解决生态环境问题的办法之一，从而改善生态环境逐渐成为社会对林业的主导要求。森林有保护环境、防洪抗灾、水源保护、防风治沙、减轻噪音等方面的生态作用。森林的价值如此之重要，这就要求我们必须重视森林资源的保护，尤其要对为森林投入的人进行补偿。由于森林的生态价值可以为不特定人普遍而直接地享有，而营造、养护者却往往不能在传统市场上通过交易获得相应的利益。保护生态环境，维护森林营造、养护者的利益，促进对森林生态效益的持续性，就必须建立完善的森林生态效益补偿制度。

6.1.1 森林生态效益补偿概念

1) 森林生态效益

森林自古以来就和人类有着密切关系。中生代时期，地球陆地上覆盖着茂密的森林。人类的祖先巨猿取食于森林，栖居于树木。人们对森林生态效益就有所认识。"草木畴生，禽兽群焉""树成荫而众鸟息焉"就是典型例证。直到科学技术发达的今天，人类的衣食住行、文化娱乐、医疗卫生、工农业发展和国防建设依然离不开森林，而且森林对人类的作用越来越重要．森林既向人类提供种类繁多的物质产品，又向人类提供必要的环境服务，同时对维持全球气候稳定起着举足轻重的作用，这些作用的载体即为森林资源。

森林资源具有经济、生态和社会三大效益。在经济方面，丰富的林产品为经济建设和人们的生活提供多方面的需要；在生态方面，森林是国土保安和改善环境的主体，有着其他物质无法替代的作用；在社会方面，茂密的森林可以满足人们的精神需求、陶冶情操、提高健康水平，是精神文明建设的重要组成部分。所以说，发达的林业是国家富足、民族繁荣、社会文明的重要标志。森林资源的三大效益中，森林生态效益处于基础地位。没有森林生态效益，就没有森林的经济效益和社会效益。生态环境日益恶化的今天，森林生态效益的作用显得越来越重要。在大气环流和太阳辐射的作用下，森林通过物理和化学作用，对生命和环境组成地球生物圈提供直接和间接的有利人类的，具有使用价值和"公共商品"特征的涵养水源、保持水土、改善小气候效益、净化大气效益等公益效能（不包括木材经济价值）即为森林生态效益。森林的生态效益往往不能直接用货币的形式计量，但可以通过间接的形式计量，因而人们也将森林的生态效益称为间接经济效益或间接利用价值。

因此，森林生态效益，是指森林生态系统对生命、环境组成的地球生物圈所提供的直接或间接的维护人类生存环境、保持生态平衡及生物多样性的公益效能。森林生态效益作为一种无形的社会公共产品，其需求和供给的变动受到某种游离于市场和价格体系之外的因素影响，存在着市场失灵，使得资源配置无效或低效，需要采用一些纠正策略消除其影响。森林生态效益的市场失灵主要表现为两个方面：公共物品性和市场失灵。森林生态效益是一种典型的公共物品，具有公共物品的两个特征——非竞争性和非排他性，一定范围内的所有成员都能享受到生态服务，而且每增加一个人享用的边际成本为零。作为一种公共物品，科学经营与保护森林所提供的涵养水源、保持水土、净化空气的森林生态效益，可以使周边与下游地区的社会公众、团体、组织或机构受益，而受益主体在享受森林生态服务的同时，并没有支付相应的成本和价格，这就产生了所谓的外部性。

国外研究表明，森林生态效益价值是经济效益的数倍、10倍甚至20倍，森林生态效益由于其公共物品性质而产生外部性，使林业生产经营的边际私人经济利益和边际社会利益产生严重的背离，造成的结果是森林生态产品供给不足。因此，在存在外部性的情况下，林业生产的实际供给小于社会所要求的最优水平，存在着严重的供给不足。增加森林生态产品供给的有效方式，是通过有效的手段对森林生态效益进行补偿，使边际私人收益线不断地向上移动，当边际私人收益线和边际社会收益线重合时，森林生态产品的实际供给恰好等于社会所要求的最佳水平。

2）森林生态效益补偿

森林生态效益补偿，是指国家为保护森林，充分发挥森林在国土保安和环境保护中的生态效益而建立的，通过国家投资、向森林生态效益受益人收取森林生态效益补偿费用等途径设立森林生态效益补偿基金，用于提供森林生态效益的森林的营造、抚育、保护和管理的制度安排。森林生态效益补偿实质上是通过对特定行为主体进行经济补偿的手段，达到维持和改善森林生态效益的目的。森林生态效益补偿是提高生态承载能力、加快构筑国土生态安全体系的重要物质基础，也是实现人与自然和谐共进的重要途径。

众所周知，生态公益林要发挥生态功能，必须处于生长状态，因此要禁止对树木的采伐，由此树木的经济价值便不能实现，而树木的成长周期比较长，营造公益林付出了巨大的时间、人力、经济成本，然而由于享受该服务的消费者的分散性，以及森林生态效益在价值上难以衡量，所以并不能像其他商品一样直接进入市场进行交易，亦即"市场失灵"。换句话说，公益林的生态服务能够被许多人共同消费，难以排他性和共同消费性使得公益林属于一种"集体物品"。而集体物品在成本和收益方面存在着巨大反差。根据英国经济学家亚当·斯密的"经济人"假设认为，人的一切行为都是为了最大限度地满足自己的利益，工作是为了获得经济报酬。因此，私人根本不会去营造生态公益林。

营造生态公益林对环境乃至国家的可持续发展有着至关重要的作用。因此，营造生态公益林的职责只能由国家担当，政府的职责及在于政府有义务增进社会的公共利益。但是，这并不是说就只能由国家直接投资营造生态林，这只是一种途径。私人也可以营造生态林，相应的我们就要建立一种经济激励制度，激励私人营造生态公益林，这种制度就是森林生态效益补偿制度。建立了这种制度，便能充分调动社会及个人营造生态林，生态环境才能得到改善，才能解决现实中出现的生态环境问题，而承担森林生态效益补偿的主体只能是国家，补偿对象是私人。这是因为，一方面，当私人已经营造了林木，之后被划为生态林而遭到禁伐、限伐或者直接被收为国有公益林，私有林主的经济利益受到损失，国家自然要对其进行补偿；另一方面，私人一开始并没有营造林木，国家为了获取森林生态效益，出台一些政策，如退耕还林、建立自然保护区，对其行为作出某些限制，造成经济利益的损失，从而进行补偿。世界各国设计森林生态效益补偿制度的初衷，便是在于补偿因私有林划入生态林所造成的损失。

森林生态效益补偿的实质是实现生态林业外部经济性的内部化。森林生态效益具有公共物品性质且在对其使用的过程中因其产权的难以界定而存在着外部性。正是外部性的存在使森林生态服务的经济价值游离于市场价格体系和经济活动的成本—收益分析之外，从而造成了所谓的外部收益。

3）森林生态效益补偿的意义

环境与发展是当今国际社会普遍关注的重大问题。建立生态公益林体系，保护和改善生态环境、维护国家生态安全是当今社会和经济发展的迫切需要。森林生态系统是陆地上最主要的生态系统，具有涵养水源、保持水土、净化空气、降低噪音、调节小气候、保护生物多样性、防止全球变暖以及文化、保健、休闲等一系列的生态功能。随着全球经济的快速发展，环境问题的日渐突出，已被世人所公认。由于森林资源具有正向外部性，为社会和经济发展提供生态产品与服务，增进了其他相关利益群体的效益，客观上要求受益群体按照价值规律的要求，给予森林所有者一定的经济补偿，实现经济外部性内部化，达到资源最优化配置，正向激励森林生态产品的提供者。随着林业分类经营改革的逐步完善，生态公益林建设的发展，森林生态效益补偿问题已成为人们日益关注的问题。

森林是实现环境与发展相统一的关键和纽带，在经济、社会与环境的可持续发展过程中起着不可替代的保证和支撑作用。森林生态效益补偿是关系到生态环境建设及林业持续发展的大事，对推动林业生态资金良性循环、充分发挥生态公益林的效益、改善生态环境、提高环境保护意识、调动生态公益林建设的积极性、实现经济社会的可持续发展都具有极为重要意义，同时也是生态文明建设的重要制度保障。

4）森林生态效益补偿的原则

我国现行的生态补偿基本上全靠国家财政，依靠政府手段进行生态补偿不但没有调动全社会的积极性，而且使许多地方产生了依赖思想。因此，要变"输血型"补偿为"造血型"补偿，在下述原则的指导下，寻找生态与经济、社会的结合点，实现三者的共赢。

(1) 公平原则

人们的环境权应该是平等的，发展权也应该是平等的，但地处源头区的人民不得不在森林产业发展时受到许多限制和遭遇不公平待遇。培育和保护森林越多的地方和单位就越贫困，广大林区群众和贫困农民负担着保护生态环境的重担。这违背了公益林全社会受益和全社会负担的公平原则,制约了贫困地区的经济发展。如果生态受益区以碳汇交易的形式对公益林的生态效益进行补偿,使生态公益林的生产投入得到合理回报,就能激励生态公益林的营造,促进区域的均衡和可持续发展。

(2)污染者付费原则

污染者付费原则是经济合作与发展组织(OECD)于 1972 年首次提出的:污染者必须承担控制污染的费用,这种削减措施由公共机构决定并能使环境处于一种"可接受的状态"。为应对全球气候变化,我国政府承诺 2020 年单位国内生产总值二氧化碳排放要比 2005 年下降 40%~45%,节能提高能效的贡献率要达 85% 以上。为此,各地都确定了节能减排的标准。但是,对于一些以重工业为主、环境污染严重的地区,要实现节能减排目标存在很大的难度。根据污染者付费的原则,区域之间可以通过碳汇交易,在总量控制的前提下,利用区域减排成本的差异,调整区域的减排任务。

(3)受益者付费原则

在更大范围的区域之间或流域上下游之间,应当遵循受益者付费原则,受益者应该向生态服务功能的提供者支付相应的费用。对于大江、大河源头区,防风固沙区,水源涵养调蓄区等区域的公益林保护与生态建设,其受益范围是整个区域,应由全部受益者按照一定的分摊机制承担补偿的责任。下游森林生态效益的直接受益者,有责任和义务对森林生态效益的提供者提供适当的补偿,区域碳汇交易是一种有效的补偿方式。

6.1.2 森林生态效益补偿方式

对于正外部性问题,政府和市场依然能够发挥作用。就森林生态效益补偿机制而言,从其运作主体的角度来看,可以界定为以政府为主体的生态补偿运作方式和以市场为主体的生态补偿运作方式。

(1)政府补偿

政府补偿是以国家或上级政府为主体,以财政转移支付、差异性的区域补偿政策、生态环境税费制度、生态补偿基金为手段的生态补偿方式。它是一种强制性的、命令控制式的、间接的生态补偿。由于森林生态服务具有稀缺性、公共物品性和外部性,因此,在市场机制未完全建立之前,由国家和各级地方财政对提供生态服务的公益林进行补偿不可避免。从森林生态效益补偿实践来看,由政府或其他公共机构提供或筹措资金,为森林生态服务支付报酬的公共财政补偿途径,是目前最为广泛的一种生态效益补偿模式。

(2)市场模式

森林生态服务的稀缺性、公共物品性和外部性特征,导致森林生态效益补偿的市场化面临较高的交易成本,致使资源配置效率低下。科斯定理为人类利用市场化手段实现森林生态效益的有效补偿提供了依据。近年来,大部分地区已建立起森林生态服务市场。森林生态效益的市场化补偿可以分为两种基本的方式:一是生态效益供需双方的自主协议,如流域上下游补偿;二是由于规则的确立所引导的市场上自发的交易体系,如世界森林碳汇贸易。森林碳汇贸易是一个潜力十分巨大的市场,但面临着很多不确定性。流域水文补偿在不太大的地域范围可以发挥市场补偿的优势。

(3) 社会模式

森林生态效益补偿的成功实施需要广泛的社会支持。社会模式并非游离于政府模式和市场模式之外，而是贯穿二者之中，即将公民的环保意识和自觉性纳入生态效益补偿。

6.2 森林生态效益补偿实践

在全球环境污染和生态破坏的大背景下，许多国家尤其是经济发达国家，不仅注重经济效益，而且更加注重生态效益和社会效益。这些国家的林业发展坚持政府、市场和社会相结合，通过多种形式的经济激励机制对森林生态服务进行有效补偿，从而实现经济与环境的"双赢"。

6.2.1 国外森林生态效益补偿实践

国外偏重于市场化的补偿模式、市场化补偿的条件以及影响因素等方面。森林趋势组织(Forest—trends)和卡通巴工作组(Katoomba)对森林生态效益的市场化交易潜力方面进行探索，对森林生态服务市场开发与建立所需的法律与制度环境、开发这一市场面临的关键问题与步骤等也进行了深入的探讨。结果表明，迄今已有287个实际存在或计划对森林的生态效益价值(森林的生态旅游、碳汇、流域保护服务和生物多样性服务4个方面)进行补偿的案例。其中75个是关于森林碳汇服务、72个是关于生物多样性保护、61个是关于流域保护服务、51个是关于森林生态旅游服务、28个是关于森林的多种生态效益。另外，也对森林生态系统服务功能交易市场进行了总结。如Daniele Perrot—Maitre等系统总结了世界各地出现的森林水文服务市场交易的实践案例；Nels Johnson等对森林的流域水文服务市场化进行了总结；Robert给出了用于核算森林生态系统服务价值的经济框架；Gouyon对热带森林生态服务市场进行回顾，认为市场机制是实现森林生态效益内部化的有效手段；Rosales分析了生态服务补偿方面的问题及森林生态服务补偿在亚洲的应用；Francisco分析了菲律宾生态服务补偿的经验、限制及潜力；Suyanto对印度尼西亚森林生态服务市场的发展进行了回顾；Reyes分析了哥斯达黎加与水文服务有关的实施环境服务补偿的适当机制。

1) 美国

美国是一个森林资源十分丰富的国家。1960年颁布了《森林多种利用及永续生产条例》，它标志着美国的森林经营思想由生产木材为主的传统林业向经济、生态、社会多效益利用的现代林业转变。1993年，美国成立了"森林生态系统经营评价工作组"。2006年布什政府签署了一份关于保护森林生态环境的法令。美国森林生态效益补偿的制度和措施主要包括：①实行保护性退耕计划政策。这是美国最重要的森林生态效益补偿制度。退耕计划的补偿资金全部由政府提供，采用成本分摊法对退耕农田进行补偿，政府给付农民为开展生态保护放弃耕作所承担的机会成本损失的50%~75%，合同期限为10~15年。合同期满后，农民可选择继续参与退耕或恢复耕作。该政策的主要特点包括：生态补偿标准不统一，主要依据环境评价体系确定当地的租金费；引入市场机制；利用竞争机制，政府在退耕项目中运用竞争机制确定与当地自然经济条件相适应的租金率；②开发森林生态系统服务市场。美国大力开发森林旅游、游憩、狩猎产业，每年森林旅游人数达20多亿人次，约相当于美国总人口的7倍。此外，美国还注重经营多种非林木产品，这也成为森林生态补偿资金的来源之一。

2）德国

联邦德国1975年颁布《联邦保护和发展森林法》，确立了森林多效益永续利用的原则。根据该法规定，森林采伐量不得大于生长量；对于采伐迹地必须进行更新，私有林主不按时更新的，由林业部门组织更新，费用由私有林主承担；林地不得随意改变用途等。1991年，德国设立了生态补偿横向转移支付基金，其主体是州际财政平衡基金，专门用于解决生态补偿资金的地理空间分配问题。生态补偿横向转移支付基金由两种资金组成：①扣除划归各州销售税的25%后，余下的75%按各州居民人数直接分配给各州；②财政较富裕的州按照统一标准计算拨给贫困州的补助金。生态税是德国生态补偿资金的主要来源之一。德国1999年4月通过了生态税改革草案，并于2000年1月通过了《持续生态税改革法案》。通过征收生态税，开辟了稳定的资金渠道，对于公众的环保意识和环境质量的提高具有重要的促进作用。当前德国国有林全部由政府投入、专门管护，联邦及各州政府对林业的投入约占政府财政预算额1%，德国政府也以政策鼓励和引导私有林向生态功能型方向发展。

德国林业委员会还通过决议，建设"生态账户"的形式，采用平衡和补偿措施，给予自然和景观补贴；以具体的草案形式把森林效益的经济化和森林经营措施转换到实践中，在森林内执行补偿措施和生态账户框架内的销售，以及土地的合伙经营，承认林主在过去自由运作时期取得的成绩。

3）日本

日本是亚洲最早实行森林生态效益补偿的国家。早在19世纪后期就开始实行保安林制度，对被指定为保安林的民有林给予各种补偿。第二次世界大战以后，为了尽快恢复战时遭到严重破坏的森林资源，日本实行了以财政补贴、信贷支持、税制优惠等为核心的私有林经济扶持政策。在民间层面上，日本还设立了"绿色羽毛基金"，通过社会集资对森林资源建设事业进行支持。保安林类似于我国的防护林，主要通过森林生态保护功能的发挥，以达到防止各种公共灾害的发生和维护国土安全的目的。保安林涉及国有林和私有林，且私有林占一半以上。目前，保安林制度的补偿对象只限于私有林主及市町村、森林组合等森林经营者（统称森林所有者），对于国有保安林则不存在补偿问题。保安林制度得到了日本《森林法》的确定。保安林的补偿经费主要来自中央和地方财政预算。此外，政府还对保安林实施税收优惠、政策性贷款、项目支持等政策。近年来，随着社会、经济形势和林业经营环境的不断变化，现有的森林生态补偿制度已经不能满足维持森林生态功能的需要，为此，日本各地积极探索各种新的补偿机制，征收水源税就是一种有益的尝试。水源税又称森林环境税，主要是为确保上游森林持续的发挥涵养水源、水土保持、净化水质等功能和促进森林的经营管理，而向下游受益者征收的一种税。水源税属于地方税的范畴但不纳入地方财政，税金则全额存入"森林环境保全基金"，由专门委员会管理；水源税属于法定外税，是由地方自主决定的；水源税属于目的税，具有明确的目的和用途，其目的接近于对生态效益的补偿；水源税属于临时性税种，规定了明确的征收期限；水源税是通过立法手段确立的，由县民出资的生态补偿基金，具有强制性；水源税具有参与性的特点，无论是制度形成过程，还是在资金管理和使用过程中，均有各个层次人士的参与，体现了民主决策、民主管理、民主监督的理念。

4）哥斯达黎加

哥斯达黎加是位于中美洲的发展中国家，其较为成功地将立法手段和市场手段运用于森林生态效益补偿制度中。哥斯达黎加《森林法》确立了森林生态补偿制度，该制度确定的补偿主体是森林生态服务的提供方、生态服务支付方和国家森林基金；补偿客体主要集中于森林碳汇服务、生物多样性保护、森林水文服务和森林生态旅游，但又不限于上述四种；国家森林基金为森林生态补偿制度的执行机构；《森林法》还确定了多样化的资金来源。

哥斯达黎加主要通过可确认的贸易补偿（Certified Tradable Offsets, CTOs），从国际市场上为森林生态效益补偿筹集。CTOs 的数量以吨为单位，一个 CTO 代表了一定量的温室气体排放物，这些排放物用减少的或被吸收的碳当量表示。目前，哥斯达黎加已经通过保护区项目、私人森林项目以及发起与能源相关的活动三个大的项目创建 CTOs 市场。

5）巴西

巴西主要运用生态增值税和合法储存量的可贸易权等经济手段实施森林生态效益补偿。生态增值税是由政府将所征收销售税的 25% 返还给各州支配。各州获得的生态增值税数额取决于其所得销售税的百分比、保护区占本州的面积比例和保护水平等因素。合法储存量的可贸易权则主要通过政府的行政调节，由私人组织开展的森林开采权贸易。根据巴西法律的规定，在亚马孙河流域范围内任何土地所有人必须保持在其所拥有的土地上使森林覆盖率保持在 80% 以上。为提高土地的利用率，政府允许违反法律规定的农户向森林覆盖率在 80% 以上的农户购买森林，使其土地上的森林覆盖率在 80% 以上。

各国典型森林生态效益补偿实践归纳见表 6-1。

表 6-1 国外典型森林生态效益补偿实践

补偿类型	国家（地区）	补偿形式
政府投入对林业的支持	美国	选取"由政府购买生态效益、提供补偿资金"提高生态效益，美国国有林和公有林由联邦林务局和州林业部门做预算，报联邦和州议会批准执行
	英国	国有林收入不上缴，不足部分再由政府拨款或优惠贷款
	德国	国有林实行预算制，由议会审议后，财政拨款
政府对林业补贴	奥地利	鼓励小林主不生产木材，只要经营森林接近自然林状态，奥地利政府给予补助
	英国	私有林主营造阔叶林，给予补贴
	法国	国家森林基金（受益团体投资、特别用途税、发行债券）贴 法国开辟林业资金渠道
	芬兰	营林、森林道路建设及低产林改造提供低息贷款，由财政贴息

(续)

补偿类型	国家(地区)	补偿形式
政府减免森林资产税收	法国	私人造林地免除5年地产税,按树种分别减免林木收入税10~30年
	芬兰	更新造林15年不缴纳所得税,国有林只向地方缴纳少量财产税,森林面积在200km²以下不计税
	德国	企业、家庭营林生产一切费用可在当年收入税前列支,国家仅对抵消营林支出后的收入征收所得税,同时对合作林场减免税收
对直接受益部门征收补偿费	加拿大	森林公园、植物园、自然保护区等以森林为主体的旅游部门,必须在其门票收入内提取一定比例补偿费给育林部门
	欧盟	推行二氧化碳税,实现生态效益补偿
	美国	在国有林区征收放牧税
	日本	向水的使用者收费,补偿河流上游的林主

6.2.2 我国森林生态效益补偿实践

我国森林生态效益补偿制度发展较晚,经历了一个从政策个别调整到国家立法普遍调整以及个别地方立法试点先行的渐进过程。1953年我国就建立了育林资金制度,然而直到1986年有关森林生态效益补偿方面的文件、政策才相继出台,而且补偿重点主要集中在森林生态效益的补偿上。1992年,国务院批准国家经济体制改革委员会《关于一九九二年经济体制改革要点的通知》中明确提出:要建立森林生态效益补偿制度,实行森林资源有偿使用。1993年,国务院《关于进一步加强造林绿化的通知》指出:"要改革造林绿化资金投入机制,逐步实行征收森林生态效益补偿制度"。1994年3月25日国务院第16次常务会议通过的《中国21世纪人口、环境与发展白皮书》中也要求建立森林生态效益补偿使用制度,实行森林资源开发补偿收费。1998年《森林法》修正案中明确规定:"国家设立森林生态效益补偿基金,用于提供生态效益的防护和特种用途林的森林资源,森林的营造、抚育、保护和管理,森林生态效益补偿基金必须专款专用,不得挪作他用"。2000年,国务院颁布的《森林法实施条例》规定:"防护林、特种用途林的经营者有获得森林生态效益补偿的权利。"

2001年,中央财政设立了"森林生态效益补助资金",在全国开展森林生态效益资金补助试点,标志着我国开始步入一个有偿使用森林资源生态价值的新阶段,意味着我国森林生态效益补偿制度开始建立,同时国家林业局选择河北、辽宁、黑龙江、山东、浙江、安徽、江西、福建、湖南、广西、新疆11个省(自治区)的685个县(单位)和24个国家级自然保护区先行试点,涉及2亿亩重点防护林和特种用途林。2004年12月10日,《中央森林生态效益补偿基金制度》正式确立并在全国范围内全面实施,其重点是对公益林管护者发生的营造、抚育、保护和管理支出给予一定补助的专项资金;基金的补偿范围为国家林业局公布的重点公益林林地中的有林地,以及荒漠化和水土流失严重地区的疏林地、灌木林地、灌丛地;这一制度的实施标志着我国结束了长期无偿使用森林生态效益的历史。2006年发布的《中华人民共和国国民经济和社会发展第十一个五年规划纲要》第二十三章保护修复自然生态中也明确提出：在天然林保护区、重要水源涵养区等限制开发区域建立重要生态功能区，促进自然生态恢复。按照"谁开发谁保护、谁受益谁补偿"的原则，建立生态补偿机制。到目前为止，全国相当一部分省市已经根据本地区的经济情况建立了不同的森林补偿制度。国内关于森林生态补偿的理论研究可以划分为三个阶段：首先，是森林资源核算的研究，在这些领域开展的研究工作较早，主要是对森林资源客观存在的、潜在的生态系统价值进行核算，包括直接和间接的森林资源价值；其次，是森林生态系统服务功能及其价值评估，而森林生态系统服务功能研究工作相对较早，其价值评估研究相对较晚，森林生态系统服务功能的研究主要与市场相联系，其研究的范围比森林资源潜在的生态系统价值范围窄一些，但更具有实际操作性，目的是为了在市场框架下进行交易，对其价值进行评估；再次，是森林生态效益补偿，它包括理论研究层面和政策研究及操作层面，生态效益补偿是为了给生态效益的提供者实施补偿，解决由于市场机制失灵造成的生态效益的外部性并保持社会发展的公平性，达到保护生态与环境效益的目标，是我国现今逐步展开研究的领域。

在2001年11个省（自治区）试点的基础上，我国于2004年正式建立了中央森林生态效益补偿基金制度并在全国范围内施行。中央财政预算为20亿元，补偿面积为4亿hm^2，平均标准为75元/hm^2，用于重点公益林的营造、抚育、保护和管理支出。

从2010年起，中央财政补偿基金依据国家级公益林权属实行不同的补偿标准：国有的国家级公益林平均补助标准仍然为75元/hm^2，其中管护补助支出23.75元/hm^2，用于国有林场、苗圃、自然保护区、森工企业等国有单位管护国家级公益林的劳务补助等支出；对集体和个人所有的国家级公益林补助标准从原75元/hm^2，提高到150元/hm^2，其中148.75元/hm^2，作为管护补助支出，用于集体和个人管护国家级公益林的经济补偿。在上述补偿标准中，无论权属如何，公共管护支出均为1.25元/hm^2，由省级财政部门列支。

2012年，中央财政支持林业生态建设发展的力度加大，国家级公益林全部纳入森林生态效益补偿范围；2013年则进一步将属集体和个人所有的国家级公益林补偿标准提高到15元/hm^2。中央财政对森林生态效益补偿基金的投入逐年增加，并呈现逐年上升的趋势，在森林生态效益补偿中，中央政府起着主导性的作用。

福建省自2001年开展森林生态效益补助试点工作，把生态公益林建设纳入公共财政预算，对生态公益林经营者实施补偿。2001—2010年，获国家财政补助的生态公益林面积为1141.8万hm^2，管护补助资金9.6亿元；获省级财政补助的生态公益林面积为1592.5万hm^2，管护补助资金12.7亿元。自2001年以来，生态公益林补偿标准从75元/(年·hm^2)，提高到2016年的330元/(年·hm^2)。同时，福建省域范围内也开始了流域上下游的实践，福建省内的流域自成体系，闽江、九龙江、晋江等主要流域基本不涉及跨省问题，2003年九龙江流域成为福建省首个实行流域生态补偿的试点，下游的厦门每年出资1000万元用于补助上游的流域环境污染治理；2005年闽江流域开始实施上下游的生态补偿，下游的福州每年出资1000万元协助上游区域的环境整治；2005年晋江也开始实施类似的补偿，下游泉州每年筹集2000万元资金用于流域环境保护项目。2018年，福建省拟出台《福建省生态公益林条例（草案）》，将设立森林生态效益补偿专项资金，并按照政府投入为主、多渠道筹集资金的原则，加大森林生态效益补偿资金筹措力度，结合财力逐步提高森林生态效益补偿标准。《福建省生态公益林条例(草案)》规定：①县级以上地方人民政府设立森林生态效益补偿专项资金，主要用于生态公益林的建设、保护和管理，包括生态公益林所有者、经营者的经济补偿，生态公益林管护人员的劳务报酬、劳动保障等管护费用等；②生态公益林的所有者、经营者有权依法获得森林生态效益补偿；③县级以上地方人民政府应当建立完善森林生态效益补偿机制，按照政府投入为主、多渠道筹集资金的原则，加大森林生态效益补偿资金筹措力度，结合财力允许逐步提高森林生态效益补偿标准；④鼓励社会力量以捐赠、捐资、志愿服务等方式参与生态公益林的建设和保护。

【单元小结】

森林资源具有经济、生态和社会三大效益。森林资源的三大效益中，森林生态效益处于基础地位。没有森林生态效益，就没有森林的经济效益和社会效益，在生态环境日益恶化的今天，森林生态效益的作用显得越来越重要。森林生态效益补偿实质上是通过对特定行为主体进行经济补偿的手段达到维持和改善森林生态效益的目的。

本单元主要介绍了森林生态效益和森林生态效益补偿的内容、森林生态效益补偿的原则、森林生态效益补偿的方式以及国内外森林生态效益补偿的实践。森林生态效益补偿是关系到生态环境建设及林业持续发展的大事，有利于林业生态资金良性循环和充分发挥森林生态效益、改善生态环境、提高环境保护意识、实现经济社会的可持续发展。

【综合实训】

一、名词解释

森林生态效益　　森林生态效益补偿

二、填空题

1. 森林具有＿＿＿＿＿＿、＿＿＿＿＿＿、＿＿＿＿＿＿效益。
2. 森林既向人类提供种类繁多的物质产品，又向人类提供必要的环境服务，同时对维持全球气候稳定起着举足轻重的作用，这些作用的载体是＿＿＿＿＿＿。
3. 国土保安和改善环境的主体是＿＿＿＿＿＿。
4. 森林资源的三大效益中，＿＿＿＿＿＿处于基础地位。
5. 国外森林生态效益补偿主要是＿＿＿＿＿＿模式。
6. 森林生态效益具有＿＿＿＿＿＿、＿＿＿＿＿＿性质。
7. 森林生态效益补偿的方式＿＿＿＿＿＿、＿＿＿＿＿＿、＿＿＿＿＿＿。
8. 森林的功能有＿＿＿＿＿＿、＿＿＿＿＿＿、＿＿＿＿＿＿。

三、案例分析题

20世纪30年代传入我国的水葫芦，虽为绿化水面、提供饲料做过贡献，但其生长速度快，短时间就形成单一群落，堵塞河道，妨碍鱼类生长，对生态产生极大的影响。试分析造成这一现象的原因。

单元七　林业要素市场

学习目标

【知识目标】
(1) 了解林业要素市场的基本概念。
(2) 了解林业要素市场建立的必要性及其功能。
(3) 掌握林业要素市场的运行规则。

【能力目标】
(1) 能够客观分析中国林业要素市场的现状。
(2) 能够客观分析中国林业要素市场的发展对策。

7.1 林业要素市场概述

产权经济学告诉我们，在一个有效的市场中，当产权落实，产权主体明确，要素就能自由流动，交易必然发生，且交易成本趋于零。但是，由于我国林业经济长期处于计划经济模式中，市场机制还不完备，交易的直接结果，很可能导致强势群体对弱势群体利益的侵蚀，交易形成的资源配置未必能真正推动林业的可持续发展。因此，林权到户只是林改万里长征的第一步。要巩固改革成果，必须利用改革的推动力，建立良好的运行机制，促进商业资本的进入、产业技术水平升级和规模经营，建立一个与林权制度改革相配套的林业要素市场，充分发挥市场在资源配置中的决定性作用，促进各类生产要素向林业生产领域集聚，使林地使用权、技术和资本等生产要素得到优化。林业要素市场在加快林业发展的进程中起着十分重要的作用。

7.1.1 林业要素市场概念

林业要素市场，是指活立木和林地使用权的交易，林权变更登记，林权流转信息和林产品市场供求信息发布以及提供林业法律、法规、政策的咨询服务等融于一体的市场体系。林业要素市场应包括资金、技术、劳动力、信息、森林资源资产等逐渐在市场上交易所需要的林业金融市场、林业技术市场、林业劳动力市场、林业信息市场和森林资源市场等。

林业要素市场在形成过程中有如下要点：①要以市场机制为准则，逐步形成使用权价格的谈判或报标过程；②要形成使用权转让的信息发布机制或网络，促进使用权转让的速度和买卖双方的对话谈判；③要促进中介服务组织的建立，并赋予规范运作的权能，如林地或林木交易需要进行资产评估。评估资产是保护林农利益的重要措施和途径，在国内，有资格的森林资源资产评估专门机构仍缺乏；④要做好权属的变更登记，建立变更登记制度和建立完备的权属档案；⑤林业管理部门，要做好法律法规的咨询服务工作和解决冲突服务工作。

7.1.2 建立林业要素市场的必要性

（1）完善社会主义市场体系的需要

林业要素市场是市场体系的重要组成部分，建立林业要素市场可以促进林业资源流转和有效配置的实现，规范流转，促进要素合理流动，从而使有限的林业资源更加合理有效地利用和配置。如果林业要素市场发展滞后，对农村经济、林业产业经济都会产生阻碍和制约。

（2）实现林业产权的需要

林业要素市场的建立使农户可以随时将自己拥有的林业要素——林地、林木等进行转让，盘活资产，农户权利可以得到真正体现。通过要素市场的转让，拥有林业要素资源的农户，可以将长期资产在短期进行交易。农户可以通过市场随时变现自己所拥有的林业要素，变期望价值为市场价值，增加农户收入。如果没有林业要素市场，农户所拥有的活立木变现困难，林地产权难有收益，农户造林缺乏积极性，就会造成林业资源的闲置与浪费。

(3) 林业生产内在规律的客观要求

集体林权制度改革的均山确权客观上造成了林地破碎化，导致林业小规模经营。林业要素市场适应林业经营的特点，可以在林权分散的同时，使林业经营能够集中，并使农户的权利得到确认和保证，农户对林地和林业的关切程度及林地的利用效率将大大提高，使林业生产者的预期及行为长期化。林业要素市场通过林业要素自愿、等价、有偿流转，使林地与劳动力、技术、设备、资金等生产要素实现优化组合，促进林业要素的合理配置，推动林业的适度规模经营。

(4) 降低交易成本的需要

林业要素的流转，对市场和林业生产发展具有重要意义。但林木的生长状况受制于品种、种植模式、地形、地貌、土壤肥力、光照、温度、降水量、管理条件等多种因素；林地也存在土壤、水肥、地位级、坡位、立地指数等差异。潜在交易双方存在的信息不对称，将导致林业要素交易成本高昂，这种条件下进行森林资源产权交易，不可避免地会损害另一方权益，同时交易后的手续和合同执行成本也相对高昂，从而使得现实的林业要素交易困难。林业要素市场的建立，对交易各方权益是一种保护，也可降低交易成本，从而更广泛地吸收投资者投资于林业。

7.1.3 林业要素市场运行规则

1) 基本原则

(1) 区别商品林、公益林原则

我国实行的林业分类经营管理体制将森林分为公益林和商品林，并分别采取不同的管理体制、经营机制和政策措施，以及不同的资源管理措施。公益林要按照公益事业进行管理，以政府投资为主，吸引社会力量共同建设；商品林要按照基础进行管理，主要由市场配置资源，政府给予必要扶持。凡纳入公益林管理的森林资源，政府将以多种方式对投资者给予合理补偿。公益林和商品林用途不同，林业要素市场在要素流转中的政策原则以及政策规定必须不同于商品林林业要素流转。所以，林业要素市场规则首先必须坚持区分公益林和商品林的原则。

(2) 区别林地使用权、林木所有权原则

林业要素流转在本质上是林业物权的变动，具体而言，是林地使用权和林木所有权的变动。在我国林地所有权属于全民或集体所有，但公有产权主体不明确，不利于林地以及森林的有效利用，也不能使林地以及森林资源要素优化组合。因此，要实现森林资源市场要素的有效配置和优化组合，便出现以市场为导向的林权变动，即在林地所有权为公有的前提下，将所有权中的林地使用权能独立分出来构成林地使用权，并在政策或者法律上允许该使用权依法进行流转。根据我国法规规定，林木属于个人私有财产，林木的交易实际上是林木所有权的变动，所以林木所有权的流转实际上与一般商品交易没有本质区别。既然林业要素流转中，流转的林权属性不同，那么在制定林业要素流转政策之时，应将林地使用权和林木所有权流转进行区别，将林地使用权的流转与林木所有权的流转在政策中区别开来，而不应该笼统地规定林业要素流转应该遵循的政策规则。

(3) 林业要素流转要遵循公开、公平、公正原则

林权的法律性质是一种带有公权力性质的私权，林权权利人在行使其林权时会受到不同于其他一般物权的诸多限制。例如，林地使用权流转的资源评估与信息发布；森林使用权的资源评估与信息发布；林地用途不得改变等。因此，必须坚持林业要素流转公开、公平、公正原则。公开原则是指林业要素流转在实体上与程序上都应该公开，实体上公开是指林业要素流转的相关信息必须公开，程序上公开是指禁止暗箱操作；公平原则是指林业要素流转当事人在林业要素流转中其权利义务设置必须平衡、合法、合情、合理；公正原则是指林业要素流转监管及处理林业要素流转纠纷时，必须依法适用法律法规以及相关政策。

(4) 政府依法适度干预原则

坚持政府依法适度干预原则，一是为了保护林业要素流转各方当事人合法的权益，二是限制或者禁止林业要素流转当事人不法的相关行为。政府为保护林业要素流转当事人的合法权益，对于林业要素流转的整个过程进行依法适度干预是必要的，对林地使用权流转进行必要的审批，林业要素流转后必要的林权证更换已及变更登记等是为林业要素流转创立有序的竞争秩序，保护林业要素流转当事人合法权益。林业要素流转当事人进行不法行为时，如改变林地用途，不缴纳相关费用等，政府都应依法适度干预，禁止其流转。政府或相关政府职能部门以积极的行政行为可以实现森林资源的生态价值，以避免林业要素流转当事人只追求森林资源的经济价值而忽略森林资源的生态价值。而且政府事先依法进行适度干预原则，也可避免或者减少林业要素流转的纠纷。

2) 具体规则

(1) 林业要素市场的进出规则

进出规则是规范林业要素市场主体和客体(林木、林地产权)进入或退出市场的准则。建立林业要素市场就必须规定市场主体以及客体可以进入或退出市场的必备条件，将那些不符合进入市场的主体及客体拒之于市场之外来维护市场的有序运行。对进出市场的主体资格进行认定，颁发一定的证明(如营业执照、经营许可证、经纪人证书等)，明确其经营范围、经营项目、经营渠道、并且要实现规范化经营，不得随意变更，规范其责任和义务以及退出市场的行为；杜绝产权不明、手续不清的林木、林地进入市场。这一规则的设计是为了尽可能地解决信息不对称问题。

(2) 林业要素市场的交易规则

①规范林业要素市场交易方式　协议转让、拍卖、招标等都是林业要素市场的方式，也可以采取法律法规规定允许其他方式，前提是要求市场交易方式规范化、公开化，一切交易活动都要在有组织的市场上公开进行，明码标价，公平交易，不允许幕后活动与黑市

交易。

②规范林业要素市场交易行为 是指对林木、林地交易的程序、必备手续等做出明确的规定。具体包括，林木、林地交易合同的签署，林木、林地交易凭证的出具，办理林权变更的程序，林权项目信息的公开，交易的收费标准，纠纷的解决，对扰乱交易行为的处罚措施等。一方面要求交易双方规范地进行交易活动，禁止各种非正当交易；另一方面为双方的规范交易创造良好的环境条件。

③规范林业要素市场交易价格 要明确价格形成制度，对于包括作价原则、作价方法、申报和监督制度在内的一整套价格形成过程，都要做出明确规定，不允许任何交易者违背价格形成制度。

(3) 林业要素市场的竞争规则

竞争是市场的灵魂。为此，首先要保证林业要素市场主体有公平的竞争环境，禁止垄断及各种非公平因素，如消除条块分割和封锁，打破部门和地方政府人为造成的各种阻碍竞争的壁垒；排除各种特殊待遇和照顾，防止这些因素造成不公平竞争；使资金、技术、人才等各种生产要素能自由流动，让任何企业都能从市场上顺畅地获得自己所需要的生产要素，打破各种类型的生产要素垄断；确立所有企业平等相待的观念，并且实行公平税负原则和公平价格原则，以确保公平竞争。其次，规范林业要素市场主体竞争行为，禁止市场主体的非法竞争行为，惩治不正当竞争行为。最后，规范交易的森林林木、林地商品，严格按照国家的有关规定确认上市的林木、林地，防止不符合要求的林木、林地进入市场。

7.1.4 林业要素市场功能

1) 为各类要素资源配置提供有效场所

林业要素市场的组建，有效整合了林业资源，实现资金、技术、信息、林木资产等要素向林业集聚，充分发挥市场在资源配置中的突出作用，营造公平、公正和市场密切接轨的林业发展环境，加快林业产业的发展和林农增收，加快推进新农村建设的步伐。在林业要素市场内，林农及林业企业按照要素交换的规律进行交易，实现要素的合理配置，促进了林地以及活立木作为一种资产进行流转、抵押、随时盘活、变现。

2) 是确定要素价格、评价要素价值和传递信息的重要渠道

要素作为商品，其价值必须在市场交换中实现，要素市场成为评价要素价值和发展要素价格的场所。如永安林业要素市场内设林权登记管理中心和森林资源评估中心，负责全市林木林地权属的登记、变更、流转、抵押等动态管理；开展森林资源资产评估服务；收集、发布林权流转交易、林权证抵押、市场交易行情等相关信息，并通过林业要素市场网络职能的发挥，为林权交易、流转等方面的信息收集与发布提供平台。通过要素市场交易信息的广泛发布，招投标交易过程的规范化管理，增强了交易透明度，确立了价格标杆，降低了林农由于信息不对称而造成的损失，为林业股份合作社和林农带来更合理的林业收益，促进了林木林地价值的提高。

3)促进林业市场秩序形成

一是通过建章立制,及时完善各项业务办理制度,使林农和买主在市场的办公区享受"一站式"便捷服务。二是规范流程,阳光操作,减少涉林腐败现象发生。林业要素市场的建立与规范运作,使林业各项审批、流转交易行为在公开透明的环境下进行,林权交易价格也公开发布,实现产销直接见面,减少中间环节,有效杜绝因经营中间环节而滋生腐败现象。

7.2 中国林业要素市场进展

2004年,在林权确权发证全面完成后,福建省永安市清楚地认识到,林木林地的流转已成必然。同时,在此前的林权交易双方自主协商的无形流转市场中,因其在流转流程的规范性、操作程序合法性等方面存在一定的隐患,极易引发合同纠纷。因此,为规范林业要素流转,保障林农利益,同时防止林农失地现象发生,2004年5月,永安市成立人民政府林权登记管理中心,内设林权登记管理中心、森林资源资产评估中心、木竹交易中心。2005年10月,永安市成立了国内第一家林业要素专业交易市场,原林权登记管理中心迁入要素市场,并在原有3个中心的基础上,增设林业科技与法律服务中心、林业劳动力培训中心。以林权登记管理中心为主体的行政服务体系建设,一定程度上促进了林木流转的公开化和有序化,并初步形成了具有一定规模的活立木市场。此后,全国各地陆续成立林业要素市场。目前,我国东南部集体林发达地区林业要素市场虽逐步建成,但仍需完善;我国大部分地区林业要素市场发展较为滞后,各种林业生产要素处在一个相对封闭的市场中,效率低下,严重影响了林业进一步持续健康发展。

7.2.1 林业要素市场发展现状

1)与林业要素市场发展相关的各项制度建设较为滞后

目前,我国正处于新一轮林权制度改革阶段,但与林权制度改革相配套的各项林业产权制度改革工作较为滞后。①林业要素市场建设的相关规范和制度没有出台。全国大多林业要素市场的建设是由原林业系统的职能机构转变而来,其合理性、科学性、规范性都缺少相关政府的监督和管理。②林业要素市场的森林资源流转管理、木材营销管理、木材检验管理、木材运输监督管理、木竹加工企业管理等管理规范和办法亟待完善。特别是关于林木抵押贷款的有关政策,已经严重影响了林业资源流转和市场经济的发展。③关于生态林和国有林的流转政策尚未完善。

2)林业要素市场建设缺乏投资主体

我国对林业要素市场建设的资金扶持力度较弱。从林业要素市场的职能范围来看,在走进市场经济的同时,还要受计划经济的制约。如林木的限额采伐、流通交易中的各种税费等。所以林业要素市场的建立需在政府的规范和监督下,才能保证林业要素市场的有序发展。按照"谁投资,谁受益"原则,作为最主要受益者的政府也应该是投资主体。但是,目前我国的普遍情况是本应作为投资主体的各级政府没有把林业要素市场建设纳入财政支出体系，其他投资方却受政策上的限制，不能获得林业要素市场的建设权，从而使林业要素市场的建设陷入有投资权的没有资金投入，有资金的没有投资权的怪圈，严重影响了林业要素市场的建设。

3）林业要素市场建设缺乏专业技术人才

林业要素市场的建设离不开大批各类专业的技术人才。然而人才缺乏已成为制约我国林业要素市场建设的重要因素。①缺乏大量熟悉资产流转法律知识、林业常规技术知识、林业资产评估知识等方面的专业人才。②缺少一套行之有效的林业要素市场专业技术人才培训、考核等机制。这些因素严重影响了我国林业要素市场的建设和林业要素市场功能的有效发挥。

7.2.2 林业要素市场发展对策

林业可持续发展对林权流转市场提出了更高要求，也使得我国林业要素市场背负更多使命。目前的种种不和谐，归根结底，是由于当前林业要素市场无法达到林业发展的要求。唯有继续前行，持续深入制度创新，才能为林业要素市场找到未来的发展方向。

1）力争全面确权，为林业要素市场建立奠定基础

林权证是国家强制力保护的重要法律凭证，是维护林农经营林业合法收益的法律依据，是林木、林地资源在林业要素市场流通的重要前提条件。因此，明晰产权、确权发证是林改的第一步和基础性工作，也是建立林业要素市场的前期准备。确权面积占各地林地面积的多少与确权的客观真实性，直接影响到林改成果的体现和林改的成败，影响到林业要素市场的高效运转和林权交易的信誉保证。林木的产权明晰了，为建立要素市场后每一宗林地、林木的顺利进入市场夯实了基础。在明晰产权的过程中要坚持以法律为依据，宗地面积以实地指界踏查勾绘的实际面积为准，林权证上的面积数与附图的面积一致，避免进入要素市场后林地流转和收益分成出现矛盾。同时，调动一切积极因素，加大林权纠纷的排查力度，保证确权的全面性和所核发林权证的真实、准确。

2）健全林业要素市场，提高服务水平

林业要素市场建立后，政府要积极引导群众，采用租赁、承包经营、拍卖、股份合作经营等多种形式，搞活林地、林木的经营管理，以实现林业产值的最大化。推进产供销的直接见面，增强配套服务，让政府和林业部门转变职能，从单纯的管理型转变为管理、服务、引导为一体的林业管理体系，有效整合资源，充分发挥市场在资源配置中的决定性作用，规范森林资源转让行为，把林业资源转变为资产，进而转化为货币，缩短林业的投资收益期，增加林地林木的市场价值。通过引入市场，放活经营权，落实处置权，保障收益权，调动广大林农和社会各方面参与林业建设的积极性。

3）规范林业要素市场管理，保证公平交易

对建立的林业要素市场要规范管理，以保证公平交易。①人员管理要规范。林业要素市场管理人员要进行专业知识培训和考核。②机构设置和服务要规范。全国各地可借鉴南方林业要素市场发达地区的经验，市场内部细设林权登记管理中心、森林资源评估中心、木竹交易中心、林业法律与科技服务中心、林业劳动力培训中心等，形成集信息发布、交易实施、中介服务于一体的林业综合性管理与中介服务机构。各个管理中心和窗口要管理规范，流程清楚。对所有的林业产权流转都要通过要素市场予以认定，从申请到评估、拍卖、办证实行一条龙服务，从根本上杜绝林业经营中暗箱操作的不法行为，有效保护林农的利益，方便产供销三者的经营活动。③程序管理要规范。在林权证抵押贷款期间，或抵押贷款未偿还之前，所抵押的林木未经抵押权人同意，林业主管部门不得审批，发放采伐许可证，不予办理林木所有权转让变更手续，保证林权证抵押的有效性。加强流转林法律保护，严厉打击偷盗活立木的不法行为，保护当事人财产不受侵犯。④在流转过程中，严格森林资产评估管理，确保森林资产评估价值与实际相符，保护金融机构利益和交易公平。

4)建立多元化林业投资机制，促进林业要素市场蓬勃发展

林业是一个周期长、投入大、收效慢的产业，需要大量的资金投入。只有建立多元化的林业投资机制，吸引社会力量参与林业建设，才能彻底搞活林业要素市场，做大林业产业。为此：①要建立林木流转市场，实现活立木变现。积极推进林地经营权向林业承包大户、林业联合体和跨区域的经济实体等经营方式发展，改变承包主体单一化，使承包对象不仅局限于一家一户，还可以向多元化经济主体和市场化发展，促进林业生产要素优化组合配置，实现无能力经营的使用权向善于经营林业的人转移。同时，通过流通使活立木由资产变资本，为林农提供从事其他产业的原始资本，解决了林业生产周期长、投资长而见效慢的问题。②政府与金融、保险、税务等部门建立会商协调机制，使各部门找到与林改的结合点，并与政府签订合作协议。政府要出台一系列保障政策，解除金融、保险等部门的后顾之忧，鼓励他们开展改革试点。如采用林权直接抵押贷款、担保公司担保贷款、农户联保贷款、政府信用贷款、企业资产抵押贷款等多种融资模式，找到一条解决林业发展资金的有效途径，搞活林业要素市场，促进林业发展。

5)积极培养和引进专业技术人才

要充分发挥林业要素市场的作用，专业技术人才是关键。特别是森林资源资产评估，若无注册资产评估师，则难以开展此项业务。因此，可采取送出去和引进来的办法，选派合适的人员到高校学习培训森林资源资产评估方面的专业知识，也可通过招聘相关专业人才充实技术力量。

【单元小结】

林权到户只是林改万里长征的第一步。要巩固改革成果，必须利用改革的推动力，建立良好的运行机制，促进商业资本的进入、产业技术水平升级和规模经营，建立一个与林权制度改革相配套的林业要素市场。林业要素市场在加快林业发展的进程中起着十分重要的作用。本单元主要介绍了林业要素市场的概念、功能及其建立的必要性、林业要素市场运行原则及具体规则、我国林业要素市场现状及发展对策等。

【综合实训】

一、名词解释

林业要素市场　林业要素市场进出规则

二、填空题

1. 林业要素市场是指_____、_____、_____、_____和_____以及提供林业法律、法规、政策的咨询服务等融于一体的市场体系。

2. 林业要素市场应包括资金、技术、劳动力、信息、森林资源资产等逐渐在市场上交易所需要的_____、_____、_____、_____、_____和_____森林资源市场等。

3. 我国实行的林业分类经营管理体制将森林分为_____和_____，并分别采取不同的管理体制、经营机制和政策措施，以及不同的资源管理措施。

4. 2005年10月，_____成立了国内第一家林业要素专业交易市场。

5. 林业是一个_____、_____、_____的产业，需要大量的资金投入。

三、思考题

1. 简述建立林业要素市场的必要性。
2. 简述林业要素市场的功能包括哪些？
3. 简述林业要素市场运行的基本原则。
4. 简述我国林业要素市场发展现状。
5. 简述我国林业要素市场发展对策。

单元八　林业政策与法规

学习目标

【知识目标】

(1) 了解林业市场失灵的原因。
(2) 掌握林业政策调控的主要内容。
(3) 理解林业经营政策的基本内容。
(4) 理解森林保护政策的基本内容。

【能力目标】

(1) 能够合理运用林业产业政策分析问题。
(2) 能够分析林业金融支持政策对林业产业发展的影响。
(3) 能够对森林保险分类。
(4) 能够区分林业补贴政策的不同类别。

8.1 市场失灵与林业政策调控

在市场经济条件下，市场机制是实现资源优化配置的基本方式。但市场机制有效发挥作用是有条件限制的，这往往使市场机制在很多场合不能实现资源的有效配置，"看不见的手"也就无法实现资源配置的帕累托最优状态，者就是所谓的"市场失灵"。导致市场失灵的因素主要有外部性、公共品、不完全信息、垄断等。当市场这只"看不见的手"失灵时，就需要求助于政府这只"看得见的手"，政府需要建立起既有利于市场功能有效发挥，又能有效克服市场缺陷的政策体系，以确保产业在市场经济体制下高效有序运行。市场失灵在林业领域有明显表现。

8.1.1 林业市场失灵

1) 林业生态产品生产活动存在外部性

外部性，是指一个行为主体的行为没有通过价格而给另外一个行为主体带来成本或收益的经济现象。由于外部性的存在，经常会出现边际社会成本（收益）与边际私人成本（收益）的不对等。此时，完全竞争市场的均衡将使产生外部成本的产品价格过低而产量过高，而产生外部收益的产品价格过高而产量过低，市场经济无法达到资源的最优配置。政府需要通过罚款、征税、补贴、数量管制等方法矫正这种背离现象。

林业经济中的"外部性"普遍存在。这里的外部性既包括正外部性，也包括负外部性。既包括林业给社会带来的正外部性，也包括林业给社会带来的负外部性。如森林的生态效益和社会效益自动外溢给社会其他行业和部门就是典型的正外部效应；林农为获取直接经济利益而过度采伐森林，可能造成一定的环境问题和林业可持续发展问题，如林地生产力衰退、水土流失和环境破坏，这些就是典型的负外部效应，有时这种外部性甚至是无法挽回的经济问题。此外，社会经济活动（矿业开发、企业发电与排污）也会溢出大量的负外部效应到林业。

林业经济的外部性，破坏了资源的最佳配置，并造成社会福利损失。①林业外部正效应意味着林主的边际收益小于社会边际收益，即林主不能因为其向社会提供了公益效能而增加经济收入，林主盈利水平低于其他行业，甚至亏本，林主缺乏使林产品和服务供给达到最优水平的生产积极性；②林业负外部性对林业发展带来负面影响，负外部性的生产者无需支付必要的代价，其生产的边际成本低于社会边际成本，边际成本差额为林主所承担，这同时导致过多的资源被用于某项特定的生产活动；③社会外溢给林业的负效应增加了林业经营的负担。

在市场经济条件下，林业经济外部性使生产要素大量退出林业领域，产生难以估计的后果。所以要认真研究林业经济活动中外部效应的各种类型及其本质，灵活运用政府的干预手段，视具体情况作出不同制度选择。

2) 林业生态产品具有公共物品属性

公共物品，是指在消费上具有非竞争性和非排他性，不能依靠市场力量实现资源有效配置的产品。公共品的非竞争性和非排他性给市场机制带来了严重的"搭便车"问题和私人部门的低效率，这些问题往往导致市场失灵，无法达到帕累托最优，这种情况下，公共物品供给任务不宜由市场承担，而只能由政府承担。

林业存在公共品生产，许多森林类型属于公共品或准公共品，如生态公益林、各类防护林、自然保护区、森林公园等。一些资源经济学观点认为，森林资源是介于私人产品和公共品之间的"准公共品"，既有私人产品的特征，也有公共品的特征，各种有形的林产品具有私人产品的特征，而森林的生态效益和社会效益则具有公共品的特征。当然，林业生产的经济、社会、生态效益是融合在一起的，在林业生产过程中，人们是为了获取某种效益而育林，但人们无法同时排斥森林其他效益的产生，有学者认为林产品具有排他性和耗竭性，同时也具有非排他性和非耗竭性，这些是密切联系在一起，不可分割的，这是林业重要的特殊性之一。

林业公共品的存在容易引起"搭便车"行为，这使得经营一个有效率的市场是非常困难的，缺乏有效的市场，也就缺乏以营利为目的的主体提供这些公共品。因此，完全依赖市场机制将导致社会必需的林产品供给不足。

3）林业信息不对称

信息不对称，是指信息在市场参与者之间的分布不均匀，当市场的一方无法视察到另一方的行为，或无法获知另一方行动的信息时，就产生了信息不对称。信息是稀缺资源，搜索信息的成本有时十分高昂，从而迫使市场参与者在信息不充分的情况下做出决策，进而导致市场效率下降。

信息不对称普遍存在于林业领域。林区一般地理位置偏远，交通不便，信息闭塞，林主一般缺乏关于林产品价格与供求关系信息的全面掌握，对林业经营的社会成本与利润认识不足；现有的林业科技水平对森林生态系统的结构功能和发展变化规律也认识不足，如对森林生产力规律、灾害发生规律认知不清等。信息不对称使林业不能获得与其他产业相同的竞争条件，林主在市场竞争中也处于不利地位，因此，林业经营必然大受影响。

4）林业市场不完全

垄断或不完全竞争造成市场不完全，导致资源配置的低效率，降低社会整体福利水平。因此，许多国家都通过法律限制可能出现的垄断，并对已经存在的垄断采取相应的管制和税收政策。垄断或不完全竞争的根源一般包括：①成本条件。规模经济和范围经济可使个别生产者拥有成本优势。易排挤其他竞争者，在行业中居于垄断地位。②对竞争的限制。法律政策限制（生产特许权、生产限额）、产品差别（自然差别、地域差别）等，这些因素强化了市场垄断或不完全竞争的程度，难以实现市场平衡。

法律政策方面的限制是使我国林业市场不完全的重要因素，突出表现在采伐限额制度。我国是森林资源相对缺乏的国家，为平衡森林资源经济效益和社会生态效益的综合发挥，《森林法》规定对森林资源实行限额采伐制度，且指标下达时间间隔较长，每5年不变。林主不可能根据市场供求变化改变供给，以实现其利益最大化的理性目标。这干预了林主的经营自主权，侵害了其在市场上的平等竞争权，以使市场机制部分失灵，降低了林业产业的比较优势，投资者望而却步或退出。

8.1.2 林业政策调控内容

1)林业政策调控目标与原则

(1)调控目标

①增加林产品有效供给　这是基于满足国民经济和社会发展及人民生活对林产品的基本需要而提出的重要目标。随着世界人口增加、物质文化需求不断增长,世界木材消费是逐年增长,但全球森林不断减少,木材正成为支撑一国经济高速发展的重要基础,成为越来越宝贵的战略资源,木材尤其是珍贵木材及其产品贸易,已成为全球环境政治外交的核心内容。此外,林业可提供大量的绿色天然产品,满足人们的绿色消费需求;大量林产品(野生淀粉植物、经济林)是传统农业的有益补充,对丰富人民的"米袋子""菜篮子"和"果盘子",提高人民生活质量有重要作用。增加林产品有效供给这一目标要求中国林业应朝着资源总量、利润规模最大化和结构最优化方向运行,不断增强林业经济实力。

②增强林业的生态功能　这是基于保障国民经济和社会的健康发展而提出的又一重要目标。中国不仅森林资源缺乏,而且生态环境不断恶化,生态环境整体功能下降,生态系统抵御自然灾害能力减弱,水土流失、土地旱化、旱涝、赤潮、沙尘暴、次生地质灾害频繁发生,危害程度大。天然林资源保护工程实施以前,中国90%的草地不同程度退化,37%的国土面积流失,27.9%的国土面积荒漠化,15%~20%的高等植物濒危。森林作为环境的重要因素,在促进碳氧循环,促进土壤发育,降低风速,控制水土流失,涵养水源,抵御洪涝和干旱灾害方面有着特别重要的功能,因此,建设林业生态系统,增强林业的生态功能应成为林业政策调控的主要追求。

③增加林农收入　林农增收是林业政策目标体系的基点。林农是林业建设的主力军,建设林业两大体系,增加林产品供给,增强林业生态功能,都必须以调动林农的积极性为前提,而林农从事林业经营的基本依据是收入预期,林农只有在增收的前提下,方能扩大林产品供给,林业发展的产品贡献、要素贡献、市场贡献、外汇贡献等作用才能充分发挥,反之亦然。山区拥有90%以上的森林资源,因而山区是林业主战场之一,我国山区占国土面积69%,山区人口占全国总人口56%,全国2000多个行政县(市)中,有1500多个是山区县,在592个国家级贫困县中,有496个分布在山区,山区是贫困人口的聚集区,也是新农村建设的重点和难点,通过各种杠杆的有效运作理顺林业的分配关系,增加林农收入就成为建设社会主义新农村的重要举措。

(2)调控原则

①明确界定政府作用边界　林业政策调控必须明确政府干预范围,不越位,也不缺位或错位,政府干预行为不能扩展到林业生产各方面。具备市场经济条件的林业生产内容,如林产品加工、速生丰产林的经营等,不应再成为政府干预的受益者。政府不再直接参与林业经营性生产活动,或者说政府只解决市场解决不了或解决不好且自己有能力解决或解决得更好的问题,不做应由市场做的事情。基于此,政府不断增强对林业经济调节和林业市场监管能力,提高对林业提供公共服务的质量,从宏观上为"正确维护和调整林业生产关系"和"合理组织林业生产力"创造良好条件。

②政府与市场有机结合　先市场后政府，二者有机结合。"先市场"是指以市场机制为基础，市场机制的基础性和常规性作用不可逆转。完善的市场机制能使林业经营者和林产品消费者根据各自的利益，汇聚在市场交换的过程中，使有限的资源在趋向于竞争力强、效益高的最佳分布和组合的过程中，形成敏感的利益链。遵循该规律，林业政策调控方可朝预定的目标运行。

市场和政府都不完美，单纯的市场和完全的政府都不适用于林业，必须依据林业经济的现实状况，将两种资源配置方式紧密结合起来，形成有效配合，最大限度地解决市场不能解决的问题。二者结合要"适度""适当"，"适度"指政府干预有特定的范围，"适当"指政府干预不是限制和取代市场的作用，而是在充分尊重市场规律的基础上，在利于市场机制发挥作用的前提下，对市场的作用进行补充，促进市场机制的完善。

③中央与地方分级调控　我国林业资源地域分布不平衡，林区社会经济发展不平衡，市场发育程度不一，因此，林业政策调控应在中央统一规划的前提下，实行中央与地方分级调控，合理划分中央与地方的调控权限，发挥两方面积极性。在分级调控体系中，中央调控处于主导地位，应承担全局性、根本性的调控任务，地方根据中央调控的总目标和总政策，结合本地实际，制定本地区林业政策调控具体细则，推动地方林业经济发展。中央与地方分工协作，能不断降低调控的成本和政府失灵的可能性，最终提高调控效果。

④充分利用林业中介组织　中介组织是林业政策调控的有效支点。我国林业经营分散，政府难以直接面对千家万户，而中介组织可成为各类政策通向林主的桥梁。例如，政府可以通过中介组织搜集信息、传递政策、实施项目、组织林业生产等。国内外实践表明，政策调控信号通过中介组织往往可以实现更有效的推行，日本森林组织就是典型代表。发展、完善并利用中介组织，建立政府—中介组织—林主的多层次经营管理系统，可增强林业政策调控的成效。

⑤多种调控手段综合运用　林业市场主体多元化（企业、个体户、林农户），林业利益主体多元化（政府、投资者、经营者、消费者），林业决策主体多元化，林业产业类型和经营目标多元化，这决定了林业政策调控的手段不是单一的，而是经济、法律、行政多种手段的综合，即林业政策调控是多形式、多层次、不同调节手段共同的、复合重叠的调节。在不同时期，确定重点的调控手段，并加强各手段间的衔接，寻求不同手段组配的综合效应，形成一致的调节合力，为实现活而不乱的林业经济新秩序服务。

2）林业政策调控手段

（1）计划手段

市场经济不排斥计划，计划仍是林业调控的重要手段，因为"计划手段"不等于"计划经济"，后者指高度集中的指令性计划，而前者以指导性、全局性、总体性为特征的计划。政府合理确定林业发展的战略目标，搞好经济发展预测，制定短、中、长期经济规划，规划林业经济结构和生产力布局，可促进国民经济持续、健康发展。例如，林业发达国家日本就特别强调计划手段对林业的调控作用，其森林计划体系值得借鉴。

（2）行政手段

行政手段，是指通过制定和发布政策、政令等方式管理林业，行政手段一般包括行政命令、行政制度、行政规章和条例。行政手段具有权威性、强制性、无偿性、速效性、灵活性等特点，是林业政策调控体系中的基本手段。但行政手段是非常规手段，不可滥用，如，一般应在发生了森林灾害、生态系统退化等严重事件时采用。随着林业市场经济体制的完善，行政手段的运用范围将变小，必须在尊重林业经济客观规律的基础上，从实际出发，谨慎运用。

(3)法律手段

法律手段，是指制定和实施林业行政法规，并监督林业法律的执行。法律手段包括正式颁布的法律及各类管理机构制定的具体法律效力的规范。法律手段除具有权威性和强制性外，还具有稳定性、规范性、程序性。世界各国，特别是林业发达国家普遍运用法律手段调控林业发展：芬兰早在1986年就颁布了《森林法》；到20世纪末，瑞典共颁布6部《森林法》；美国与林业有关的法令、条例多达100多个。改革开放以来，我国先后制定和修订了《森林法》《中华人民共和国野生动物保护法》《中华人民共和国防沙防治法》等多部法律，实行依法治林，为推动中国林业发展起了重要作用。

(4)经济手段

经济手段，是指通过调节林业经济变量影响林业微观经济行为的政策措施，主要包括林业财政、林业金融、林业税收、林业保险等手段。一定时期的林业发展目标确定后，政府必然选择适当的经济杠杆，促其发展。经济手段具有间接性、有偿性、关联性、灵活性，可以将调控目标与物质利益挂钩，并以责、权、利相统一的形式固定下来，给人以内在动力，充分调动人们的积极性，能最经济有效地实现调控目标。经济手段是林业调控的主导手段。

这里必须指出，经济手段符合市场经济原则，市场经济实质又是"法制经济"，包括经济手段在内的其他手段，都必须以法律为依托，在法律范围内行使和运用。所以，在实际运用中，要以经济手段和法律手段为主，配合使用其他手段。

3)林业政策调控内容

(1)制定林业建设宏观发展目标和规划

这是林业政策调控的主要任务之一。通过制定各种长、中、短期规划，搞好生产力布局，对林业的发展方向、发展阶段、发展目标等做出预先设想，可以科学利用全国林业资源，实现林业的长期、协调、稳定和可持续发展。这些宏观发展目标机规划可以包括：保护全国林业用地面积、提高全国森林覆盖率、增加全国林木蓄积量、提高全国林产品总值、增加全国动植物保护数量、保护全国自然保护区的数量和面积等。

(2)确定林业经营组织运行规划

是指政府为林业经营者指定的在本行业内进行公平竞争的各项规则。这些规则可以包括：林业产权主体的行为规则、林业产权客体的转让规则、森林经营和生产规则、林业资金及其他林业公共资源使用规则、林产品市场买卖规则、林业国际经济合作规则等。这些规则实质上是在明确鼓励什么，限制什么，以确保林业经营的秩序。

(3)干预林业"市场失灵"领域

①提供林业公共服务　如通过完善社会化服务体系，对林业提供包括技术推广、信息

咨询、林产品检验、林产品营销促销、病虫害控制等在内的公共服务。

②维护林业市场秩序 限制各种非正当行为，维护公平竞争的林业市场秩序，例如，限制垄断，促进竞争，引导林业发展。此外，还需要预先防范可能出现的市场不稳定因素，阻止市场无序。

③直接参与林业经营，保证公告品共赢 政府可参与对国民经济发展十分重要、人民生活必需、而社会商品经营者不愿意直接参与的林业经营领域（生态公益林、自然保护区）。当这些领域的经营活动具备了参与市场竞争的条件后，政府应退出。

④调节林业收入分配 可考虑调整林业生产要素相对价格，转换收入的功能分配，消除生产要素价格扭曲；合理化税制、税种和税率，进一步"多予、少取、放活"；对林产品价格实行保护政策；科学化林业扶持政策体系，调节林业经营收入。

（4）其他方面

制定和实施林业宏观经济政策；经营和管理宏观森林生态系统；加强计划管理，优化林业产业、产品结构；协调林业三大效益，林业兼具社会、公益性质和产业性质，必须通过一定手段统一三大效益的关系；合理配置林业公共资源，这些公共资源包括林业用地、政府对林业的投资、林业教育和培训资源等；影响林业资源的合理利用，如利用立法、行政等措施限制森林资源的掠夺性采伐等，使反映市场经济要求的林业经济运行新机制占主导地位，以促进林业发展；协调各部门关系，林业发展需要国民经济各部门的理解支持和配合，政府必须在各部门间有效协调。

8.2 林业经营政策

8.2.1 林业产业政策

1）产业政策

（1）概念和特征

产业政策，是指一国政府根据发展规律的客观要求，综合运用经济手段、法律手段以及必要的行政手段，调整产业组织结构、产业结构和产业分布结构，以实现社会资源的最优配置，推动整个产业持续、稳定、健康发展的政策体系。产业政策具有四个方面特征：

①政策目标多重 产业政策目标既包括经济目标，也包括社会目标。它既能弥补资源配置的市场缺陷，获得经济增长高速度，又能保证社会稳定、充分就业和经济公平。

②政策体系复杂 产业政策体系涉及多层次的内容。宏观上主要为产业发展提供良好环境。中观上主要调整产业结构，使其合理化。微观上主要调整产业内的组织关系、保证有效竞争。

③政策作用广泛 产业政策要解决产业组织合理化、产业结构高度化、产业分布的协调性和经济增长的效益性等问题，它不一定以产业为直接对象，但其直接或间接地与产业有关。

④政策实施手段多样 这主要包括非指令性的经济计划、经济措施、经济立法、必要

的行政指导等。

（2）作用

①弥补市场失灵　市场无法避免垄断、不正当竞争、基础投资不足等现象，各国产业政策最普遍的作用，就是弥补市场失灵的缺陷。

②缩短赶超时间　发展中国家在经济"起飞"初期都会遇到基础设施和基础工业薄弱的"瓶颈"制约，这些部门具有明显的"外部性"，仅靠市场机制无法在短期内实现经济"起飞"的条件，而产业政策恰是后发国家实现超常规发展、缩短赶超时间的重要工具。

③优化配置产业资源　与市场机制相比，产业政策作为政府行为，完全可以根据科学的预见实现事前调节，避免不必要的资源闲置和浪费，实现资源的优化配置。

④增强产业国际竞争力　产业国际竞争力与本国资源的比较优势、骨干企业的创新力、国际市场开拓能力有关，而产业政策对增强企业创新力和国际市场开拓能力有重要的作用。

（2）类型

①产业组织政策　产业组织政策，是指为了获得理想的市场效果，由政府制定的干预市场结构和市场行为，调节企业间关系的公共政策，其实质是协调竞争与规模经济间的矛盾，以维持正常的市场秩序，促进有效的竞争态势。

②产业结构政策　产业结构政策，是指政府制定的通过影响与推动产业结构的调整和优化促进经济增长的产业政策。它是发展中国家实现赶超目标的必由之路，是发达国家保持优势地位的重要法宝。

③产业布局政策　产业布局政策，是指政府机构根据产业的经济技术特性、国情国力状况和各类地区的综合条件，对若干重要产业的空间分布进行科学引导和合理调整的意图及其相关措施。产业布局政策是产业政策体系中不可缺少的重要内容，也是区域政策体系中的重要组成部分。

④产业科技政策　产业科技政策，是指国家对产业科技发展实施指导、选择、促进与控制的政策的总和。它以产业科技为直接的政策对象，是保障产业科技适度和有效发展的重要手段。

2）林业产业政策

（1）概念和特征

林业产业政策是国家为了实现经济和环境目的，通过对林业产业的保护、扶持、调整和完善，积极参与林业产业的生产经营活动，直接或间接干预林业发展的政策的总称。林业产业政策具体有以下五方面特征：

①林业产业政策的稳定性　无论从国土开发和生态保护，还是从林业生产的长期性来看，林业产业发展的稳定性和连续性必须要保证，林业产业政策需要具备相对稳定性。

②林业产业政策的权变性　林业产业政策的相对稳定性，并不排除为适应内外条件的变化所进行的适时调整，只是变动不宜频繁，尤其是针对生产周期长的产业。

③林业产业政策的协调性　林业产业由多次产业构成，各项政策措施间需相互协调。

④森林资源政策的基础性　森林资源培育在林业产业体系中处于基础性地位，它既是

第一产业的重要组成，也是第二、第三产业的物质基础。森林资源培育政策的科学性直接影响着林业产业政策的成败。

⑤林木系列产业政策的主导性　林木系列产业指由林木资源培育、采伐运输、加工和销售组成的产业系列。它和由其他资源的保护、培育、收获、加工组成的非林木系列产业构成林业产业两大系列。在产业发展中，林木系列产业居于主导地位，林木系列产业的政策也就具有重要地位。

（2）原则

①坚持宏观引导　以产业政策和产业发展规划为导向，综合运用经济、法律和行政等手段，逐步缓解林业物质产品、生态产品和文化产品总需求与总供给、消费结构与产品结构之间的矛盾。

②坚持生态优先　鼓励发展循环经济，提高资源综合利用水平，降低资源消耗，减少环境污染，走资源节约型、环境友好型发展道路。

③坚持因地制宜　既坚持产业规划布局的统一性，又发挥各区域比较优势，实现资源的合理有效配置。

④坚持多元化投入　多渠道筹集资金，打破部门、区域和所有制的限制，大力发展非公有制林业，形成多层次、多元化共同发展林业产业的新格局。

⑤坚持科教兴林　鼓励自主创新，推动产业技术进步，提高林业产业技术含量和整体素质。

⑥坚持对外开放　统筹国内外两种资源、两个市场，提高国际化经营水平。

（3）内容

林业产业政策具体包括林业产业组织政策、林业产业结构政策、林业产业技术政策和林业产业布局政策四个方面。

①组织政策要点　一是培育有特色、有竞争优势、带动力强的林业龙头企业，实现规模化经营，带动中小企业发展，形成大中小企业协调发展、有序竞争格局。二是鼓励企业以市场为导向，以资本、技术为纽带联合重组，通过股份出售、转让等形式推进产权结构优化。三是打破区域界限，按自愿互利原则，采取联合、兼并、股份制等形式组建跨地区的林业产业实体，发展混合所有制经济。四是按专业化协作原则，加快国有森工企业的改革、改造和重组。五是培育有品牌企业和品牌产品，尤其是有原产地特色的产品企业和品牌，加大保护和宣传力度，发挥其示范、辐射和带动作用。六是消除垄断和地方保护，发展区域性林产品交易市场，建立公平、规范有序的林产品与服务市场体系。七是扶持林业专业经济合作组织，完善现有林业专业协会，发挥其在政府、企业和农户之间的桥梁作用。八是在资源利用、资金和信贷支持、税费等方面一视同仁，消除体制性障碍，大力发展非公有制林业。

②结构政策要点　中国林业产业结构政策的方针应拟定为："积极调整第一产业，优先发展第二产业，大力提高第三产业"。具体包括以下内容：一是以森林资源培育为主的第一产业是整个林业产业发展的基础，它除直接提供市场消费品外，还为第二产业、第三产业发展提供加工利用对象，它提供加工利用对象数量的多少，直接影响第二、第三产业

发展的规模和速度。因此，须促进以森林资源培育为主的第一产业的发展，如按市场要求调整木材培育业的材种树种结构等。二是以木浆造纸以及木材、松香、森林食品深加工为龙头的第二产业是整个林业产业发展的主体，是主导产业，必须做大做强。要以提高产业科技含量、增加附加值为核心，提高森林资源综合利用率，推进生物技术发展和森林资源精深加工，调整和提升林业第二产业。三是根据产业结构升级换代演变规律，林业产业结构调整的下个目标将是第三产业取代第二产业成为主导产业，因此，现阶段要大力提升第三产业。其中森林旅游是新的经济增长点，要以提高品位、回归自然为核心，突出森林文化，结合民俗风情和传统教育，大力发展森林生态旅游业。

③技术政策要点　一是按产业化、集聚化、国际化方向，建立以企业为主体、市场为导向、产学研相结合的技术创新体系，实施标准战略和知识产权战略，提升林业产业的整体技术水平和综合竞争力。二是重视全局性、战略性和对林业产业带动力强的生物技术、新材料技术、信息技术、关键性技术的研发和推广。三是完善林业标准体系，加强植物新品种保护，应对中国林产品出口面临的技术性贸易壁垒。四是建立健全林产品质量检验检测体系，加强林产品质量安全检测，特别要加大对涉及人身健康和生命安全的林产品、非木质林产品的监督力度，确保林产品质量安全。五是鼓励林业企业通过ISO9000质量体系和ISO14000环境质量认证，推进森林认证体系和林产品认证体系建设。六是鼓励采用清洁生产工艺和节地、节水、节能、节材技术，发展先进的污染治理技术及装备，确保企业生产符合国家环境保护标准。

④布局政策要点　一是发展东南沿海区、南方用材林区、黄淮海平原区用材林产业带；南方和西南区竹资源集中区竹产业带。二是发展以东南沿海和西南地区为重点、大中城市为依托的花卉产业。三是促进各地区开发特色生态旅游产业。四是促进华北平原、东南沿海区、南方用材林区、东北林区林产品精深加工产业集群发展。五是扶持天然林保护、退耕还林和京津风沙源治理等生态工程及国有林场产业发展。六是支持东北、内蒙古国有林区森工基地调整、改造，进一步收缩木材采运业，鼓励培育速丰林，特别是珍贵树种和大径级用材林。七是在改善生态的前提下，因地制宜，充分利用沙区多样生物资源发展特色生态产业。八是结合各地实际发展生物质能源，建立林业生物质能源林生产基地。

综上所述，林业产业政策既关系到比较发达的林业产业体系建立，又关乎比较完备的林业生态体系建设。一般的产业政策理论可以成为林业产业政策运行的基本依据，林业产业政策是影响林业经济持续健康发展的核心要素，但是，进一步完善中国林业产业政策的路途还比较漫长，许多关键的问题值得继续深入研究。

8.2.2　林业金融支持政策

林业是国民经济中的弱质性产业，其表现的一个十分重要内涵就是"金融弱质"。林业经营需要长期的投入，从目前看，林业投入仍以中央财政为主，由于产业政策变化、林业经营行为特殊，外部投资者难以制定有效的林业投资决策，社会资本的林业投入积极性弱化；且林农与林业企业等林业生产经营者的授信额度有限、融资渠道狭窄、融资效果有限，林业产业发展始终受到资金瓶颈的制约。金融支持是推动林业产业化发展的关键因素，因为林业产业化发展需要大量的资金投入，以延长林业产业链条。龙头企业需要金融支持，以增强抵御经营风险的能力；林业科技创新需要大量资金投入，以促进林产品向纵深加工发展。促进林业产业与金融市场的结合，是新时期发展林业的必然选择。因此，林业金融支持的意义正越来越引起理论研究和决策者的重视。

1) 林业金融支持与林业发展的关系

（1）林业资本积累与林业发展

资本积累是社会扩大再生产的基础，是显现林业发展内在潜能、增强林业产业发展活力的前提。林业产业资本积累是林业剩余价值的资本再转化过程与资本规模的扩大再生产过程，需要林业资本规模的不断扩大、林业资本结构的不断调整、资本积累效果的不断优化、林业资本积累率的不断提升。在林业发展过程中，金融为林业发展提供了必要的资金支持，促进林业生产环境改进、林业产业技术革新、林业基础设施完善，提升了林业产业总产值、增强了林业产业的经济贡献、提高了林业发展的总收入，进而提升了林业资本积累率与积累规模；而林业资本积累率与积累规模的日趋扩大，又将促进林业规模化发展、加快林业可持续增长、转变林业经济增长方式、林业发展路径、林业资源经营机制、林业发展经营方式等，不断提升林业金融资源与资本存量，进而完善林业资源禀赋、优化资本结构、提升林业要素生产率，实现林业的集约化经营与现代化运作等。

（2）林业资本积聚与林业发展

林农与林业企业等林业经营主体的资本规模小、投资能力弱、投资分散，难以形成林业投资的规模效应，难以推动林业产业规模的持续延伸。林业资本集中立足于促进小规模、分散化或限制化的社会资本有效集聚，形成林业发展的规模化投资；如何实现林业投资规模经济的制度化与常态化，如何强化林业资本集中的林业发展传导作用，是林业规模化发展的关键问题。但正规金融机构的林业融资行为缺位、非正规金融的投资热情不足，使得林业资本集中困难重重；为促进林业资本集中，应建立健全林业资本市场体系、培育林业龙头企业等规模化经营主体、优化林业资本市场的信用环境与制度环境，激励社会资本的林业投资活力。促进社会分散资本的有效集聚与多位联合，实现林业金融有序发展与合理成长，切实促进林业可持续发展。

2) 林业金融支持政策的总体框架

林业金融支持政策包含财政性金融支持、政策性金融支持和商业性金融支持等三个方面内容（图8-1）。

（1）林业财政性金融支持

①林业财政性金融支持的作用　林业生态产品供给具有显著的公共产品属性，使财政性金融支持成为林业金融支持体系的主体环节，成为促进林业发展的直接途径，也是激励与引导社会资本参与林业建设的重要力量。林业财政性金融支持具有几下几方面作用：一是能够为林业中小微企业、林业科技创新企业等提供林业技术研发、林业生产工艺革新、林业产业设备升级所需要的长期研发资金，与追求短期见效的风险投资机构形成合理补充；二是能够为林业资本积累奠定积极基础，引导并促进多元社会金融资本的林业投入活力，以形成合理的林业金融支持体系；三是有助于孵化适应资本市场与融资环境的林业经

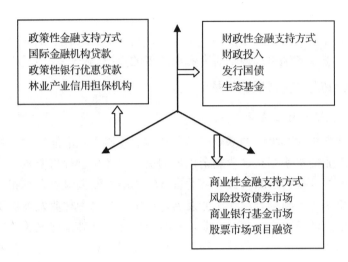

图 8-1　林业金融支持体系三维图

营主体，使其能够弥合市场投资机构的投资要求，能够缓解商业金融机构与林业经营主体的信息不对称，提升林业生产经营的资金融通效率。

②林业财政性金融支持的要点　应加强和改善政府对林业的财政、税收优惠政策，建立生态保护公共财政体系，改革现有的林业税费制度，综合利用财政补贴，税收支出等手段，加大公益林项目国债投资力度，并结合产业投资基金试点把国债资金进行市场化运作，尝试发行市政债券，利用资本市场为国家财政融资，支持林业发展。

(2) 林业政策性金融支持

政策性金融是指在政府支持和鼓励下，以国家信用为基础，由国家作为融资主体，运用各种特殊的融资手段和融资渠道，严格按照国家法律法规限定的业务范围、经营对象，以优惠性存贷利率或其他条件直接或间接地为贯彻和配合国家特定的经济和社会发展战略而进行的一种特殊性资金融通行为或活动。

①政策性金融支持林业发展的原理　在林业产业金融资源配置领域，"市场失灵"区域是商业性金融机构不能或不愿投资的领域。"不能"表现为该领域是无利可图的，如防护林、沙漠化治理等公益林项目；"不愿"表明该领域前景不明朗，投资风险大，商业性金融无力承担，如大型营林、林业科技创新项目等。商业性金融不会主动去选择"市场失灵"领域，但由于该领域的发展对整个林业产业的健康稳定发展有着极为重要的意义，必须通过政策性金融活动选择这一"市场失灵"领域(直接投资)，或通过降低风险引导商业性金融进行选择(引导投资)。

如图 8-2 所示，A 渠道财政性质比较浓厚，虽然政策性金融机构也会承担一部分，但不是其主要部分；B 和 C 渠道主要是通过政策性金融的引导促进林业的持续稳定发展，它充分体现了政策性金融是计划与市场的巧妙结合体，而且政策性金融毕竟只是对市场机制的补充，在整个资源配置体系中不占主导地位，势必要借助商业性金融的力量，达到"以小博大"的效果。政策性金融机构按照国家的林业产业发展目标，对林业进行投资，以此表明国家下一阶段的投资重点或发展目标，从而引导商业性金融机构的投资方向。如果政

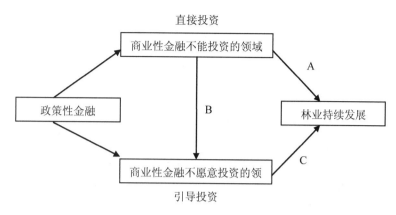

图 8-2 政策性金融促进林业发展的过程

策性金融机构具有足够高的资信度或者具有足够强大的资金实力,就会使商业性金融机构和投资者认同政策性金融机构业务活动所要表达的国家林业战略目标,从而调整其投资预期,建立投资信心。如果商业性金融及其投资者具有完善的内部机制,那么,在追求利益最大化的利益激励机制的作用下,大量的商业性金融资源就会源源不断地被吸引到国家产业政策所鼓励的林业产业领域。

随着林业产业发展前景日益明朗,商业性金融将最终超过政策性金融机构所占的份额,成为投资主体。之后,林业产业相关领域所得到的金融资源将大大超过初始阶段政策性金融机构所投入的金融资源。政策性资金对林业产业化的投入,不仅可以在一定程度上提高林业产业化主体自身的实力,改善其信用状况,同时可以产生告示效应,改变投资者的心理预期,刺激其他性质资金的投入,从而形成一个良性的资金循环机制,推动林业产业化发展。

②林业政策性金融支持的作用 一是有利于促进林业产业化战略目标实现;二是有利于提高政策性和商业性金融的运作效率。林业产业如果完全依赖商业性金融实现自身发展不可避免地使商业性金融部门承受过大的压力和过高的金融风险,不仅不能满足林业产业化发展需要,同时也不利于国有商业银行的现代企业制度改革。由于政策性金融承担政策性业务,能有效弥补财政支持职能的不足,使国有商业银行按照企业化经营原则运作。

③林业政策性金融支持的要点 一是加强政策性银行信贷融资支持力度。政策性银行的信贷资金具有规模大、期限长、来源稳的特点,非常符合大型林业项目融资的需求和生产经营特点,因此,政策性贷款在我国林业发展中具有重要作用。国家开发银行和农业发展银行要调整职能定位,拓宽业务范围和资金来源,在信贷投入上大力支持林业产业化发展。我国政府应借鉴国际发达国家的经验,商品林经营资金来源应该坚持以政策性贷款为主,即通过利用贴息或低息的贷款,支持速生丰产林及经济林建设;二是建立林业政策性信用担保机构。建立政策性信用担保机构,可以调动商业性金融对林业贷款融资的积极性。林业信用担保机构组建可以采取两种模式:一种是政府组建,市场化运作。该模式以政府出资为主,市场筹资为辅,突出林业导向,按照市场规律运作,但不以赢利为目的,坚持保本微利的经营原则;另一种是混合组建,市场化运作。该模式是以政府和其他专业性商业担保公司为主要的共同出资人,同时吸收其他市场主体投资组建信用担保机构,它

具有商业担保和信用担保的双重特征，实行合作经营，先由政府根据政策标准和市场原则推荐担保对象，然后由商业担保公司按市场化要求进行担保。在我国，林业信用担保最佳模式为：建立由市、省、国家三级机构分层次组成的林业信用担保体系，担保业务以地市为主，再担保业务以省、国家为主，组织形式可分为事业法人的信用担保中心和企业法人的国有独资或控股的有限责任公司两种，其运作方式应坚持市场化原则。同时，充分发挥保险的特殊功能，通过开保险公司或与保险公司合作，对辖区内面向林业企业提供担保的担保公司发展担保信用保险，在更宽的范围内以更大的倍数间接支持中小企业；三是设立国家和地方林业产业投资基金。林业建设需要大量资金，需通过建立产业投资基金支持林业建设。结合国外基金发展经验，我国林业产业投资基金可设计为一种集政府性基金、纯公益性基金和商业性投资基金优势为一体的混合型基金，资金来源包括政府财政拨款、国际援助等，并通过成立专门的基金投资管理公司。基金的投资方向侧重于生态环境效益，资金使用方式根据项目地性质采取资助赠款、低息贷款或利息补偿等。

（3）林业商业性金融支持

商业性金融是以商业银行等正规金融机构为主体、以其他金融服务组织为辅助，以市场运行为规律与配置机理为依据，实现金融资源配置效用最大化、配置结构合理化、配置行为有效化的金融形式。

林业财政性与政策性金融支持难以有效解决林业发展的资金难题，促使林业生产部门与微观主体转向寻求商业性金融支持，倒逼商业性金融机构不断开展金融产品创新，使其金融服务体现林业政策性金融支持的意愿，体现林业可持续发展的战略部署。

林业生产经营的特殊性、投资资金的密集性、投资回报的长期性、投资收益的微利性等，使得银行等商业性金融机构不倾向于制定林业生产投资决策，不倾向于对林业发展提供资金支持，不倾向于向林业企业与林农提供经营资金，致使林业商业性金融支持弱化。林业商业性金融支持应通过商业银行、其他金融机构的金融资源整合，政策性金融与财政性金融支持的合理引导，加大林业生产经营投资，以促进林业产业提质增效、优化林业产业发展布局、培育林业生态体系、健全生态文化体系。

为加强林业商业性金融的支持作用，商业性金融机构应探索建立林业生产经营主体的直接融资资本市场体系、间接融资银行体系与非银行金融体系，为林业生产经营主体提供直接贷款、信用贷款、保险服务、担保质押服务与风险补偿产品等。例如，改进对林业企业的金融服务，借鉴国外"绿色银行"经验，积极引导社会资金流向立业；建立林业金融担保体系，发展林业产业担保市场，鼓励有实力的企业组建信贷担保公司，为林业中小企业提供更多的信贷担保。同时，不断建立健全多层次的林业融资资本市场，不断优化商业性融资工具、融资方式、融资机构与金融产品，从股票市场、债券市场、基金市场等方面进行融资创新，合理运用林业项目融资，对基础性林业资产项目融资，要合理采用BOT方式、TOT方式以及ABS方式，支持林业发展；对于林业高新技术产业可以利用风险投资方式吸引投资。从而优化金融资源配置，使社会资本转化为林业资本，活跃林业商业性金融支持格局，增强林业商业性金融支持力度，提升林业资本投入与资本积累规模，实现林业金融资源的有效获取，以促进林业又好又快发展，加快我国现代林业演化进程（图8-3）。

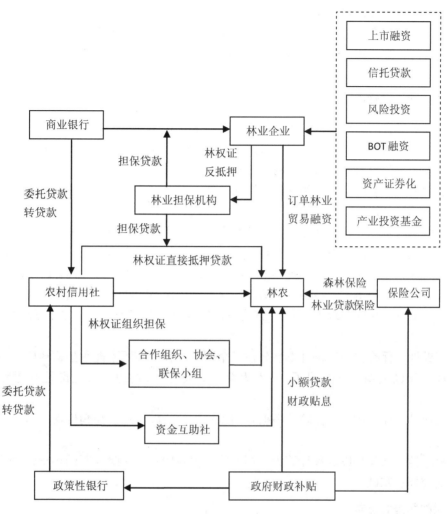

图 8-3　我国林业金融支持体系内部运行模式

8.3　森林保护政策

8.3.1　森林保险政策

林业是一项具有很大风险性的产业，在漫长的生产周期中，森林资源随时都可能遭受各种自然灾害，如风、火、雪、水、病虫害等的侵袭和人为灾害如乱砍滥伐、毁林开荒等的破坏，这些都会给森林资源再生产带来重大损失。在计划经济时代，这些风险主要通过政府加强管理进行化解，林业扩大再生产的投入和各种灾害的预防、救灾、恢复等责任均由国家承担。然而随着市场经济的发展，特别是实行林权制度改革后，落实了林地承包经营权，林农独立经营，这些风险责任转移到林业经营者身上。因此，如何增强林业风险抵御能力，降低林业投资的风险，使灾害造成的损失减少到最低，并能在损失后给予必要的扶持就成为新一轮林权制度改革需要迫切解决的一个问题。开展森林保险对于减少森林风险发生，分散风险有十分积极作用。因此，探讨新形势下森林保险问题，对于保障林业再生产顺利进行，推动新一轮林权制度改革的顺利进行，具有重要的理论意义和深远的现实意义。

1）保险概念和特点

保险是通过合同的形式，以集中起来的保险费建立保险基金，用于补偿因自然灾害或意外事故所造成的经济损失，或对个人的死亡、伤残付保险金的一种经济方法。从经济角度上说，保险是分摊意外事故损失的一种财务安排。投保人参加保险，实质上是将他的不确定的大额损失变成确定的小额支出，即保险费。而保险人集中了大量同类风险，能借助大数法则正确预见损失的发生额，并根据保险标的的损失概率制定保险费率。通过向所有被保人收取保险费建立保险基金，用于补偿少数被保险人遭受的意外事故损失。从法律角度看，保险是一种合同行为，体现的是一种民事法律关系。根据合同约定，一方承担支付保险费的义务，换取另一方为其提供的经济补偿或给付的权利。保险具有以下四个特点：

①经济性　保险是一种经济保障活动。这种经济保障活动是整个国民经济活动的一个组成部分。此外，保险体现了一种经济关系，即商品等价交换关系。保险经营具有商品属性。

②互助性　保险在一定条件下，分担了个别单位和个人所不能承担的风险，从而形成了一种经济互助关系。它体现了"一人为众，众人为一"的思想。互助性是保险的基本特征。

③法律性　保险的经济保障是根据合同进行的。所以，从法律角度看，保险又是一种法律行为。

④科学性　保险是以数理计算为依据而收取保险费的。保险经营的科学性是保险存在和发展的前提和基础。

2）保险职能和分类

（1）职能

保险的本质决定保险的职能。概括起来，保险的主要职能包括：

①经济补偿职能　指对投保人因遭受自然灾害或意外事故造成的损失，按照合同的规定提供经济，用于恢复生产、安定人民生活。这是保险最基本的职能，也是保险得以存在和发展的社会基础。

②分散风险职能　从全社会来说，灾害事故是不可避免的。尽管自然灾害和意外事故发生的概率小，一旦发生，对个别单位或个别人来说就是百分之一百的损失。这种损失倘若由个人或单位承担那是不堪设想的。实行保险，就是把个别投保人的风险由全体投保人共同承担。正因为保险具有这种动员社会力量、分散社会风险的功能，降低了人们抵御灾害事故的需要，它才获得了强大的生命力。

③防灾减损职能　指保险直接参与防灾、防损工作，采取各种有效措施，防止和减少意外事故发生及其所造成的生命财产损失。保险作为一种承担风险，组织经济补偿的形式，无论从职业联系上还是从自身经营的经济利益上看，它不仅着眼于补偿已产生的经济

损失，还必须参与防灾、防损工作，从根本上防止或减少灾害事故的发生。

④分配资金职能　首先，保险在它的参加者之间通过缴纳保险费和给付赔款方式进行资金分配和再分配，保证遭受意外损失的投保人取得补偿性质的货币资金；其次，通过对防灾、防损活动提供经费补偿等形式，对保险基金进行再分配；再次，保险基金在用于支付保险赔款之前，有一笔数额可观的结余资金，暂时处于闲置状态，可形成信贷资金的来源。

（2）分类

迄今为止，各国对保险的分类尚无统一标准，职能从不同角度进行大体上的分类。按保险的性质分类，可分为商业保险、社会保险和政策保险。保险标的，或称"保险对象"，是指保险合同中所载明的投保对象。按保险标的分类，保险可分为财产保险、责任保险、信用保证保险和人身保险。

3）森林保险概念及特点

（1）概念

森林保险是保险业务中的一个小小的分支，森林经营者（投保人）按照一定费率缴纳保险费，以获得保险企业（保险人）在森林遭遇损失时提供的经济补偿，这种经济行为以契约的形式固定下来，并受到法律保护。

（2）特点

①可续保期长、连续性强　在农业保险中，保险期按生长季节只有几个月，一个有生命的标的就此结束，续保期是另一个有生命的标的，而森林保险标的则是多年生植物，生长期长，就是一般速生用材林都在十年以上，特别是风景林或珍贵树种更有百年以上，对一个有生命的标的而言，其可续保期是相当长的。另外，由于森林风险的周期性，森林保险的经营不宜以某一年度的经营成果论成败，为了在时间上分散风险，应当连续若干年开展。

②责任单一，费率低　我国的原始森林经若干年的迹地更新，逐步成为人工营造林，虽说可能遇到的自然灾害比较多，但目前仅限于火灾责任，保险费率比其他农作物低，但由于火灾造成的损失巨大，保险公司经营压力较大。目前，我国森林火灾保险平均赔付率为70.3%，而一般财产保险是30%~35%，保险公司经营的积极性不高，是由投保面小造成的。与此同时风灾、水灾、雪灾、旱灾、冻灾等气象灾害在我国时有发生。另外，病虫害也是造成森林损失的主要原因之一，都需要保险保障。因此，森林保险务需扩展保险责任，由单一的森林火灾保险发展为能承保气象灾害、病虫害的森林综合保险。同时，借鉴国际经验，将森林火灾保险作为政策保险经营，国家对森林保险采取保护、扶持政策，政府给予适当补贴或税收优惠。

③森林分布点多面广，保险标的分散　林权制度改革后经营比较分散，加之，林区交通不便，给森林保险的展业和承保控制带来了很大的困难，增加了许多费用支出，而且在出险时查勘定损也不太容易做到及时准确。森林保险公司在经营森林保险时，可以根据林业生产的特点进行分保或者共保，降低经营风险。此外，还可以发行巨灾损失证券，综合运用多种方式转移风险。

④森林的植被丰富，品种繁多，价值难以确定　厘定保费和确定保险金额时需要林业专家参与，提高精算水平。针对人工林和天然林，地区不同、风险程度不同的森林应该实行差别费率，对风险防范措施较好的森林实行优惠费率，鼓励投保。

⑤地域性强　不同地区自然灾害的类型不同。东北地区自然灾害主要包括洪涝、火灾、干旱、低温霜冻等多种气候气象灾害；南方沿海地区自然灾害主要以台风、干旱、洪涝等气候气象灾害为主。由于各地区的气候、土壤等自然条件和社会生产技术及经济条件的不同，林业生产和森林分布具有明显的地域性差别，这就决定了森林保险可以根据各地的实际情况，具体确定承保的条件和方式。

4）森林保险形式

目前，我国森林保险所采用的模式，按林业所有制划分，国有林区的包括辽宁、吉林；集体林区的包括广西、广东、贵州、福建、江西、浙江、广西、湖南、湖北；平原农村的包括河北、山西、山东、陕西等。

按保险体制划分，大致分为5种。

（1）由保险公司主办、林业部门代理业务

根据现有林木面积、林木生长年限、林木价值以及火灾频率等制定保险，确定保额和收费率。如广西桂林、湖南会同等地。由林业部门代理保险业务，可以把森林资源保护和森林资源保险统一起来管理。实践证明，在森林比较集中的林区，可是适当考虑发展这种保险形式。

（2）由林业部门与中国人民保险公司共保

这种模式遵循"低保额、低保费、保成本"的原则，根据树种、林龄、林分价值等确定林地投保额和收费率的档次。如福建的邵武、河南的西峡等地。该保险方式将林业部门、保险公司、林业经营者的权利和义务结合在一个整体中，可以充分发挥各自的优势。保险公司拥有资金和熟悉保险业务的优势，是对资源保护和林业生产发展的支持；林业部门拥有营林技术、防灾管理经验的优势，林业参与林保，不但分担了保险责任，而且有利于促进森林资源保险与保护相结合。从实践来看，这种联合共保形式比较好，是一种较好的森林资源保护经济联合形式的体制。

（3）由林业部门通过成立灾害共济会开展保险业务

参加共济会的单位均要设一名兼职联络员，入会的单位均按拥有的林种、林龄及灾害种类级别缴纳共济金和享受救济。如辽宁本溪等地。森林灾害共济是由森林资源经营者共同承担森林经营中的风险，是一种包括部分保险内容在内的林业保险，既吸收了保险业务的一些特点，同时也可以完善原有森林资源保护体系，通过经济手段强化了森林资源工作。

（4）由农村林木保险合作组织自保

由参加合作组织的林农共同集资，资助合作组织的受灾林户作为森林资源灾害损失保险的一种保险形式。如四川、山东等地。农村林木合作保险组织，一般多设在乡镇一级，是一种互助性质的保险形式，目前大多出现在平原农区和规模较小的集体林区。这种保险方式对规模较小的乡村林业发展有很大的借鉴意义。

(5)林权制度改革后在优惠条件下由农户自保

如福建省部分地区，采用农民出大部分保险费、国家部门补助部分保险费的农户自保形式。

5)国外森林保险发展及借鉴

(1)国外森林保险模式

森林保险起源于北欧的芬兰、瑞典和挪威，至今已有近百年的历史。芬兰、瑞典、美国、日本等国家已经有一套较为完善的森林保险制度。

①芬兰 芬兰是北欧经济发达国家，森林资源丰富，而且森林是其最重要的自然资源，是欧洲人均森林最多的国家，森林蓄积总量21.6亿m^3。所以芬兰政府和林木经营者都十分重视森林保险。芬兰的森林保险始于1914年，是世界上开办森林保险最早的国家，私有林1/3以上都参加了保险。

芬兰的森林保险在政府林农部领导监督下，由联营保险公司经营，承包对象为国有林、企业财团所有林、教会及个人林场。全国划分20个林区实行级差费率，重大损失险享受费率优惠，并由芬兰政府提供相应的基金补贴。即保险公司提供金额的1/3，另外2/3由政府补助基金供给。

经营险种包括森林火灾保险、森林重大损失保险、森林综合保险、森林附加保险。森林火灾保险承保火灾损失单一责任；森林重大损失保险承保大面积损失限额以上的赔偿责任；森林综合保险承保火灾、暴风、雪灾和病虫害损失责任；附加险扩大承保范围至兽害、洪水损失责任。

②瑞典 瑞典是北欧经济发达国家，森林是瑞典最重要的自然资源，所以，瑞典政府和林木经营者都十分重视森林保险，瑞典于1920年开办森林保险，距今已有近百年的历史。森林保险由私营商业保险公司经营，并成立联营再保险公司，承担联营分保业务。私营商业保险公司承担国有林、集体林和个人林场的人工林及林木产品。根据全国各地的地理位置、自然环境、气候条件、交通情况、公众习惯等因素，将全国森林划分为6个林区，不同林区规定不同保险费率。保险金额是按照单位面积立木蓄积量的价格确定，按森林面积收取保险费，按实际损失赔偿。

瑞典的森林保险种类分为火灾保险和综合责任保险，后逐步发展为以综合保险为主的森林保险业务，其中火灾险约占40%。综合险约占60%。瑞典的森林保险业务经营稳定。

③美国 在早起的美国火灾保险界，森林保险一直处于弱势。商业保险公司对于森林保险没有积极性，因此，其保险费率常常高出林场主能够支付的水平。森林保险的缺乏增大了森林资产的风险，导致林木所有者倾向于流通和变现他们的森林资产，这在一定程度上增大了森林资产的交易频率和总交易成本。

为有效保护和合理利用森林资源，在1924年7月7日通过的Clarke-McNary法案下，美国农业部的林务局对森林火灾损失和森林保险的供给展开研究。研究结果表明，仅仅是保护措施并不能降低火灾风险损失，而需要将森林保险建立在森林保护措施的基础之上，二者不能相互取代。其次，如果制定符合市场需求的森林保险条款，这一地区的森林火灾保险是有利可图。在 20 世纪初的美国，政府为森林保险所有者承担了大部分保护措施成本，因为也为森林保险市场的发展提供了必要准备条件。在美国灵活的市场经济条件下，竞争机制促进了森林保险条款的多样性和合理性。经政府对林业的大力支持和市场化的竞争性发展，美国森林保险市场为其国家森林资源的保护和有效利用起到了不可或缺的作用。更有意义的是，美国森林火灾保险的其他特征还为金融市场的发展提供了便利，经过保险后的森林资产价值会增加，使其更容易被银行等金融机构所接受而成为贷款抵押物。这也是林权制度改革后，林权抵押市场发展所能够借鉴和学习的地方。

④日本　林业在日本是一项非常重要的产业，所以日本政府和林木经营者都十分重视森林保险。

日本政府于 1937 年首次制定了有关森林火灾保险的法律《森林火灾国营保险法》。起初仅限于对森林火灾的保险，出于对森林火灾发生原因复杂的考虑，森林火灾保险由政府独家经营，有资格参加森林火灾的是林龄在 20 年以下的私有人工林，国有林不参加任何森林保险。之后随着森林保险业务的发展，森林保险种类越来越多，1961 年，气象灾害被列入森林保险险种，改变了单一火灾险种的局面；1978 年，为分担火山喷发造成森林山火的损失，增加了喷火险。包含火险、气象险、喷火险三大险种的综合险延续至今。

除了政府外，日本私有林林主的民间团体——日本全国森林组合联合会，也以共济名义办理森林保险业务；日本的森林保险采取自愿方式，私有林主可以根据自己的意愿决定是否参加森林保险以及投保的险种；参加森林保险的林主所缴纳的保险费是根据保险比率倒算出来的，保险费率是缴纳保险费数额与事故发生后所能得到的保险金额之比，与灾害发生的频率成正比关系。

近几年，日本森林经营目标由振兴林业转为充分发挥森林生态作用，国有林经营管理费用全部由国家负担，森林保险只针对民有林。

（2）我国森林保险发展对国外森林保险经验的借鉴

发达国家的森林保险发展模式和成功经验，对于起步晚、发展缓慢的我国森林保险具有一定的启示和借鉴意义。我国应在充分借鉴国外森林保险先进经验的基础上，找出适合我国森林保险发展的最佳模式（图 8-4）。

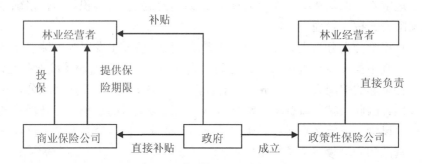

图 8-4　森林保险经营体系

①依靠法律机制保障森林保险的发展　利用法律手段保护和规范森林保险发展是发达国家的普遍做法。森林保险业务开展较早的国家如芬兰、瑞典等，都以专门的法律对其地

位和运作规则进行了规定。而我国除了1982年颁布的《森林保险条款》对森林保险有简单规定外,有关森林保险的具体法律和行政法规至今尚未出台,没有一部规范的林业保险法规。因此,我国应在借鉴国外森林保险法规的基础上根据我国林业自身特点,加快森林保险的立法,将整个森林保险事业完全纳入法制化轨道,保证森林保险有法可依。

②构建合理的森林保险经营体系　政府在构建森林保险体系中要发挥其主导作用。各国经验表明,政府在资金上的支持,或者直接采用政策性保险的形式是推动保险业务的必要手段。芬兰的森林保险具有政策性保险的特征,芬兰政府给予了大力的政策支持,为森林保险提供基金补贴;美国政府也在Clarke-McNary法案下,为森林所有者承担了大部分保护措施成本。我国开展森林保险更加应该结合实情,实行低保费、低保额、保成本的原则,政府应该利用经济政策和经济杠杆扶持森林保险发展。一方面,政府应该给予并逐渐加大对商业性保险公司承办森林保险业务的财政补助,或者直接给予参与森林保险的林业经营者以财政补贴;另一方面,国家可以成立政策性林业保险公司,具体负责林业保险。

③大力发展互助保险合作社　在借鉴国外保险模式基础上,根据我国的国情和林情,特别是林权制度改革后,我国林农自主联合组建了林农合作社,发展林业合作经济组织。在此基础上,林农合作组织可以作为中介和纽带为政府和保险公司代办森林保险业务;另外林农合作社可以自办互助性森林保险进行自我保护。由于互助合作保险主要是农民间的互助互济并不以盈利为目的,在我国这种形式比商业保险的形式更适合于农民的保险意识和思想水平,比较容易为农民所接受及当地政府认同。同时,成员之间的共同利益关系形成了一种互相监督机制,有利于防止道德风险和逆向选择的发生,具有较低的信息成本和监督成本。

④完善森林保险体制　事实证明,我国每年的森林灾害损失不仅来源于火灾,还包括病虫害以及气象灾害等。单一火灾险已经不能适应森林培育生产过程多种性质不同风险防范的需要。而在国外,森林保险早已逐步发展为包括火险、综合险以及附加险在内的多种形式相结合的森林保险体制。所以,我国也应逐步发展森林综合险种的保险,扩展保险责任,满足广大林业经营者的需求。由单一的森林火灾保险发展为能承保气象灾害、病虫害的森林综合保险。另外,在保险费率和赔偿标准确定中,应充分考虑不同地区、林种、树种、林龄的差异性。

8.3.2　林业补贴政策

林业补贴制度是政府基于森林资源的市场弱竞争性、社会公益性以及森林资源经营者的产权受限等原因而实施的一种经济诱导制度。实施林业补贴政策,既是促进公平的需要,也是促进林业可持续发展的需要,更是大力推进生态文明建设的需要。

1) 林业补贴概念

目前,国际经济法里并没有单独的林业补贴概念,在某些国家的实践中林业补贴是农业补贴中的一类。国际上关于农业补贴的界定和分类以世界贸易组织(WTO)和经济合作与发展组织(OECD)的影响较大。根据它们的界定和分类,结合实际,可以认为林业补贴包括所有针对林业生产者、林产品以及林业领域而实施的"补贴",是指政府及其关联机构实施的有利于林业生产者或者林业部门的直接或间接的公共财政支持措施。其中,直接措施指通过林业工程、林业契约关系或者政策目标行动等方式,对林业生产者或林业部门给予货币、实物、劳务等直接支持,及贷款贴息、保费补贴等优惠措施,以及政府采购、木材收储、出口补贴等价格支持。间接措施主要指林业减免税费。

2) 林业补贴政策的理论依据和目标

(1) 理论依据

①公共品理论和外部性理论　林业生态产品具有消费上的非竞争性和非排他性,是一种公共物品,这使得森林经营者私人边际收益小于社会边际收益。市场经济条件下的各类"趋利"要素自然逃逸,单纯依靠市场机制无法保障林业的正常经营,适当的经济补偿是纠正这种市场失灵的必要措施。

②林业经营中存在林业产权残缺　森林限额采伐制度和生态公益林制度的存在,为保障国家的生态安全发挥了重要作用,但这两项制度却导致林业产权残缺。具体表现包括:一是林地上的林木资产缺乏一般产权所包含的收益权、处置权或者资产变现权,林木资产的变现能力受到限制,导致林业产权的残缺,直接损害林业经营者的利益,减少林业生产活动的供给数量;二是从外部性角度看,政府限制林业产权的行为对林业经营者产生了负外部性作用。林业产权残缺不仅损害产生正外部效应的林业经营者的利益,也使林业供给者进一步偏离最优水平,既有失公平,也缺乏效率。因此,林业产权的残缺成为实施林业补贴的又一重要依据。

③林业经营具有长周期性和高风险性　林业经营周期长,导致市场价格信号严重失真。林产品尤其是木材产品,其供给数量往往很难真实反映市场实际供求状况。林业的长周期性也带来林业的高风险性。很少有行业像林业那样需要经过多年投资才能有回报。林业的长周期性不仅会带来生产过程中诸多自然风险,而且还会存在产权变动等社会风险。因此,民间资本投入林业的积极性受到抑制。为保持林产品的稳定供给,有必要对林业经营行为进行适度补贴。

(2) 目标

①消除林业外部性带来的经济效率损失　由于林业生产生态产品的行为具有明显的正外部性,该行为几乎得不到有效的补偿。因此,林业生态产品存在严重供给不足的现象,林业补贴应该消除或者减少外部性带来的经济效率损失问题。

②提供合理数量的公共物品　林业生态产品存在极其严重的"免费搭便车者"问题,几乎没有人自觉地提供林业生态产品。但是林业生态产品是事关全民的重要公共物品。因此,增加林业生态产品供给,提供合理数量的这一公共物品,应该成为林业补贴的重要政策目标。

③补偿林业经营者的经济损失,促进社会公平　林业经营者无偿为社会提供了生态产品,但是却受到森林限额采伐制度的制约,并遭受林地被强制划入生态公益林等不公平待遇,不仅没有得到应有的生态补偿,而且还为维护生态环境减少自己的应有收益。因此,应该实施林业补贴制度补偿林业经营者的经济损失,促进社会公平。

3) 林业补贴政策类型

林业补贴政策分为三类,即生产者支持补贴、消费者支持补贴以及一般服务支持补贴等。其中,生产者支持补贴细分为五类,即林业工程补贴、各项专项补贴、生态效益补偿、林业税费减免和价格支持(表8-1)。①林业工程补贴包含了挂钩补贴和脱钩补贴等不同具体补贴的综合性补贴,一般以财政拨款支持的综合性环境治理项目或林业建设项目实施。只有森林划入工程范围,森林权利人才能获得补贴。②专项林业补贴是针对林业生产经营者的某一或某些环节给予的补贴,既对林业工程内的森林给予补贴,也对工程区外的森林给予补贴。③生态效益补偿包括对森林生态环境本身的补偿、对个人或区域保护森林生态环境的行为补偿、对具有重要生态环境价值的区域或对象的保护性投入等。④林业税费减免被认为是间接补贴,被普遍认为是一个负的税负,政府通过减让林业税费等同于实施补贴。⑤价格支持政策是国家提高或稳定林产品价格水平,支持林业生产者的政策,是提高林农收入,促进林业发展的措施之一。主要包括政府采购和最低价格限制等。

表8-1 我国林业补贴政策结构化分析和补贴类型

补贴类型		现有补贴政策	所对应的WTO补贴类型	所对应的OECD补贴类型
生产者支持	林业工程补贴	退耕还林(草)补贴、天然林保护工程补贴、京津风沙源治理工程补贴、野生动物保护及自然保护区建设工程补贴、山区综合开发项目	不可诉补贴	综合性补贴政策措施,主要是挂钩补贴和脱钩补贴
	生态效益补偿	森林生态效益补偿(公益林)	不可诉补贴	
	各项专项补贴	造林补贴、森林抚育补贴、苗木两种补贴、森林保险保费补贴、林业贷款利息补贴、林机具购置补贴	不可诉补贴	挂钩补贴
	林业税费减免	育林基金调减	不可诉补贴	政府税收放弃
	价格支持	政府采购:最低价格木材临时收储	可诉补贴	市场价格支持
消费者支持	林产品消费补贴		可诉补贴	消费者向生产者的转移
一般服务支持		林业基础设施建设、测土配方施肥补贴、病虫害防疫体系建设、森火监测体系建设、现代林业示范工程等	不可诉补贴	一般服务支持

【单元小结】

市场机制是实现资源优化配置的基本方式。但市场机制有效发挥作用是有条件限制的,当市场这只"看不见的手"无法实现资源配置的帕累托最优状态时,就出现所谓的"市场失灵"现象。这就要求助于政府这只"看得见的手"。以上讨论为林业政策发挥提供了充分依据,当林业市场出现失灵时,政府需要建立起既有利于市场功能有效发挥,又能有效克服市场缺陷的林业政策体系,以确保林业在社会主义市场经济体制下高效有序运行。本单元主要介绍林业市场失灵原因及林业政策调控的主要内容、林业产业政策和林业金融支持政策的基本内容、森林保险政策和林业补贴政策的主要内容。

【综合实训】

一、名词解释

外部性　公共物品　林业产业政策　森林保险　林业补贴制度

二、填空题

1. 林业公共品的存在容易引起_____行为，这使得经营一个有效率的市场是非常困难的。

2. 林业政策调控的目标包括_____、_____、_____。

3. 林业产业政策坚持_____、_____、_____、_____、_____、对外开放原则。

4. 林业金融支持政策包含_____、_____、_____三个方面内容。

5. 森林保险起源于欧洲，_____、_____、_____等国家已经有一套较为完善的森林保险制度。

6. 林业补贴政策分为三类，即_____、_____、_____等。

三、思考题

1. 简述林业政策调控的原则。
2. 简述林业政策调控的内容。
3. 简述林业产业政策的主要内容。
4. 简述林业财政性金融支持的作用。
5. 简述国外森林保险经验对我国森林保险发展的启示。
6. 简述林业补贴政策的目标。

单元九　林业综合效益评价

学习目标

【知识目标】

(1) 了解林业综合效益的基本含义，理解林业综合效益的基本特征。

(2) 了解林业经济效益评价指标设置原则，掌握林业经济效益指标体系的构成。

(3) 理解比较分析法、边际分析法、综合评分法、因素分析法的概念，掌握林业经济效益分析和评价方法。

【技能目标】

(1) 能正确处理生态效益、社会效益和经济效益的关系。

(2) 学会计算主要林业经济效益指标。

(3) 学会林业经济效益分析和评价方法在林业中的应用。

9.1 林业综合效益

环境和发展一直是人类社会关注的问题,而森林是实现环境和发展的关键和纽带。长期以来,人们只是重视森林的三大效益(经济效益、社会效益、生态效益)中的经济效益,忽略了森林的其他两个效益,导致了森林资源的过度采伐,引起生态环境的恶化。根据新华网报道,2002 年 3 月,一场沙尘暴由西向东袭击了北方大部地区,这场沙尘暴席卷了我国北方 10 省、自治区、直辖市的 170 万 km^2 范围,影响人口达 1.5 亿。据评估,强沙尘暴天气已影响我国甘肃、内蒙古、宁夏、山西、陕西、河北、天津和北京等地 140 多个县的 552 万亩耕地和 4100 万 hm^2 草地。它给相关地区人民群众的日常生活、公共交通带来了不便,导致流行病发作。这是 20 世纪 90 年代以来在我国覆盖范围最广、强度最大、影响最严重的沙尘暴天气,其原因之一就是毁林毁草开荒、过度放牧、滥樵滥采等人为破坏活动。

自 20 世纪 60 年代以来,人口膨胀、环境恶化、资源枯竭、能源紧张、生态系统退化等一系列问题敲响了人类生存危机的警钟。随着科学技术的进步和人类思维方式的不断革新,在观念上不断突破传统观念的束缚,确立林业在经济、自然、社会大系统中的位置,从整体上把握林业的综合效益,系统地探讨林业综合效益的理论和客观依据,探寻具有普遍意义且行之有效的评价方法和指标体系,具有现实的意义。

9.1.1 林业综合效益基本含义

林业是个多功能多效益的产业部门,人们在培育、保护和开发利用森林资源的过程中,不仅产生巨大的经济效益,而且也给人们带来巨大的生态效益和社会效益。所谓林业效益就是上述的三种效益的总称。

林业综合效益,实质上是林业经营者(主体)的生产过程中,在森林生态系统综合功能基础上实现的,为客体(以人类社会为中心的环境—社会系统)所需求和接受的生态效益、社会效益和经济效益的综合和统一。

1) 林业经济效益

林业经济效益,是指反映人们在经营林业生产过程,投入对产出、所费对所得的相互关系的比较,它变现为营林生产、森林采伐运输、木材加工和林产化学等一系列林业经济活动合乎目的的程度,包括满足人们需要的物质效果和经济利益。按林业经济效益评价的内容、标准不同,可分为绝对经济效益和相对经济效益。绝对经济效益指某项生产技术方案的投入与产出之间的比值或差额,即所得/所费 >1,或者所得 - 所费 >0。所谓相对经济效益是指两种或两种以上可行性方案之间,或新方案与对照方案之间的经济效益相对比,即新技术经济效益/原技术经济效益 >1,或者新技术经济效益 - 原技术经济效益 >0。通过这种比较,可以选出最佳方案或措施,相对经济效益主要用于方案择优。林业经济效益是林业经营综合效益中,最活跃、与人类社会利益最直接关联的因素,是林业综合效益中已被人们直接重视,在开发利用已表现为经济形式的那部分效益,是林业广义社会效益中的重要组成部分。

2) 生态效益

林业生态效益，是指人们在营林生产过程中，通过投入一定量的劳动而使森林生态系统的诸多因素和整个生态的平衡产生的某种影响，从而对人们的生活环境和生产条件产生的效益。它反映人们营林劳动耗费同耗时对维护生态系统平衡所起的作用的比较关系。它在综合效益中处于基础地位。因为林业经营系统内，森林生态分支系统结构是整体结构的中心，自然再生产过程是经济社会再生产过程的前提，由生态效益体现出来的生态系统物质循环和能量转化的有效益流转，是经济系统价值运转的基础。

按照马克思关于劳动价值的原理，由于人们投入了一定量的劳动，使森林特别是各种防护林对生态环境的改善和质量的提高，进而不断满足人们生产和生活对环境的需要的生态效益，不仅具有使用价值，而且应该具有价值，因为它也包含了"人类劳动力耗费的单纯凝结"。然而，经过林业生产经营活动产生的具有使用价值和价值的生态效益，如新鲜空气、保持水土、防风固沙、涵养水源等生态效益，在现实生活中，因其属于林业生产过程中的无形产品，无法准确得到产出数量，也无法进行市场交换，从而也就无法实现生态效益产品的商品价值。生态效益属于社会公共产品范畴，并具有非排他性，即每一位享受到新鲜空气、保持水土、防风固沙、涵养水源等好处的受益人，不会因为他的消费而减少其他人消费。也就是说，在森林周边的所有人都可以同时享受到森林所产生的生态效益而不为其所得到的生态效益付费。虽然，早在20世纪70年代一些国外的专家学者就试图计算森林的生态效益，并取得了一定的成绩，但是，由于受计算方法和测定方法等方面限制，各国之间并未形成一致意见。但是，有一点是可以肯定的，就是对于森林资源的生态效益应该进行计量，在进行国民经济核算时，也应该计算由于经济发展对生态破坏和自然资源的消耗，即绿色核算的产生，要进行绿色核算，必须对森林的生态效益进行使用价值和价值核算。我国的专家和学者也对森林资源的生态效益进行了大量研究，如北京市森林资源的生态效益计算，不仅从生态产品的数量进行测定，而且对生态产品的价值进行了核算，研究结果表明每年的森林资源的生态效益要远远大于所生产木材产品的价值，甚至是整个社会经济活动总产出的几十倍。进入21世纪，对于生态效益数量化研究会进一步深化，并且会逐步将其纳入整个国民经济核算体系之中。

3) 林业社会效益

林业经营的社会效益，是指在林业经营的过程中，由于林业社会功能的发挥，对社会系统所产生的社会方面的影响效果。它是除了考虑生态效益和直接计入经济效益之外的一切社会公益效益，主要体现在人类社会精神文明状态改善方面，如对林区的就业，林区社会的繁荣、安定和发展，人们的身心健康和国防天然屏障等方面的效果。它是林业经营综合效益的最终归宿，是林业经营的最终目的所在。

总之，林业经营有三大效益，三者是相互联系、相互依存的辩证统一。林业经营的生态效益是基础，经济效益是活力，社会效益是归宿。要正确处理和协调好三者的关系，以求取最佳的综合效益。另外，由于社会需要和客观条件的不同，在不同的时空条件下，三大效益应有不同的侧重，要在此基础上优化综合效益。

9.1.2 林业综合效益基本特征

林业综合效益是一个内容丰富的概念，从总体上看，它有以下几方面的特征。

(1) 效益整体性

林业综合效益是从社会经济发展的整体利益出发来衡量林业经营活动的效果，它表现在：①在衡量林业经营的利弊得失时，不仅要注意这项活动的局部效果，而且更要注意其对整个社会—环境系统的效果；不仅要重视个别收益、单独利益，更要重视社会—环境系统的整体利益。它是环境—社会系统整体最优配置下的整体而非局部利益，长远而非眼前利益。②由于三大效益(收益)并存于林业经营系统的输出之中，它们是林业经营成果中互相联系但又具有各自特点的组成部分，无论是以生产林产品为主的商品林业，还于以间接效益为目标的生态林业，抑或是两者兼容的多功能林业(山地林业)类型，其系统的输出，都必然是这三方面效益(收益)组成的成果系列，只是在不同林业类型的综合效益中，三者的比重有所差别而已，人们可以通过一定技术措施，在特定区域内追求某种收益为主要目标，而在评价时为某一目的，对其他收益加以略计，但不等于其他收益在这种经营方式中不存在。人们在用某一尺度(如货币)进行林业经营效果衡量，有些效益(如生态、社会效益)可能难以在这种尺度中加以计量，但并不说明这些收益是虚无的。

(2) 发展阶段性

以森林生态系统的多功能为基础的林业经营效益，是随着人类社会发展的而产生和变化的。远古时代，森林的多种功能虽然存在，但无效益可言，在人类社会发展的相当长时期，森林是以木材利用为特征纳入社会经济发展轨道，经济收益便充当了林业经营的主体效益，而林业经营的生态和社会效益，却在供给不大于需求的历史条件下，难以实现，随着时代变迁，人口增加，环境资源特别是森林资源的短缺，社会发展所必需的生态、社会需求的剧增，森林的其他间接功能才逐步地为社会承认并在观念上转化为社会生态效益。由于区域间森林资源的分布不均衡，更由于区域间社会经济发展水平的差异性，因而，在当前世界上，森林的多种功能转化程度在不同区域空间里大相径庭。

(3) 计量复杂性

由于林业经营产出的多样性和投入产出循环的特殊性，使得综合效益产出量十分复杂。成为森林生态经济理论中世界性的难题之一，表现包括：①三大效益横跨自然科学和社会科学领域，纵越市场与社会体系，前者有各自不同计量尺度，后者有独特的价值标准，而综合效益又必须以一种尺度，一个价值标准进行计量；②社会、生态效益，是间接效益，难有一种为社会各界普遍接受的外延边界加以计量；③随着社会科技水平的提高和林业经营系统的发展，森林系统影响涉及范围和作用程度加大。从总体看，综合效益的水平和内部比例关系都在变化，从不同区域看，又各有差异，难以用一套完整的计量模式加以概括。④人们长期以来习惯以林业经营的经济成果代替综合效益。它一方面形成一种思维定势，使综合效益的概念和计量结果难以为社会，特别是被决策者真正接受并在行为方式和政策制定中体现出来；另一方面，以传统认识为指导思想而形成的现行经济政策、法律规则，使林业经营的部分成果在社会相当大的范围内被无偿享用，这些涉及面相当广泛的既得利益者，本能上对林业综合效益的重新认识与评估研究持有不积极、不合作甚至反对的态度。

(4) 人类主体性

林业综合效益研究的出发点在于以人为中心的社会长远和整体利益，离开了人类社会这个中心，研究只能是一种抽象的讨论，没有人类主体的存在和活动，森林多种功能就无法转化为效益，综合效益也就无从谈起。因此，林业经营的综合效益，是从满足人类自身发展对自然环境、经济增长和社会进步的需求角度加以评价的结果。

9.2 林业经济效益评价指标

在经济研究中，指标是用来反映某种社会经济现象总体数量方面的名称和数值，如说明宏观经济总量的指标——国内生产总值、工业增加值、林业产业的总产值等，反映经济发展程度的指标——经济增长率、平均发展速度等；在企业中反映劳动生产效率的指标——全员劳动生产率、直接生产工人劳动生产率；反映产品质量的指标如产品合格率等。指标的数值可以是一个绝对数值，也可以是一个相对数或平均数。一个指标只有表现经济现象的一个数量方面的特征。然而，社会经济现象非常复杂，在具体分析中，要从多个方面对其进行分析，因此，就需要运用多个指标，从而构成一系列相互联系、相互制约，表明同一经济现象总体的指标群(或称指标的集合)，即指标体系。

在林业经济效益评价中使用的指标，称为林业经济效益评价指标。评价指标是反映林业生产过程中投入与产出相互关系的数值形式，是用来测试林业经济效益的一种尺度和工具。由于林业是一个复杂的多部门的生产经营系统，所以林业经济效益评价内容十分广泛，需要设置和运用一系列指标，以便从不同角度和不同的方面，综合地局部地反映经济效益。例如，反映林业利用的指标(林地盈利率)，反映劳动力利用的经济效益指标(劳动生产率指标)，反映经营效果的指标(利润)等，这些相互关联、相互补充和相互制约，全面评价林业经济效益的指标群，就称为林业经济效益指标体系。

9.2.1 林业经济效益评价指标设置原则

建立林业经济效益指标体系，即依据指标设置的原则，选择若干具有代表性的指标反映林业经济效益各个侧面的发展水平，用科学地方法构造综合效益指数，以便对比分析林业经济效益的水平。林业经济效益的评价指标的设置要遵循的原则包括如下内容：

(1) 系统科学性

根据林业经济效益的内涵，建立林业经济效益评价指标体系，必须坚持系统科学性原则，重点把握林业生产系统内指标间的内在联系性和相互统一性，科学地反映林业生产过程中各项投入和劳动成果之间的内在关系。同时，在指标的表现形式和具体内容上，既要有绝对数指标，也要有相对数指标和平均数指标；既要有实物指标，也要有价值指标。

(2) 实践指导性

设置指标体系应注重实践的指导性，只有坚持来源于实践又可指导实践的原则，以便于普及和推广。

(3) 纵横可比性

任何指标的合理化程度和运用效果都是从比较中衡量和鉴别的。林业经济效益的评价不仅要在不同的时序上纵向可比，还要能在不同地域空间或不同的单位之间于同一时序上横向可比。要求指标的含义、计算的方法、计量单位、统计的范围和计算内容的范围方面保持一致。

(4) 时序动态性

对指标体系的设置，首先要考虑指标动态的原则。不同的时期，林业经济发展具有不同的特点，在进行林业经济效益的综合评价时，不仅要在同一时点上进行分析，还要揭示系统的发展趋势，分析其结构稳定性和缓冲性，并进行有效控制。因此，一方面在指标的设置上，要考虑水平指标与速度指标的设置；另一方面，对不同时期指标体系要进行适时地调整和改进。这里也要注意指标体系应该在一定的时期内保持相对稳定性。

(5) 实用操作性

强调指标的实用性、可操作性原则，在于各个指标易于理解，易于操作。

此外，在设计经济效益指标时，应该考虑所设计的指标与国民经济核算指标体系、经济统计和会计核算等方面所使用的指标一致，以便在指标应用时，能够便捷地进行数据的获取。对于特殊指标则需要进行专门的设置。

9.2.2 林业经济效益评价指标体系的构成

1) 林业经济效益指标体系的构成

为了科学地建立林业经济效益指标体系，必须研究指标体系的构成，主要包括三类指标：

(1) 衡量指标

林业经济效益衡量指标，是指用于反映林业经济活动中的劳动消耗与劳动成果之间的比较，这类指标在林业经济效益评价指标体系中处于主体地位，称之为主体指标。它以数值形式比较综合地反映林业生产投入与产出的关系，用来衡量林业经济效益的大小。常用的指标包括：林地生产率、劳动生产率、资金盈利率、单位产品成本、投资回收期等。

(2) 分析指标

林业经济效益分析指标，是指主要用于分析林业经济效益同相关因素的关系，主要用来反映各种影响林业经济效益的因素对林业经济效益所起的不同作用和影响程度。在评价指标体系中处于辅助地位，称之为辅助指标。

根据指标所反映的内容，这类指标可以进一步划分为：

①经济分析指标　该类指标主要用于分析林业生产过程中投入或产出某一方面的内容，作为分析林业经济效益之用。如产量、产值、劳动用工量等。

②技术经济效益指标　该类指标是反映技术措施应用于所能达到技术要求的程度，如种子发芽率、造林成活率、林木保存率等。该类指标具有各生产部门和各项技术措施的特

点，所以因为各部门的技术特点不同采用的技术措施不同，而有所不同。

③生态效益分析指标　该类指标是反映所采用营林措施对保护和改善生态环境以及提高生态效益的程度。在林业生产中，必须遵循生态平衡规律，合理组织各业的生产，处理好森林和环境因素之间的关系，保持物质和能量输入与输出间的正常交换关系，才有可能使生产持续发展，取得好的经济效益。若超过了生态系统自动调节和自我恢复的能力，破坏了生态平衡，就可能产生森林退化、水土流失、地力衰退、频繁灾害，甚至森林消失等现象，严重影响林业生产的经济效益。所以，林业经济效益评价需要分析生态效益，以期在生态上合理、经济上合算。

此外，还可以按照指标的表现形式，分为水平分析指标和结构分析指标。水平分析指标用以计算分析林业生产的经营成果以及各种投入和产出的经济水平。结构分析指标是指通过投入、产出，劳动与资源占用的构成比例，分析经济效益的实现程度以及经济活动合理性的指标。

(3) 目的指标

该类指标是反映林业生产技术应用所得对满足人们和社会需要的程度，故称之为社会效益指标。主要包括产量、产值、利润等的计划完成率、增长率，林产品的商品率、人均占有林地面积或森林蓄积量、人均消费指数等。目的指标在一定程度上既反映经济效益增长结果，又反映经济效益增长同积累和消费基金的增长关系。因此，该类指标是进行林业经济效益综合评价和生产决策的重要依据，在经济效益评价指标体系中处于重要地位。

上述三类指标，既密切相关，又有明显区别，是一个具有系统性、层次性、动态性的有机整体，构成了林业经济效益指标体系(表9-1)。

表9-1　林业经济效益评价指标体系

林业经济效益评价指标体系	林业经济效益衡量指标	经济效益差额指标	纯收入指标
			利润指标
		经济效益相对指标	林地生产率指标
			劳动生产率指标
			资金产出率指标
			成本产出率指标
			单位立木材积成本指标
			林产品成本指标
			投资效益指标
	林业经济效益分析指标	成果产出资源投入分析指标	产出成果水平指标
			劳动消耗水平指标
			资金利用水平指标
			资金占用水平指标
		技术效益分析指标	技术方案(措施)中间效益指标
			技术方案(措施)最终效益指标

			(续)
林业经济效益评价指标体系	林业经济效益分析指标	生态效益分析指标	森林覆盖率及其增减动态指标
			环境保护及其动态指标
			自然灾害及其动态指标
			水土流失及其防治动态指标
			生态平衡及其动态指标
	林业经济效益目的指标	按产品计算	林产品产量、产值、利润计划完成指标
			林产品商品率指标
		按人均计算	人均占有林产品指标
			人均消费林产品指标
			人均占有森林面积、蓄积量指标
			林业系统人均收入额指标

2)林业经济效益衡量指标组成

林业经济效益衡量指标主要从投入与产出两个方面进行比较。

(1)投入方面

林业所消耗的劳动总量包括物化劳动和活劳动,其价值形态可以近似地用生产费用来表示。

除了劳动消耗外,还有劳动占用,包括固定资产占用量和流动资金占用量。土地是林业的重要投入,是林业最基本的生产资料。这样,林业中的生产投入为土地、劳动、资金三大类。

(2)产出方面

一般是指生产劳动所创造的使用价值或价值。它可以是各种实物形态,也可以是价值形态。产出的内容是由生产资料的消耗量 C、必要劳动时间 V、剩余劳动时间 M 三部分组成,其中:对于生产资料的消耗 C 根据其价值转移的特点不同,又细分为固定资产的消耗 C_1 和一次性的原材料消耗 C_2。产出的几种表示如下:

①总产品(或总产出、总产值) $(C_1+C_2)+V+M$

②最终产品或增加值 C_1+V+M

式中,固定资产消耗 C_1 部分作为生产投入,是在当期生产中的投入;同时,又随着产品的销售实现,形成对这部分固定资产消耗的补偿。而在实际经济活动中,对固定资产折旧都是分期进行提取,并用于固定资产重新购置。因此,将其看作当期生产的新增加产品,计入最终产品或增加值。

③社会净产品(或国内生产净值或净产值) $V+M$

式中,V 为劳动者报酬;M 为剩余价值或利润。

④剩余产品或盈利 M

上述三种投入与产出进行组合,形成林业经济利益衡量指标群(表9-2)。

表9-2 林业经济效益衡量指标组成

投入 指标 产出	土地	劳动	资金			
			占用		消耗	
			固定资金	流动资金	劳动报酬	物质费用
总产品或总产值 ($C+V+M$)	林地生产率	实物或总产值劳动生产率	资金生产率		成本产出率	
最终产品或增加值 (C_1+V+M)	林地增加值率	增加值劳动生产率	资金增加值率		成本增加值率	
净产品或净产值 ($V+M$)	林地净产值率	净产值劳动生产率	资金净产值率		成本净产值率	
剩余产出或盈利 (M)	林地盈利率	劳动盈利率	资金盈利率		成本盈利率	

(3) 全资金利润率和全要素生产率

在经济效益评价指标中，除了上述指标外，还有两个需要了解的指标，即全资金利润率和全要素生产率。

① 全资金利润率 指标是评价工业生产经济效益的一个重要指标。该指标的计算公式为：

$$全资金利润率 = \frac{利润}{资金}$$

式中，利润是指全部剩余产品价值的表现形态。资金包括两个部分：一是固定资产净值；二是流动资金。流动资金包含生产中的原料、材料、燃料和辅助材料等的价值和劳动报酬基金。这样，资金就从价值形态完整地体现了投入。固定资产方面，资金就不仅包含资金的耗费（即折旧部分），而且包含资金的占用。

利润部分又从价值形态方面完整地体现从经济效益观点来看的最重要产出，即全部剩余产品价值。所以，全资金利润率指标可以很好地体现出工业生产经济效益的高低。

② 全要素生产率（total factor productivity，TFP） 是现代西方经济学关于经济增长理论的一个重要概念。全要素生产率的增长率可以定义为各生产要素生产商品的经济、技术效率，是产出增长率与投入要素（资金和劳力）增长率加权和之间的差额。为了计算全要素生产率，可以设计出各种不同的数学模型。

3) 主要林业经济效益指标的计算

(1) 林地生产率指标

① 林地生产率 该指标是反映在单位林地面积上劳动者所创造的产品量或产值，是营林生产经济效益的一个重要指标。因为林地是林业生产中最基本的生产资料，林地生产率反映了土地利用的效益，它是研究林业部门生产效率和经济效益的出发点。计算公式为：

$$林地生产率 = \frac{林木蓄积量}{林地面积} \text{ 或 } \frac{林产品产量或产值}{林地面积}$$

式中，林木蓄积量是指一定时间内营林生产所得到的立木材积的积累。而林产品产量则包括一定时间内营林生产所获得的立木蓄积量的增加量、各种林副产品的生产量、营林生产中所得到的抚育伐木材产量等实物的产品产量。当已知这些产品的价格时，可以用各种产品产量乘以相应的价格计算其产值。该指标的计算单位为复名数，当产出以实物产品计算时，如产出用林木蓄积量，则该指标的计算单位为 m^3/hm^2。当产出用产值表示时，则计算单位为元/hm^2。

②林地增加值率　当使用产值表现产出时，可以使用总产值、增加值或净产值等形式。计算公式为：

$$林地增加值率 = \frac{林产品产值 - 中间消耗}{林地面积} = \frac{(C_1 + C_2 + V + M) - C_2}{林地面积}$$

式中，中间消耗是指在营林生产活动中所消耗的生产资料，从价值形态上来看，计算值 C_2 部分。

③林地净产值率　它反映了人们在单位面积林地上劳动创造的新价值，能够比较准确地说明劳动成果。它是评价林地利用经济效益的重要指标。计算公式为：

$$林地净产值率 = \frac{林产品产值 - 消耗的生产资料价值}{林地面积} = \frac{(C_1 + C_2 + V + M) - (C_1 + C_2)}{林地面积}$$

④林地盈利率指标　该指标也称单位面积纯收入。反映了单位面积上劳动者所创造的纯收入。在价格水平一定的条件下，单位面积纯收入的高低是单产和生产费用综合作用的结果，是林地利用经济效益的重要指标。计算公式为：

$$林地盈利率 = \frac{林产品产值 - 生产成本}{林地面积} = \frac{M}{林地面积}$$

$$林地年均盈利率 = \frac{主伐收入 + 间伐收入 + 林内其他收入 - 作业成本}{林地面积 \times 轮伐期}$$

上述各个指标在计算林业生产的成果时，还应该考虑计算在生产过程中森林所具有的生态效益，特别是在评价林业生态建设工程项目成就，为制定林业发展的政策和决策提供依据。

（2）劳动生产率指标

①劳动生产率　该指标是指在一定条件下所生产的产品产量与所消耗的劳动时间之比。计算公式为：

$$劳动生产率 = \frac{林产品产量或产值}{活劳动时间} 或 \frac{林产品产量或产值}{平均职工人数}$$

式中，活劳动时间指标的计算是用工日或工时计量。所谓工日就是指一个工人在一天之内工作8小时。而工时是指一个工人连续工作1小时。在实际工作中，经常用平均职工人数计算劳动生产率指标，当使用企业全部职工的平均人员指标计算时，则称为直接生产工人劳动生产率。

当计算该指标的分子部分使用不同的价值指标时，有以下几种劳动生产率指标的计算形式。

$$劳动生产率 = \frac{增加值}{活劳动时间} 或 \frac{增加值}{平均职工人数}$$

$$劳动净值率 = \frac{净产值}{活劳动时间} 或 \frac{净产值}{平均职工人数}$$

②劳动盈利率 该指标反映单位劳动时间为社会创造的价值或盈利水平，可以用来衡量林业劳动者为社会贡献的程度。计算公式为：

$$劳动盈利率 = \frac{林产品产值 - 生产费用}{活劳动时间}$$

在营林生产中，由于林木生产周期长，统计上述指标比较困难，所以，在营林生产中广泛应用分段计算劳动效率指标。计算公式为：

$$劳动效率 = \frac{作业量}{活劳动时间}$$

(3) 资金产出率指标

在市场条件下，资金是劳动资料、劳动对象和劳动报酬的货币表现，是林业生产不可缺少的要素。资金产出率是单位资金的产品产出量，反映产品产出量与资金投入量的对比关系，用以考察资金利用的经济效益。常用的资金产出率指标有如下几种：

①资金生产率指标 该指标表示每百元资金一年内可生产的林产品产量或产值，反映资金利用的经济效益。计算公式为：

$$资金生产率 = \frac{林产品年产量或年产值}{年均资金占用额} \times 100\%$$

②资金净产率指标 该指标排除了资金生产率指标中物化劳动转移价值的影响，反映劳动者利用每百元资金能够创造多少新价值。计算公式为：

$$资金净产率 = \frac{年林业产值 - 消耗生产资料的价值}{年均资金占用额} \times 100\%$$

③资金盈利率指标 该指标反映每百元资金一年内的盈利数额。计算公式为：

$$资金盈利率 = \frac{年盈利额}{年均资金占用额} \times 100\%$$

④单位产品成本指标 该指标是成本产出率的倒数。林产品在生产过程中所消耗的生产资料价值和劳动报酬，称为林产品生产费用，简称为成本。成本产出率或单位产品成本指标是用来反映这部分资金利用的经济效益。计算公式为：

$$单位林产品成本 = \frac{生产费用}{林产品数量}$$

该指标表示单位林产品的成本金额。

$$成本产出率 = \frac{林产品数量}{生产费用} \times 100\%$$

该指标表示每百元成本可生产的产品量。

单位产品成本指标能够反映林业生产中投入与产出的对比关系，是一个比较综合性的指标。

在营林生产中，由于林木生长周期长，计算立木成本比较困难，故采取先分段、分作业计算单位作业项目的生产费用（作业成本），然后累加作业费用（成本）计算单位立木成本。计算公式为：

$$\text{单位作业项目生产费用(作业成本)} = \frac{\text{某项作业生产费用}}{\text{作业面积}}$$

$$\text{单位立木成本} = \frac{\text{每 667 平方米作业成本(总费用)}}{\text{每 667 平方米立木蓄积量}}$$

(4) 林业综合生产率指标

林业综合生产率指标,就是将经济效益衡量指标中的土地生产率、劳动生产率、资金生产率三类指标,采用几何平均数的办法,综合而成的投入产出率指标,作为衡量林业经济效益的综合指标。计算公式为:

$$T = \sqrt[3]{t_1 \cdot t_2 \cdot t_3}$$

式中,T 为林业综合生产率;t_1、t_2、t_3 为分别表示林地生产率、劳动生产率、资金生产率。

采用综合生产率评价林业经济效益,可以消除使用某一项指标的片面性和局限性。这个指标既可以计算林业生产的最终成果立木蓄积量和木材产量的生产效率,也可以分别以不同林业作业项目计算其生产效率。

(5) 林业基本建设投资效益指标

林业基本建设投资一般包括三大类:建筑安装工程;设备、工具、器具购置;其他基本建设。研究林业基本建设投资效益,对于我国经济建设,加速实现四个现代化起着重要作用。衡量林业基本建设投资效益的主要指标通常有投资回收期和投资效益系数指标。

① 投资回收期 该指标表明基本建设投资的全部资金从每年获得的利润额(包括税金)或从每年节约的成本费用回收所用的年限。在其他条件相同的情况下,投资回收期越短越好。计算公式为:

$$\text{投资回收期} = \frac{\text{投资总额}}{\text{年平均利润额}}$$

② 投资效益系数 它是投资回收期的倒数,表明单位投资基金效益的大小。计算公式为:

$$\text{投资效益系数} = \frac{\text{年平均利润额}}{\text{投资总额}}$$

对两种方案进行比较和计算追加投资回收期,可用下式表示:

$$\text{最佳投资回收期} = \frac{K_2 - K_1}{C_2 - C_1}$$

$$\text{比较投资效益系数} = \frac{C_1 - C_2}{K_2 - K_1}$$

式中,K_1 为原方案投资额;K_2 为新方案投资额;C_1 为原方案年成本总额;C_2 为新方案年成本总额。

应该指出,按照价值形式的投资效益指标计算的结果,并不是选择方案的唯一条件,因为在社会主义条件下,使用价值具有独立的意义。例如,在林业生产中,投资于采运、加工的经济效益虽高,但它绝对代替不了森林资源的增加。再者,有些投资方案的效益不是完全可以用价值形式计算的,如造林的环境保护作用所带来的生态效益等。因此,评价林业投资效益时,必须根据具体情况,将价值形式同使用价值形式的投资指标结合起来,全面考核其效益,才是可行的。

9.3 林业经济效益分析和评价方法

9.3.1 比较分析法

1)概念

比较分析法,是指将通过调查、统计或实验所搜集到的有关技术和经济方面的数据资料加以分组和整理,根据可比性原则,运用各种经济效益指标进行对比分析的一种方法,所以也称对比分析法。在应用比较分析法时,需要特别注意多种可行性方案及其评价指标之间的可比性条件。只有在评价对象、满足需要、劳动消耗、劳动占用、价格标准以及自然和社会经济条件等方面具备可比性条件,运用比较分析法才能得出正确结论。

2)分类及应用

比较分析法在实际应用中,依据分析、评价的对象不同,可分为以下几种方法:

(1)平行比较法

它是比较分析法中最基本、最常见的方法。在分析不同技术在相同条件下的经济效益,或者同项技术在不同条件下的经济效益时,多采用平行分析法。这种方法是通过调查研究,收集所要评价的某一单项技术的几种方案的技术、经济资料和数据、评价其经济效益的大小,从中选出经济效益最佳的方案。如山东徂徕山林场,营造刺槐林的不同造林密度的经济效益(表9-3)。

表9-3 刺槐林造林密度经济效益比较

林龄 (年)	密度 (株/hm²)	材积 (m^3/hm^2)	(%)	立木材积成本 (m^3/hm^2)	(%)
6.5	1425	30.555	100	9.65	100
6.5	2580	58.935	189.53	6.87	71.19
6.5	3330	51.045	164.16	9.40	97.41
6.5	4680	40.020	128.70	14.99	155.34

由此可见,造林密度必须适当,密度过大或过小经济效益都不好,只有控制在2580株/hm²时,经济效益最好。当然在分析评价这类问题时,还必须结合当地具体情况进行分析,才能得出正确结论。

(2)分组比较法

林业技术、经济资料,若不便于按调查项目对比,则需要将评价对象采用统计分组法,按照一定的标志对其进行分组,然后再比较各组的平均数并进行经济评价,这种方法就是分组比较法。如吉林国有伊丹林场,松楸混交林与纯林的经济效益比较(表9-4)。

表 9-4　松楸混交林与纯林的经济效益比较

树种组成	单位株数（株/hm²）	林龄（年）	单位蓄积量（m³/hm²）	单位成本（元/hm²）	单位纯收入（元/hm²）
混交林 5 落 5 楸	2190	25	249.6	760.80	707.25
纯林 10 落	2190	25	197.1	1752.00	338.10
纯林 10 楸	2190	25	72.3	1291.20	101.55

分析可知，混交林单位成本为楸树、落叶松纯林的 59% 和 43%；而年单位纯收入则分别为 700% 和 209%，经济效益十分显著。

(3) 动态比较法

平行比较法和分组比较法主要是用同一时期资料，从静态上来比较。但有些林业经济效益还存在着时间上的变化，需要从时间的角度，利用各项评价指标的时间数列进行对比。这种方法称为动态比较法。它是经普遍联系的观点来研究现象的动态，把若干有联系的动态数据排列起来进行分析，用以提示经济现象间的依存关系，或反映出因经济技术条件不同而在生产发展水平与速度上的差异。

比较分析法主要用于林业生产的规模、速度、水平、结构和经济效益等有关经济分析的对比和评价，特别适用于技术方案经济效益的对比。

9.3.2　边际分析法

1) 基本概念

边际分析法，是指在生产活动中，对投入连续增加的每单位因素的作用，及其产出所产生的影响程度的分析方法，是物质生产部门研究经济效益的一种重要方法。其理论基础是运用回归分析和微积分求导数的方法分析林业生产问题的最优化模型。

在进行林业生产时，必须在一定面积的土地上投入一定数量的人力、物力和财力，凡是在一定生产周期所消耗的生产资料数量、生产工具所提供的服务量，以及所投入的劳动量，统称为"投入"；生产出的成果则称为"产出"。在一定条件下，这种数量关系在数学上可用生产函数式表达：

$$y = f(x_1, x_2, x_3, \cdots, x_n)$$

式中，y 为产品量；x_1, x_2, $\cdots$, x_n 为投入的 n 种不同资源。

由于林业生产经常受到难于控制的自然条件的影响（林业称为不可控因素），使投入与产出的数量关系表现为不肯定的函数关系，但它仍然不失为合理组织管理林业生产的科学依据。

在边际分析中首先需要弄清有关投入、产出的几个概念及其互相关系（表 9-5）。

表9-5 总产出、平均产出、边际产出、反应弹性、边际成本、边际收益相互关系

生产资源投入量	总产出（TPP）	平均产出（APP）	边际投入单位数	边际产出单位数	边际产出（MPP）	边际成本（MIC）	边际收益（MVP）	反应弹性（EP）
x	y	y/x	$\Delta x = x_n - x_{n-1}$	$\Delta y = y_n - y_{n-1}$	$\Delta y/\Delta x$	$P_x \cdot \Delta x$	$P_y \cdot \Delta y$	MPP/APP
0	3							
10	7	0.7	10	4	0.4	400	200	0.57
20	16	0.8	10	9	0.9	400	450	1.13
30	24	0.8	10	8	0.8	400	400	1
40	28	0.7	10	4	0.4	400	200	0.57
50	29	0.6	10	1	0.1	400	50	0.17
60	29	0.5	10	0	0	400	0	0

资源投入用量用 x 表示。一个单位的物品投入物可以代表不同数量的可变生产资源，如肥料、种苗、农药等。

产品总产出用 y 表示。产品产出水平通常采用的指标，见表9-5。

产品出（TPP），各不同投入水平所取得的产品总量。

平均产出（APP），单位资源所取得的产品量，即

$$APP = \frac{TPP}{x} = \frac{y}{x}$$

边际产出（MPP）即每增加一单位投入物所引起的产品数量的增加额。

$$MPP = \frac{\Delta y}{\Delta x}$$

式中，Δx 为生产资源增量；Δy 为产品相应的增量。

反应弹性或称生产弹性（EP），即产品数量变动率与生产资源投入量变动率之比。

$$EP = \frac{\text{产品数量变动率}}{\text{生产资源投入量变动率}} = \frac{\frac{\Delta y}{y}}{\frac{\Delta x}{x}} = \frac{\Delta y}{\Delta x} \cdot \frac{x}{y} = \frac{MPP}{APP}$$

边际成本（MVP），即生产资源的增量与单位收入量价格之积。

$$MIC = P_x \cdot \Delta x$$

式中，P_x 为单位投入量价格。

边际收益（MVP），即边际产出与单位产品价格之积。

$$MVP = P_y \cdot \Delta y$$

式中，P_y 为单位产品价格。

2）边际分析法在林业中的应用

在林业生产经营活动中，应用边际分析法，通常是研究和解决如下三方面的问题：

①确定资源最佳投入水平 它可以揭示投入生产中的某种资源的数量与产品数量的变化及其发展趋势，通过分析，可以具体确定某种生产资源的最适投入量。

②资源利用的最佳匹配合比例 它反应的是生产资源之间的数量关系。通过定量分

析,可以找出为获得一定数量的林产品所需要的各种生产资料最适宜的配合比例。

③运用有限生产资源生产多种产品的最佳配合比例 它所反映的是产品与产品之间的数量关系。主要解决在林业中如何将有限的资源分配于不同产品生产,以取得最大效益问题.

现在就上述三个问题,简述其分析方法如下:

(1)生产资源最佳投入水平的确定

选择生产资源最佳投入水平的目的,是以等量的劳动消耗生产尽可能多的林产品,并能注意发挥森林的多种效益,维持和改善生态平衡,不断满足对整个社会的物质与精神生活的需要。选择生产资源最佳投入水平一般要遵循以下原则:在注意生态平衡的基础上,应保证社会对林业副产品日益增加的需要;充分有效地利用好森林资源;节约资源,力争做到增产增收,以便获取最大的收益。

在实际工作中生产资源最佳投入水平通常用下式表达:

$$\frac{\Delta y}{\Delta x} = \frac{P_x}{P_y} \text{ 或 } P_y \cdot \Delta y = P_x \cdot \Delta x$$

式中,P_x、P_y为分别代表生产资源的投入和产出的单价;$\frac{\Delta y}{\Delta x}$为边际产量。

该表达式的含义是:生产资源投入的价格与产出价格的比率应等于(或接近)该项生产资源投入的边际产出。或者说,边际收益等于(或接近)边际成本时,其纯收益最大,这就是生产资源的最佳投入水平,一般称为边际平衡原理。

依据这个原理,前述的生产资源投入量为30单位时(见表9-5),边际收益恰恰等于边际成本,所以,生产资源为30单位时为最佳投入量,若超过此限度,就不会取得好的经济效益。

结合下面例题并通过列表法说明边际平衡原理,在某速生丰产林基地上进行施肥试验,试验从造林后第3年开始,按不同水平施肥共进行5次,到造林后第13年时测得的各项数据见表9-6。

由此可见,当施肥水平为3个单位时(即投入为1125kg/hm²肥料),因边际效益接近边际成本,其纯收益为12300元/hm²(最大)。

表9-6 某速生丰产林基地施肥与材积关系

施肥单位数	5次施肥总量（kg/hm²）	测算材积量（m³/hm²）	化肥增量（kg）	材积增量（m³）	边际成本（元）	边际收入（元）	纯收入（元/hm³）
0	0	120.90					12 090
1	375	126.90	25	0.40	30	40	12 240
2	750	131.85	25	0.33	30	33	12 285
3	1125	136.50	25	0.31	30	31	12 300
4	1500	137.70	25	0.08	30	8	11 970
5	1875	137.70	25	0	30	0	11 970

注:此外暂定立木价格为100元/m³,肥料价格为1.20元/kg。

(2) 资源利用最佳配合比例

生产一定数量的产品，可以使用多种资源，其中有些是可变动的生产资源，各资源间具有互相代替关系，这就需要确定最低成本的生产资源配合比例。例如，分析有两个投入因素的产出关系，若 x_1、x_2 为两个投入因素，y 为产出，则生产函数式 $y = f(x_1、x_2)$。分析这类问题的目的在于出资源利用最佳配合比例，以便用最小的成本，完成同样的生产任务，取得最佳经济效益。这种最低成本的配合比例如何确定呢？一般可采用下列公式计算确定：

$$\frac{\Delta x_1}{\Delta x_2} = \frac{P_{x_2}}{P_{x_1}}$$

式中，p_{x_1}、p_{x_2} 为投入物 x_1、x_2 的价格；Δx_1、Δx_2 为投入物 x_1、x_2 的增量。

上式中 $\Delta x_1/\Delta x_2$ 称为 x_1 对 x_2 的边际替换率，P_{x_1}/P_{x_2} 称为价格比率。这就是说，在生产中可以相互替换的生产资源最佳配合比例，是边际替换率与其价格反比率相等或相近时的比例。例如，某苗圃生产二年生油松苗，需要两种化肥、按照 5 种配合比例，均能达到预定产出量，并可保证质量。但是，由于这两种化肥的价格不同，几种不同配合类型的化肥成本就有较大的差异（表 9-7）。

表 9-7 两种化肥最小成本配合比例

配合比例分组	投入甲量 x_1	投入乙量 x_2	边际替换率 $\Delta x_1/\Delta x_2$	化肥成本 $p_{x_3} = 0.3$	$P_{x_2} = 0.5$
A	15	0	—	4.5	
B	11	1	4	3.8	
C	8	2	3	3.4	
D	6	3	2	3.3	
E	5	4	1	3.5	

由此可见，A、B 两组相比，1 个单位的 x_2 可替换 4 个单位的 x_1 化肥，其边际替换率为 4/1 = 5；同样，B、C 两组相比，1 个单位 x_2 可替换 3 个单位的 x_1 的化肥，其边际替换率为 3/1 = 3；余类推。按前面讲的边际替换原理，D 组边际替换率 $\Delta x_1/\Delta x_2 = (8-6)/(3-2) = 2$，其价格反比率 $p_{x_1}/p_{x_2} = 0.5/0.3 = 1.7$，两者最相近，其成本 3.3 也最低，所以 D 组是最佳配合比例。超过此限度，到 E 组 $\Delta x_1/\Delta x < p_{x_1}/p_{x_2}$ 其成本也比 D 组高。可见，在资源代替过程中，只要边际替换率大于其价格反比率，就可继续增加替换率资源用量，以替代另一生产资源，直到两者相等或相近时，其成本便达到最低界限。利用这种方法在编制技术方案时，可作为确定各种生产资源在一定技术和价格条件下取得最大经济效益的最适用量的依据。

(3) 分配有限资源生产多种品种最佳组合的确定

例如，设某林场进行多种经营，有资金 12 万元，拟分六批逐步投入甲、乙、丙三个项目中，其单位资金投入后的总收入和边际收入见表 9-8，求最大收益的各产品组合。

表 9-8　生产资金统筹搭配效益

资金投入单位数每单位2万元	甲	乙	丙
1	6	4.5	3.9
2	5	4.1	2.5
3	4	3.2	1.4
4	3.5	1	0.9
5	3.0	0.8	0.6
6	1.5	0.5	0.4

根据边际收益均等原理，每单位资金在不同的产品生产中能获得相等或接近的边际收益时，各种产品组合的收益最大，资金分配利用的经济效益最佳。

按单位生产资金在各产品中获得的边际收入相等或接近情况，由高到低安排资金投入，其顺序为：先用第1、2个单位资金投到甲中，第3、4个单位资金投到乙中，第5个单位资金再投到甲中，第6个单位资金投到丙中。按此安排，6个单位的资金分散使用，其中3个用于甲，2个用于乙，1个用于丙，合计可获得总收益27.5万元，这样比把6个单位的资金用于单独经营其中任何一项的总收入都高。这说明，定量资金按边际收入均等原理统筹搭配，进行多种经营生产，就能够取得最大经济效益。

9.3.3　综合评分法

1) 特点

综合评分法是评价综合经济效益指标的一种常用方法。它是根据各项评价指标在考核中的重要程度，分别规定大小不等的最高评分标准，并按各项指标的实际执行情况，分别评定其分数，再将各项评分综合成经济效益总分数，借以进行比较分析。

综合评分法可用下列公式表示：

$$\sum_{i=1}^{n} X_i F_i = X_1 F_1 + X_2 F_2 + X_3 F_3 + \cdots + X_n F_n$$

式中，$\sum_{i=1}^{n} X_i F_i$ 为某一技术方案的总分；X_i 为各个评价项目的权重（即占总分比例）；F_i 为各个评价项目的分数；n 为技术方案中的评价项目数量。

综合评分方法是用总分高低确定项目方案的优劣，而总分的高低又取决于各项目的分数及其权重。因此，正确确定各项的分数和权重是搞好综合评价的关键。

2) 步骤

(1) 正确选择评价指标

任何林业技术方案都有许多具体指标，评分时应选择对整个方案影响较大的经济指标参加评分。例如，营造速生丰产林方案，一般包括木材产量、间作收入、生产成本、纯收入、生态影响程度等项内容和要求。因此，对每项内容都要选择一个能说明问题的指标参加综合评分。

（2）确定各项指标的评分标准

所确定的评分标准，应能对各个方案的该项指标都能评定相应的分数。制定评分标准的方法，一般是用各方案该项指标的最大值减去最小值，其差被所定的评分等级数去除，得出各个分级数的"组距"，然后以此组距从最低值开始，划出各个分数的上限和下限。其计算公式为：

$$Z = (A_g - A_z)/n$$

式中，Z 为组距；A_g 为该指标最大值；A_z 为该指标最小值；n 为评分级数。

评分级数，一般常用五级评分制（$n=5$）即 5 分为最优，1 分为最差；也有用百分制或十分制的。例如，以五分制为例，对三个速生丰产林方案进行分级。这三个方案的每公顷林木长量最高为 7.5m³，最低为 7.5m³，按 5 级评分，则每级相隔 6[$Z=(37.5-7.5)/5$]就相差一级，即 1 分。这样生长量的评分标准为：7.5~13.5 为 1 分，13.5~19.5 为 2 分，19.5~25.5 为 3 分，25.5~31.5 为 4 分，31.5~37.5 为 5 分。其他指标的评分标准可按此法依次类推。但要注意：第一，评分级数要相同，不能用某些指标用五级评分，而对另一些指标采用百分制或十分制；第二，有的指标值越大评分越高，如产量、产值；有的指标值越小评分值越高，如成本等。两者不能混淆。

（3）确定各项指标的权重

每个指标在林业技术方案中的地位、作用是不完全相同的。因此，应根据各项指标的重要性和当地的具体条件合理确定各项指标的权重，一般用百分数表示。如在人多林少、木材缺乏的地区，相对来说生态平衡的权重就要大些，木材产量的权重就要小些。

（4）编制综合评分分析表

累加各方案的总分，进行比较和选优见表 9-9。

表 9-9 综合加分分析表形式

方案 指标	权重	方案 A		方案 B		方案 C	
		分数	加权分数	分数	加权分数	分数	加权分数
第一项	X_1	F_{11}	$X_1 F_{11}$	F_{12}	$X_1 F_{12}$	F_{13}	$X_1 F_{13}$
第二项	X_2	F_{12}	$X_2 F_{21}$	F_{22}	$X_2 F_{22}$	F_{13}	$X_2 F_{23}$
第三项	X_3	F_{13}	$X_3 F_{31}$	F_{32}	$X_3 F_{32}$	F_{33}	$X_3 F_{33}$
合计							
优劣顺序							

例如，某黄土平原农区，人多地少，风沙比较严重，拟进行林农综合开发，制订了甲（枣粮间作）、乙（桐粮间作）、丙（条粮间作）三个方案。其主要经济、生态评价指标包括：林业年均单位收入、粮食单位产量、单位用工量、单位纯收入和对生态平衡影响程度五项。根据历史统计资料和试验数据，上述五项指标评分标准见表 9-10。

表 9-10 评分项目和标准

分数	林业投入（元/hm²）	粮食产量（kg/hm²）	用工量（工日/hm²）	纯收入（元/hm²）	生态平衡影响程度（级）
5	3900~4500	8250~9000	300以下	3000以上	1
4	3300~3900	7500~8250	300~450	2550~3000	2
3	2700~3300	6750~7500	450~600	2100~2550	3
2	2100~2700	6000~6750	600~750	1650~2100	4
1	1500~2100	5250~6000	750~900	1200~1650	5

注：生态平衡影响程度分5级，1级为最好，5级为最差。

根据上述这一地区的自然经济特点，评分的五项指标的权重可分别定为：林业收入为 0.2、粮食产量为 0.2、用工量为 0.1、纯收入为 0.25、生态平衡影响程度为 0.25。

经过典型调查，并运用各种参数试算预测，A、B、C 三种不同开发方案的五项指标可达到如下水平（表 9-11）。

表 9-11 A、B、C 三种方案五项指标

方案	A	B	C
林业收入(元)	4200	3450	3150
粮食产量(kg)	8100	8700	6750
用工量(工日)	585	675	435
纯收入(元)	3000	2700	2070
生态平衡影响程度(级)	2	3	4

根据评分标准和各项指标值相应的等级，将各指标值统一折成分数，再乘以各指标的权重即是各项指标加权后的分数，然后累加各项指标的分数，即得每一方案的总分。据此可以编制成综合评分分析表（表 9-12）。

表 9-12 林业综合开发案综合评分分析

方案\指标	权重	A 分数	A 加权分数	B 分数	B 加权分数	C 分数	C 加权分数
单位林业收入	0.2	5	1.00	4	0.80	3	0.60
单位粮食产量	0.2	4	0.80	5	1.00	3	0.60
单位用工量	0.1	3	0.30	2	0.20	4	0.40
单位纯收入	0.25	5	1.25	4	1.00	2	0.50
生态平衡影响程度	0.25	4	1.00	3	0.75	2	0.50
合计	1		4.35		3.75		2.6
选优序号			Ⅰ		Ⅱ		Ⅲ

上述三个林农综合开发方案进行综合评价结果，以枣粮间作 A 方案总分最高，这表明，在风沙较重得黄土平原农庄，枣粮间作应作为发展重点，这样既有利于改善生态环

境,又能获得较高的粮食产量和经济收入。

上述分析可以看出,综合评价法时在定性分析基础上得数量化方法。它比综合定量分析简明,直观实用,是林业经济数量分析中应用较多的一种方法。

9.3.4 因素分析法

1)特点

因素分析法是分析受多种因素影响的总经济现象变动中,各因素的影响方向和程度的方法。即测定每个因素对总经济现象影响程度的一种定量分析方法。

运用该法必须遵循下列基本原则:

①所分析的总经济现象受多个因素的影响,每一因素之间有数量关系,其总经济现象的量的表述为若干因素之积。例如,木材销售额等于木材销售量与木材价格之积等。

②在测定某因素对总经济现象的影响方向和程度时,必须以其他因素不变为前提。在列数量关系式时,要按照数量指标(指总体指标外延规模大小的指标)在前,质量指标(指总体内涵,即质量、价格等指标)在后;主要指标在前,次要指标在后的原则排列顺序。一旦关系式确定,则不能随意变动,否则会出现错误结论。

③在测定时,要逐个报告期某一因素值代替基期的相应因素数值,并固定其他因素不变,用以分析这一因素的变动对总经济现象的影响方向和程度。直到将基期数值全部被报告期相应数值替换完为止。故该法又称连环代替法。

2)步骤

(1)第一步

按基本原则的要求,分别将报告期(或实际完成数值)、基期(或计划数值)的总指标的组成因素,并按数量指标在前,质量指标在后的排列顺序要求,分别列出两个各自独立的指标体系,即关系式见表9-13中的例题。

表9-13 因素分析法的关系式

	计划书(基期)	实际数(报告期)
油松造林面积	2000 hm²	3000 hm²
劳动定额	10.5 工日/hm²	7.5 工日/hm²
日工资	10 元/工日	12 元/工日
造林用工费用	210 000 元	270 000 元

即,
$$造林用工费用 = 造林面积 \times 劳动定额 \times 日工资$$

式中,劳动定额与日工资之积属质量指标。

在上述关系式中可知:

实际造林用工费用超出计划用工费用:$(3000 \times 7.5 \times 12) - (2000 \times 10.5 \times 10) = 60\,000$(元)

那么,所超出的用工费用肯定是受造林面积、劳动定额、日工资三个因素共同影响而形成的。其每一因素的影响程度有多大呢？

（2）第二步

确定替代指标（或因素）。为了回答上述问题，通常以基期指标系的数值为基础，用报告期指标体系中的造林面积代替基期的造林面积，并固定，再替代劳动定额，同时固定另两个因素，求出劳动定额变动对造林用工费用的影响方向。最后再用此法代替日工资，求出对造林用工费用的影响方向。

计划造林用工费用：$2000 \times 10.5 \times 10 = 210\,000$（元）

①第一次替代（用实际造林面积替代）：$3000 \times 10.5 \times 10 = 315\,000$（元）

②第二次代替（用实际劳动定额替代）：$3000 \times 7.5 \times 10 = 225\,000$（元）

③第三次替代（用实际日工资替代）：$3000 \times 7.5 \times 12 = 270\,000$（元）

（3）第三步

在每次替代之后，把计算结果和该指标体系中该因素被替代前所得结果进行比较，就可以确定出这一因素的变动对造林用工费的影响程度。

①由于造林面积的增加，多支付造林用工费用为：$315\,000 - 210\,000 = 105\,000$（元）

②由于劳动定额的提高，少支付造林用工费为：$225\,000 - 315\,000 = -90\,000$（元）

③由于日工资的增加，多支付造林用工费为：$270\,000 - 225\,000 = 45\,000$（元）

正由于上述三个因素的变动，而导致了实际造林用工费用比计划造林用工费多支付了：$105\,000 + (-90\,000) + 45\,000 = 60\,000$（元）

在运用上述方法，需再一次强调再所列关系式中，必须注意各因素的排列顺序，不能随意改动，且各因素之间要有联系。否则，会得出错误的判读，例如，仍以造林用工费用关系式为例，若将前述关系式改写为：造林用工费 = 日工资 × 造林面积 × 劳动定额，其造林用工费不变，但其各因素对造林用工费的影响程度却发生了变化。这是因为日工资与造林面积的质量指标。所以不能把日工资排在首位，而应将造林面积（数量指标）排在首位。对劳动定额与日工资的关系，前者属数量指标，后者为质量指标，而二者之积，又是造林面积质量指标。所以，造林用工费用的因素排列应为：造林面积 × 劳动定额 × 日工资。

对于林业经济效益分析和评价的方法，除了上述几种以外，还有一些较为复杂的经济效益评价方法，如投入产出法、生产函数法、灰色关联度法等；也有利用多元统计分析方法中的主成分分析法，对影响经济效益的因素进行分析。这些方法的应用，能够从数量和结构上对研究对象的各种影响因素进行分析，从多个方面对林业经济效益进行综合、深入细致地分析和评价。

【单元小结】

林业综合效益，实质上是林业经营者（主体）的生产过程中，在森林生态系统综合功能基础上实现的，为客体（以人类社会为中心的环境——社会系统）所需求和接受的生态效益、社会效益和经济效益的综合和统一。

林业综合效益的基本特征：效益整体性、发展阶段性、计量复杂性、人类主体性。

林业经济效益评价指标设置原则：系统科学性、实践指导性、纵横可比性、时序动态性、实用操作性。

林业经济效益指标体系主要包括三类指标：

(1) 林业经济效益衡量指标，常用的指标包括：林地生产率、劳动生产率、资金盈利率、单位产品成本、投资回收期等。

(2) 林业经济效益分析指标，根据指标所反映的内容，这类指标可以进一步划分为：①经济分析指标，该类指标主要用于分析林业生产过程中投入或产出某一方面的内容，作为分析林业经济效益之用。如产量、产值、劳动用工量等。②技术经济效益指标，该类指标是反映技术措施应用于所能达到技术要求的程度，如种子发芽率、造林成活率、林木保存率等。③生态效益分析指标，该类指标是反映所采用营林措施对保护和改善生态环境以及提高生态效益的程度。

(3) 林业经济效益目的指标，该指标是反映林业生产技术应用所得对满足人们和社会需要的程度，故称之为社会效益指标。主要有产量、产值、利润等的计划完成率、增长率，林产品的商品率、人均占有林地面积或森林蓄积量、人均消费指数等。

林业经济效益分析和评价方法：比较分析法、边际分析法、综合评分法、因素分析法。

【综合实训】

一、名词解释

林业经济效益　林业生态效益　林业社会效益　比较分析法　边际分析法　综合评分法　因素分析法

二、填空题

1、林业综合效益的基本特征_____、_____、_____和_____。

2、林业中的生产投入为_____、_____、_____三大类。

3、比较分析法在实际应用中，依据分析、评价的对象不同，可分为以下几种方法：_____、_____、_____和_____。

4、林业基本建设投资一般包括三大类：_____、_____和_____。

5、生态效益分析指标，该类指标是反映_____。

三、选择题

1. 如何计算资金盈利率？(　　)
   A. 投入/产出　　　　　　　B. 年盈利额/年均资金占用额
   C. 利润/投入　　　　　　　D. 投入/资金

2. (　　)是林业经营综合效益中，最活跃、与人类社会利益最直接关联的因素。
   A. 经济效益　　B. 生态效益　　C. 社会效益　　D. 综合效益

3. 林业经济效益评价指标体系中，经济效益差额指标包括(　　)。
   A. 资金利用水平指标　　　　B. 纯收入指标

C. 利润指标　　　　　　　　　D. 资金产出率指标
4. 边际收益(MVP)，即(　　)
   A. 边际产出与单位产品价格之积　　B. 平均产出与单位产品价格之积
   C. 总产出与单位产品价格之积　　　D. 生产资源的增量与单位收入量价格之积
5. (　　)是林业的重要投入，是林业最基本的生产资料。
   A. 土地　　　　B. 资金　　　　C. 劳动　　　　D. 森林
6. (　　)反映了土地利用的效益，它是研究林业部门生产效率和经济效益的出发点。
   A. 林木蓄积量　B. 林地生产率　C. 林地增加值率　D. 林地净产值率
7. 一项投资项目建成投产后，从投入生产的时间算起，用每年所获得的净收益计算回收全部建设投资所需的时间，称为(　　)
   A. 投资效果系数　B. 最小投资期　C. 附加投资回收期　D. 投资回收期
8. 在一定条件下所生产的产品产量与所消耗的劳动时间之比，称为(　　)
   A. 劳动盈利率　B. 劳动生产率　C. 产品成本率　D. 产品收益率
9. 投资效益系数与投资回收期的关系是(　　)
   A. 倒数关系　　B. 倍数关系　　C. 指数关系　　D. 乘数关系
10. 反映满足社会需要程度的指标是(　　)
    A. 主体指标　　B. 目的指标　　C. 技术效果分析指标　D. 经济分析指标

四、思考题

1. 如何理解林业综合效益的基本特征？
2. 试述建立林业经济效益指标体系的原则。
3. 林业经济效益指标体系的指标构成。
4. 如何进行边际分析？
5. 试述因素分析法的特点和进行分析的步骤。
6. 如何进行林业系统工业综合经济效益评价？

参考文献

程鹏,束庆龙. 2007. 现代林业理论与应用[M]. 北京:中国科学技术大学出版社.
程鹏,谢和生. 2012. 国外私有林生态保护政策与启示[J]. 湘潭大学学报(哲学社会科学版)(3):85-89.
戴星翼,江兴禄. 2006. 探路人的足迹:永安集体林权制度改革研究[M]. 北京:中国林业出版社.
洪菊生等. 2003. 森林可持续经营研究[M]. 北京:中国科学技术出版社.
孔凡斌. 2008. 集体林业产权制度变迁、绩效与改革探索[M]. 北京:中国环境科学出版社.
李平,高原. 2011. 发达国家生态效益补偿经验借鉴[J]. 国际瞭望(4):69-71.
梁增然. 2015. 我国森林生态补偿制度的不足与完善[J]. 中州学刊(3):60-63.
秦涛,潘焕学. 2010. 基于资本形成机制的林业金融支持体系构建研究[J]. 当代经济科学,32(1):70-77.
任恒祺,邱俊齐,朱永杰. 2004. 西部大开发林业生态环境建设管理与政策研究[M]. 北京:中国林业出版社.
沈月琴,张耀启. 2011. 林业经济学[M]. 北京:中国林业出版社.
石焱. 2009. 我国南方集体林区森林保险事业发展对策研究[D]. 北京:北京林业大学.
王世进,焦艳. 2011. 国外森林生态效益补偿制度及其借鉴[J]. 生态经济(1):69-73.
杨益生,张春霞. 2010. 先行·突破·创新 福建集体林权改革报告[M]. 北京:中国林业出版社.
张建国,余建辉. 2002. 生态林业论:现代林业的基本经营模式[M]. 北京:中国林业出版社.
赵杏一. 2016. 美国、德国、日本森林生态补偿法律制度研究[J]. 世界农业(8):90-94.